Helmut Eisendle (Hg.) ξ Fremd. Eine Anthologie

Helmut Eisendle (Hg.)

FREMD

Eine Anthologie

Deuticke

Deuticke
A–1010 Wien, Hegelgasse 21

Lektorat: Claudia Mazanek
Umschlaggestaltung: Robert Hollinger
Druck: Wiener Verlag, Himberg bei Wien

Printed in Austria

ISBN 3-216-30242-3

Inhalt

V.

VI.

Vorwort

Dort in der fremden Welt stehst du allein,
ein schwankendes Rohr, das jeder Sturm zerknickt.

(Friedrich Schiller, *Wilhelm Tell*)

HELMUT EISENDLE

Der, Die, Das Fremde

Das Befremden ist der wahre Anfang. Am Anfang war das Fremde (und es gibt so manchen, bei dem es nie wiederkehrt), sagte Paul Valéry in seinen *Cahiers*.

Diese allgemeine, doch aber wahre Aussage mag einer der Gründe sein, sich mit diesem ewigen Thema in Form einer Anthologie zu beschäftigen.

Als Nenner der Literatur offenbart sich der Begriff fremd in allen Variationen.

Je est un autre, sagt Rimbaud einmal; ein andermal: *La vraie vie est absente.*

Ich möchte durch die Anthologie zeigen, daß diese Sätze zusammenhängen. Das Gefühl, einem Fremden zu begegnen, wenn man in den Spiegel schaut und das Gefühl der Fremdheit der Wirklichkeit sind verschiedene Blüten derselben Wurzel. Die Wirklichkeit ist ein Gefühl, ob es das Fremde, den Fremden, die Fremde betrifft. Im Roman: *Der Fremde* von Camus oder in Aichingers Texten oder Robert Walsers Erzählung: *Der fremde Geselle* oder auch und nicht zuletzt durch das Eindringen des Begriffes in die Sprache der Politiker, als Vorurteil zur Erzeugung von Ängsten, die sich politisch instrumentalisieren lassen, tritt ein deutliches Gefühl zutage. Immer ist der Begriff vorhanden und erzeugt nicht nur Neugierde an etwas anderem, sondern eben Ängste, nationale Gebärden bis zu dem Satz, daß alles uns nicht Vertraute wegzuschaffen sei.

Die Auswahl der Autorinnen und Autoren obliegt dabei mir, wobei das gedruckte Textmaterial der Autoren Camus, Walser,

Weiner, Aichinger, Wolfgruber und auch Caspar Einem der Rahmen ist, in dem sich neue Texte von Amanshauser, Neda Bei, Kappacher, Knapp, Rosei oder die Fotoarbeiten von Lisl Ponger einfügen sollen, um das komplexe Bild dieses Begriffes zu durchleuchten.

Ich lege dabei besonderen Wert auf die Originaltexte, kann aber nicht umhin, auf Vorhandenes zurückzugreifen.

Ausgegangen bin ich von einem Zitat aus der *Traumdeutung* Sigmund Freuds, in dem er sich auf Peter Rosegger bezieht:

> Rosegger (in »Waldheimat«) erzählt in der Geschichte »Fremd gemacht«:
>
> *An demselben Tage wurde auch noch ein Geselle aufgenommen, bigott, es war der Böhm, der vor neunzehn Jahren bei uns gearbeitet hatte und damals auf dem Wege vom Wirtshause in den Bach gefallen war. Als er sich setzen wollte, war kein Platz da. Ich blickte den Meister fragend an, und dieser sagte zu mir: ›Du hast ja doch keinen Schick zur Schneiderei,* du kannst gehen, du bist fremd gemacht.‹

Es geht mir bei der Anthologie vielleicht auch um das Bewußtwerden eines oft verwendeten Wortes, das im Sprachgebrauch alle Facetten spielt, und ich meine, daß die Literatur die Aufgabe hat, sich einem Sprachgebrauch zu widersetzen, hinter dem jede Humanität zu verschwinden droht.

Das heißt, mit besonderer Freude veröffentliche ich in dieser Anthologie Äußerungen des Innenministers Dr. Caspar Einem und der Autorin und Juristin der Arbeiterkammer Dr. Neda Bei, nicht zuletzt aber Texte von Autorinnen und Autoren, die sich diesem wichtigen Thema nie verschlossen haben.

I.

In der Fremde fließt das Wasser bergauf.

En pays étranger la vache bat le boeuf.

Ente à l'orange

Kurz nachdem der Eiserne Vorhang gefallen war, zahlte man knappe achtzig Schilling für eine Busreise von Krakau nach Wien. Der Bus, der mich zum ersten Mal in den Westen brachte, erinnerte an einen der Länge nach hingefallenen Kühlschrank, an den man vier Räder montiert hatte. Um diese äußerlichen Mängel auszugleichen, hatte man ihm die Flanken mit der knallroten Aufschrift *Dream Travel* verschönert. Der Fahrer, der zugleich der Besitzer des Busses war, war im Wartezimmer seines Zahnarztes auf diese Idee gestoßen. Er hatte in einem der Illustriertenstapel nach einem Playboyheft gesucht, sich aber, da er wegen der Zahnschmerzen alles wie durch einen Schleier sah, vergriffen und plötzlich einen Neckermannkatalog in der Hand gehabt. Statt Samantha Fox' Busen erblickte er einen zweistöckigen Luxusbus mit der Aufschrift *Dream Travel,* und es beschlich ihn das Gefühl, daß das Schicksal zu ihm gesprochen hatte. Er hatte das Richtige für seinen alten Ikarus gefunden.

Die Reise in den Westen mit dem Unternehmen *Dream Travel* dauerte über zehn Stunden. Der vollbeladene Ikarus erreichte in seinen besten Momenten eine Geschwindigkeit von achtzig Stundenkilometer, und einmal, als wir bei Olmütz einen Berg hinunterfuhren, kam er sogar auf hundertzehn. Nach acht Stunden Fahrt rollte der Bus langsam in Richtung österreichische Grenze, woraufhin viele Passagiere letzte Vorbereitungen für die Grenzkontrolle zu treffen begannen. Marlborostangen tauchten auf und verschwanden unter den Sitzen. Wodka wurde in Thermosflaschen gefüllt. Die erfahreneren Passagiere schraubten den Oberteil der Motorhaube auf und schoben dort Flaschen mit sonderbarem Inhalt hinein. In den nächsten zehn Minuten wurde schweigsam an den Sitzen, Verschlägen und Böden des Busses gearbeitet. Unser Fahrer drosselte das Tempo, damit alles rechtzeitig sein Versteck fand. Das Handgepäck wurde unter die Sitze geschoben, und was nicht mehr ging, ließ man einfach im Gang stehen.

Die Blondine neben mir, die während der ganzen Reise an ihren Fingernägeln gefeilt hatte, machte eine Pause und schob sich ihre braune Reisetasche unter den Hintern. Offenbar hielt sie das für den sichersten Platz auf der ganzen Welt. Sie sah darauf aus wie eine brütende Henne.

Gegen drei Uhr früh kamen wir an der Grenze an. Eine Stunde lang geschah überhaupt nichts. Wir standen nur einfach da. Als Neuling wurde ich etwas unruhig, aber die anderen Passagiere kostete diese Zermürbungstaktik nur ein Lächeln, während sie nachprüften, ob alles gut festsaß.

So gegen vier ging zischend die Tür auf, und drei Zöllner stiegen so langsam ein, als hätten sie vor, den ganzen Monat in unserem Bus zu verbringen. An ihren Gürteln baumelten Pistolen und Handschellen. Der letzte Mann führte einen Schäferhund an der Leine herein. Der Schäferhund war als einziger unbewaffnet, aber dafür so dressiert, daß er jedem, der nicht die österreichische Staatsbürgerschaft besaß, automatisch die Zähne entgegenfletschte. Irgendwie schien es mir nur eine Frage der Zeit zu sein, bis die Zöllner all die versteckten Zigarettenstangen und Wodkaflaschen ausheben würden. Aber ich hatte nicht mit der Erfahrung der Passagiere gerechnet, die sich vor meinen Augen aus einer grölenden Masse in ein ruhiges, aufmerksames Kollektiv verwandelten. Bereits bei der Paßkontrolle begannen die Passagiere die Zöllner mit falschen Auskünften zu füttern. Man konnte diese Auskünfte nicht als Lügen bezeichnen, sie widersprachen einander bloß. Wenn zum Beispiel ein Passagier eine gelbe Reisetasche als sein Eigentum meldete, fand sich gleich ein zweiter, der sich ebenfalls als der Besitzer dieser Reisetasche ausgab. So hatten einige Gepäckstücke zwei, drei, oder, wie es im Falle der besagten gelben Reisetasche war, sogar fünf Besitzer. Auf der anderen Seite gab es eine Menge Reisetaschen, die ihre Besitzer verloren hatten.

Die Zöllner ernteten nur ein Achselzucken und konnten nichts tun, obwohl die herrenlosen Reisetaschen eindeutig Schmuggelgut beinhalteten und man damit den Besitzer als Schmuggler festnageln und ihm die Einreise verweigern hätte können. Um die Verwirrung zu steigern, gab es noch eine andere Sorte von Passagieren. Sie waren in einen komaähnlichen Schlaf gefallen. Die Zöllner sprachen solche schlafenden Passagiere zuerst höflich an, verloren aber ziemlich rasch die Geduld und brüllten, was in einem merkwürdigen Gegensatz zu ihrer anfänglichen Höflichkeit stand. Doch die Schläfer gaben nur schmatzende Geräusche von sich und drehten dem Zöllner den Rücken zu.

Da es unter den Einreiseparagraphen keinen gibt, mit dem man Schlafenden die Einreise verweigern kann, ließen die Zöllner die schnarchenden Passagiere vorerst in Frieden und wandten sich mit umso größerem Eifer den Wachgebliebenen zu. Sie begutachteten ihre Pässe langsam, beinahe geistesabwesend, und fragten mit gleichgültigem Ton, ob man etwas zu verzollen hätte. Obwohl kein Passagier so naiv war zu sagen, daß er nichts zu verzollen hatte, wurde jedes Gepäckstück untersucht. Nach einer Viertelstunde stellten die Zöllner trotz aller Hindernisse eine größere Menge an Zigaretten und Wodka sicher. Aber es war klar, daß es nur ein Bruchteil dessen war, was sich im Bus tatsächlich verbarg. Nun trat der Schäferhund in Aktion und begann, nach dem Rest zu schnüffeln. Sogar die Henne auf der braunen Reisetasche sah unruhig in seine Richtung. Aber gerade in dem Moment, als der Hund sich der Motorhaube näherte, wo Zigarettenstangen im Gesamtwert von fünfzigtausend Schilling gebunkert waren, geschah etwas Unerwartetes.

Ein angetrunkener Mann, der sich die ganze Reise still verhalten hatte, rief plötzlich in gebrochenem Deutsch:

»Hundi, komm! Komm, Hundi, komm! Komm, Hundilein!«

Der Schäferhund fuhr herum und starrte den Mann an. Die Zöllner taten es ihm nach.

In der Hand des Mannes erschien eine Stange frischer Krakauerwurst, die selbst in Polen nur auf dem Schwarzmarkt zu bekommen war. Er bewegte sie regelmäßig wie ein Pendel hin und her, als wollte er den Hund damit hypnotisieren.

»Schau her, Hundl, schau doch mal, kleines Hundilein ... «

»Schimanski, bei Fuß!« brüllten die Zöllner. Aber es war zu spät. Schimanski lief hechelnd zu unserem Landsmann, faßte die Wurst und zog sie zu sich hinüber. Er fing an, sie mit dieser besonderen Konzentration, die Tiere in Naturfilmen zeigen, hinunterzuschlingen. Er spürte nicht einmal, daß unser Landsmann ihm den Kopf tätschelte und leise dahinleierte:

»Schön so, dummes Hundilein, schön so, dummes Schimanskilein ... «

»Scheiße!« brüllten die Zöllner und sahen einander an. Jeder weiß, daß, wenn ein Schäferhund etwas gefressen hat, seine Witterung für ein paar Stunden getrübt ist. Der Mann wußte es, und die Zöllner wußten es auch. Nur Schimanski wußte es nicht. Er starrte unseren Landsmann an und wartete auf eine Zugabe.

Fluchend stürzten die Zöllner zu unserem Landsmann, der ihnen in einer abwehrenden Bewegung die leeren Hände entgegenhielt, und zerrten den hechelnden Schimanski auf die Seite.

»Der Arsch hat unseren Schimanski versaut!« rief einer der Zöllner und tastete intuitiv nach seiner Pistole, ohne sie jedoch zu ziehen.

»Der denkt jetzt die ganze Nacht nur noch an polnischen Schinken!« stimmte ihm der zweite zu, und der dritte brüllte unseren Landsmann, der immer noch etwas dahinleierte, an: »Klappe halten! Wir müssen jetzt nachdenken!« Dann fingen die Zöllner nachzudenken an. Es wurde mucksmäuschenstill im ganzen Bus. Jeder Passagier weiß, daß, sobald ein Zöllner zu denken anfängt, nur Gutes dabei herauskommen kann. Sogar die schlafenden Passagiere hörten zu schnarchen auf, um die Zöllner nicht zu stören. Nur Schimanski schielte immer wieder zu dem Mann und hechelte. Nach etwa fünf Minuten gründlichen Nachdenkens sagte ausgerechnet der Zöllner, dem Schimanski gehörte: »Laß ma s' halt weiterfahr'n.«

»Von mir aus«, sagten die anderen.

Darauf schwärmten die Zöllner ein letztes Mal aus und beschlagnahmten alle gefundenen Zigaretten und Wodkaflaschen. Dem Mann, der Schimanski unschädlich gemacht hatte, nahmen sie gezählte dreiundzwanzig Kilo Krakauerwurst ab und stiegen damit aus.

Nach einer weiteren halben Stunde Warterei gab man unserem Fahrer das Zeichen zur Weiterfahrt. Er startete den Bus, und wir fuhren langsam über die Grenze. Sobald der Ikarus westlichen Asphalt unter sich spürte, wurde er immer schneller und schneller. Ich sah gerade noch, wie das Schild *Servus in Österreich* an uns vorbeiflog.

Plötzlich stieß mich jemand von hinten an. Ich drehte mich um und sah den Mann, der Schimanski unschädlich gemacht hatte. Er war angetrunken, aber sein dümmlicher Gesichtsausdruck war wie weggeblasen. Er strahlte schlechtunterdrückte Freude aus und hielt eine Flasche Wodka, die er gerade unter seinem Sitz hervorgezaubert hatte, in der Hand.

»Trink einen mit mir, Junge! Trink!« rief er mir leise ins Ohr und hielt mir die Flasche vor die Nase.

»Trink mit mir auf dieses Schimanskilein, dieses arme blöde deutsche Schäferhundilein, das uns nach Österreich hereingelassen hat!«

2

Vom Westen wußte ich bereits, daß dort das Geld auf der Straße liegt und die Leute alle kerngesund sterben. Trotzdem werde ich niemals den ersten Eindruck von Wien vergessen.

Es gab einfach keine schlechtangezogenen Leute. Ich lernte langsam, daß ein Bäckerlehrling im Westen so aussah wie bei uns ein Soziologiestudent, ein Friseurgehilfe wie ein schnittiger Geschäftsmann und ein Betriebsrat wie ein Bankdirektor. Deshalb sah ich nur Männer und Frauen, die gerade aus dem Urlaub gekommen zu sein schienen. Die Frauen waren braungebrannt – es war allerdings eine merkwürdig tiefe Bräune – und sahen zwar nicht immer schön, aber immer blendend aus. Sie benutzten die Straße wie einen Laufsteg. Wenn sie einmal stehenblieben, dann nur vor einer Auslagenscheibe, um sich darin zu betrachten. Die Männer schauten den Frauen nach, aber nicht wie bei uns. Der Mann schaute die Frau nur so lange an, bis sie aus seinem Blickwinkel verschwand. Dann drehte er sich nicht um, wie das bei uns üblich war, sondern ging weiter und suchte sich ein neues Opfer. Und so wanderte sein Blick von einer Frau zur anderen. Aber er sah eine Frau niemals ganz an, dazu fehlte ihm die Zeit. Jede Frau gab es nur stückweise, und es war kein Wunder, daß der Mann manchmal den Blick senken mußte, um seine Augen ausruhen zu lassen.

Und dann die Sauberkeit. Auf der Straße lag nicht einmal ein zufällig fallengelassenes Stück Papier. Alles war so, als wäre gerade ein riesiger Staubsauger durch die Straßen gefahren. Ich habe tatsächlich etwas später einen Staubsauger gesehen, der den Müll zwischen Straße und Gehsteigkante in sich aufsaugte. Aber ich wußte damals noch nicht, daß der tückische Kleinmüll, dem am schwersten beizukommen ist, in Wien von den Einwohnern, die stillschweigend mit dem Straßenreinigungsdienst zusammenarbeiten, selbst in Schach gehalten wird.

Die Bäume in den Parks unterscheiden sich von denen außerhalb der Stadt. Sie scheinen eigens für das Stadtzentrum gezüchtet worden zu sein. Sie sind gerade wie Strommasten, und die Zweige stehen im rechten Winkel vom Stamm ab, was so ziemlich jedem Naturgesetz widerspricht. Jene Blätter, die über den Gehsteigrand auf die Straße reichen, sind wie mit einem Lineal abgeschnitten und dadurch an manchen Stellen rechteckig oder quadratisch. Eines Tages fand ich sogar auf der Straße ein dreieckiges Blatt. Es hat ungewöhnlich schnell seine Farbe gewechselt, aber die Form blieb. Ein Dreieck mit einem Stengel dran.

Ungeachtet des Reichtums und der rechteckigen Blätter kroch unser Ikarus langsam eine breite Straße hinauf. Rechts und links standen große Prunkbauten, in denen früher der Kaiser Franz Joseph und noch früher Maria Theresia gewohnt hatten. Bei der Oper nahm der Fahrer das Mikrophon in die Hand und sagte gelangweilt: »Wyborowa kostet auf dem Schwarzmarkt neunzig. Ich nehme ihn um siebzig und die Zigaretten um hundertzwanzig. Das ist etwas weniger, aber dafür braucht sich keiner mehr mit der Polizei und der Stadtwache herumzuschlagen.«

Beim Parlament kam der Schinken dran und beim Volksgarten die Kochschokolade. So ging das bis zum Burgtheater, wo wir an einer roten Ampel stehenblieben. Dort kam es zu einem kleinen, aber merkwürdigen Zwischenfall. Neben uns hielt ein westlicher Reisebus. Er war aus Deutschland oder Holland – es war schwer zu unterscheiden, denn die westlichen Reisebusse sehen alle so luxuriös aus. Die Passagiere waren anfangs so sehr in das vertieft, was ihr Reiseleiter über das Burgtheater zu sagen hatte, daß sie uns gar nicht bemerkten. Dabei standen wir Fenster an Fenster und glotzten zu ihnen hinüber. Man muß zugeben, daß sie in uns Neid erweckten. In ihrem Bus gab es eine fahrende Toilette und eine Klimaanlage, was man an ihrer Kleidung sehen konnte. Denn bis auf den Fahrer und den Reiseleiter hatten die meisten nur T-Shirts an. Auffallend war, daß ausgerechnet die älteren Touristen alle das gleiche T-Shirt trugen. Es zeigte Mickey Mouse, die Pluto den Kopf tätschelte.

Einer dieser älteren Touristen drehte sich zufällig um und bemerkte uns als erster. Wenige Augenblicke später starrte uns der ganze Bus an, und plötzlich wurde uns bewußt, daß wir keinen erbaulichen Anblick boten.

Etwa die Hälfte der Passagiere war nach der anstrengenden Nacht in den Sitzen eingeschlafen und schnarchte, daß man es hinaushören konnte. Die Schlafenden hatten Mäntel und Kapuzen an.

Dazu kam, daß wir Slawen (ich natürlich ausgenommen) von Natur aus über keine besonders glückliche Gesichtsbildung verfügen und diese gerne hinter einem Bart oder Schnurrbart verstecken. Vielleicht verleiht ein Bart einem Deutschen oder einem Holländer Würde, aber bei uns erweist er sich lediglich als Vervollkommnung einer gewissermaßen kriminell anmutenden Visage. Und so lehnten zwanzig schnarchende, nichtsahnende kriminelle Visagen an den Fenstern unseres Busses und stellten sich zur Schau. Die Wachgebliebenen hingegen beäugten wie Kannibalen, die schon seit einer Woche nichts Anständiges im Magen hatten, die Kollegen aus dem Westen.

Die westlichen Touristen revanchierten sich auf eine ganz simple und zivilisierte Art: Sie filmten uns.

Sobald sich der westliche Bus an uns sattgefilmt hatte, setzte er sich langsam in Bewegung und rollte majestätisch davon. Das Besondere aber war, daß er gar nicht gewartet hatte, bis die Ampel auf Grün sprang. Er fuhr bei Rot über die Kreuzung. Ein Bus voll westlicher Touristen mit Pluto und Mickey Mouse auf dem Bauch, ein Bus mit Bürgern, die pünktlich ihre Telefonrechungen zahlten, einmal wöchentlich Ordnung in ihre Versandhauskataloge brachten und die Polizei für ihren besten Freund hielten, fuhr einfach bei Rot über die Straße. Es war unfaßbar! Wir starrten dem Bus mit offenem Mund nach, bis er immer kleiner und kleiner wurde und schließlich in einer Seitengasse verschwand. Wenige Augenblicke später kam Grün, unser Ikarus stieß einen langen Seufzer aus und setzte sich schwerfällig in Bewegung.

3

Nachdem ich meine zwei Flaschen Wodka und die Zigaretten beim Fahrer abgesetzt hatte, kam ich auf genau 535 Schilling. Es war nicht viel, aber es würde reichen, bis ich einen Job gefunden hatte. Vorausgesetzt natürlich, ich würde am Tag nur eine Mahlzeit zu mir nehmen und auf einer Parkbank übernachten.

Als erstes koppelte ich mich von meinen Reisegefährten ab, die nichts anderes im Kopf hatten, als ihre Zigaretten und den Wodka an den Mann zu bringen, und suchte mir einen ruhigen und zentral gelegenen Park.

Ich wählte eine Parkbank in der Nähe des Johann-Strauß-Denkmals. Sie lag etwas abseits, so daß ich in der Nacht nur von Tauben, die an Schlafstörungen litten, gestört wurde. Der Park wurde vorwiegend von japanischen Touristen aufgesucht. Da die ständig das Johann-Strauß-Denkmal filmten, kam ich manchmal mit auf den Film. Mein Herz hüpfte vor Freude bei dem Gedanken, daß man mich in Tokio einer japanischen Familie vorführen würde, wie ich, eine Hofer-Plastiktasche unter dem Hintern (wegen der Feuchtigkeit), mit einer Milchschnitte (meine tägliche Mahlzeit) neben Johann Strauß saß. Kaum im Westen angekommen, ging mein Bild schon um die Welt. Ich wünschte, es hätte auch polnische Touristen gegeben, die mein Bild nach Krakau bringen hätten können – damit meine armen Eltern sahen, wie weit ich es im Leben bereits gebracht hatte. Leider lief dieser Teil des Fremdenverkehrs im Prater herum, verkaufte Wodka oder trank ihn, wenn das Geschäft nicht lief, einfach selbst.

Nach einigen Tagen, als mein Vermögen auf dreihundert Schilling geschmolzen war, beschloß ich, ernsthaft nach einem Job zu suchen. Ich hörte von dem Arbeiterstrich in Floridsdorf, wo Leute wie ich unbedingt ihr Glück probieren sollten. Ich fuhr mit einer der ersten Schnellbahnen hin (ohne Fahrschein, versteht sich) und kam um sieben in der Früh an. Zu meiner Verwunderung warteten dort schon einige meiner Landsleute. Ich erkannte sie ohne Schwierigkeiten. Sie hatten lange Mäntel an und tranken Wodka aus einer Gemeinschaftsflasche, um sich aufzuwärmen. Dazu stampften sie mit den Füßen und fuchtelten mit den Armen. Es sah aus wie ein Behindertenausflug, zum ersten Mal im Freien.

Ich fragte mich, wer eigentlich hier stehenbleiben sollte. Ich konnte mir einfach nicht vorstellen, daß hier jemand anhielt, um diese Horde höflich zu befragen, ob sie vielleicht die Güte hätte, ihm im Garten zur Hand zu gehen. Wer hier stehenblieb, mußte blind, taub und lebensmüde sein.

Einer überragte alle anderen um einen Kopf und sah aus wie Arnold Schwarzenegger. Ich dachte, daß jemand, der so aussah, auf dem Arbeiterstrich vielleicht mehr Glück hatte, und beschloß, mich an ihn zu hängen. Ich ging auf ihn zu und stellte mich vor. Aber immer, wenn ich nervös bin, rutscht mir ein Wort zu viel heraus. Ich sagte: »Hallo. Ich heiße Waldemar. Freunde nennen mich Waldi.«

Arnold sah mich nicht einmal an. Sein Blick schweifte faul über den Horizont, bis zu der Stelle, wo die Straße aufhörte.

»Regnet es hier eigentlich immer?« machte ich weiter. Schon wieder ein Fehler. Ich neige von Natur aus zu schrecklichen Übertreibungen. Ich sage zum Beispiel, die Suppe ist sensationell, wenn sie versalzen ist. Und jetzt sah es eigentlich nicht einmal nach Regen aus. Arnold gehörte glücklicherweise jedoch nicht zu den Leuten, die jedes Wort auf die Waagschale legen.

»Verpiß dich, Polacke«, sagte er gelangweilt.

Das erste Eis zwischen uns war also gebrochen. Ich wartete. Er drehte langsam seinen Kopf in meine Richtung und betrachtete mich von oben bis unten. Die Tatsache, daß ich einen halben Meter kleiner und schmäler als er war, weckte in ihm eine erste menschliche Regung.

»Na schön, Waldi, merkst du was?« gähnte er und machte eine kreisrunde Handbewegung, die seine Leute und die Straße mit einschloß.

Ich schaute. Aber außer daß die Hälfte seiner Männer das Kunststück zuwege brachte, gleichzeitig in der Nase zu bohren, bemerkte ich nichts Besonderes.

»Du nimmst uns hier die Arbeit weg, klar?« eröffnete er mir.

»Die Arbeit. Ach so.«

Arnold legte mir die Hand auf die Schulter. Sie wog mindestens fünfzig Kilo.

»Ich habe eine Schwäche für Idioten«, tröstete er mich und machte eine Handbewegung in die andere Richtung. Er schien viel Wert auf Gesten zu legen. Eine dieser peinlichen Angewohnheiten unserer slawischen Rasse.

»Siehst du die Bäume da drüben, Waldi?«

Ich versuchte, mich mit seiner Hand auf der Schulter umzudrehen. Es gelang einigermaßen. In zwanzig Meter Entfernung wuchsen ein paar Sträucher, die man zur Not als Bäume gelten lassen konnte.

Ich nickte.

»Dort ist dein Platz, Polacke.«

»Vielen Dank«, sagte ich.

Arnold beobachtete mich mit einem mitleidigen Lächeln, bis ich bei meinen Bäumen Aufstellung nahm, und wandte sich dann wieder der Straße zu. Eine halbe Stunde geschah gar nichts. Die Autos fuhren von links nach rechts und von rechts nach links, doch kein einziges blieb stehen. Aber so gegen neun geschah ein Wunder. Ein grüner VW-Transporter hielt genau vor Arnold an. Ein elegant gekleideter Mann um die vierzig stieg aus und kam näher.

»Grießgott«, rief Arnold von weitem, »Sie suchen Arrbeiter? Keine Probläm, wir kännen alles machen und dabei ganz genau.« Er mußte an diesem Satz den ganzen Morgen herumgetüftelt haben.

»Dzien dobry«, antwortete der Mann und lachte. Arnold entschuldigte sich und begann, sich mit unserem Landsmann zu unterhalten. Normalerweise hätte ich von meinem Platz aus dieses Gemurmel niemals mitbekommen. Aber seit ich auf einer Parkbank unter freiem Himmel übernachtete, hatten sich meine Sinne merkwürdig geschärft. Meine Sehkraft hatte zum Beispiel um das Zweifache zugenommen. Ich konnte sogar auf hundert Meter Entfernung erkennen, daß unser Landsmann eine Krawatte trug, auf der gelbe Frösche, die zum Sprung ansetzten, abgebildet waren. Noch besser stand es um mein Gehör. Ich verstand auf hundert Meter Entfernung jedes Wort ganz klar. Ich besaß plötzlich Fähigkeiten wie Graf Dracula, der mir übrigens immer schon sympathisch gewesen war. Er war gut gekleidet, umfassend gebildet und konnte fliegen. Kein Wunder, daß die Frauen nach ihm verrückt waren. Wer weiß, vielleicht würde ich, wenn mein Geld ganz aufgebraucht war, auch in die Fußstapfen Graf Draculas treten? Aussicht auf gute Kleidung und umfassende Bildung bestand für mich zwar keine, aber ich würde mich zumindest vom Blut meiner Mitmenschen ernähren können.

Der Landsmann und Arnold unterhielten sich über ein Grundstück außerhalb Wiens, das der Landsmann kurz zuvor gekauft hatte und auf dem er jetzt ein Haus bauen wollte. Als erstes brauchte er Leute, die ein Schwimmbad ausheben würden. Er würde hundert Schilling die Stunde zahlen und konnte jeden Mann gut gebrauchen. Das ließ sich Arnold nicht zweimal sagen. Er trommelte seine Leute zusammen. Sie stiegen einer nach dem anderen in den Bus. Als Arnold als letzter einstieg, zeigte plötzlich der Landsmann in meine Richtung und fragte:

»Gehört der nicht zu Ihnen?«

»Nee, seh ich zum erstenmal.«

»Aber er sucht vielleicht auch Arbeit?«

»Kann schon sein.«

Unser Landsmann sah zu mir her und rief, ich solle rüberkommen. Es hätte auch genügt, wenn er geflüstert hätte, ich wäre gelaufen gekommen wie ein kleiner Junge, dem man eine elektrische Eisenbahn in Aussicht stellt.

»Der hat irgendwie nicht alle Tassen im Schrank«, flüsterte Arnold unserem Landsmann ins Ohr.

»Sagten Sie nicht gerade, daß Sie ihn zum ersten Mal im Leben sehen?« staunte der und wandte sich mir zu.

»Wie alt sind Sie?« fragte er freundlich.

»Zweiundzwanzig.«

»Und woher kommen Sie?«

»Aus Krakau.«

»Soso. Hätten Sie Lust, heute tausend Schilling zu verdienen?«

Ob ich Lust hätte, tausend Schilling zu verdienen? Wie konnte man das noch fragen? Ein Mann, der nachts auf einer Parkbank schlief und langsam daran dachte, sich vom Blut seiner Mitmenschen zu ernähren, würde für tausend Schilling die eigene Mutter in Knoblauchsauce kochen.

Ich nickte heftig.

»In Ordnung. Steigen Sie bitte zu den anderen. Je früher wir anfangen, desto besser.«

Ich ließ mir das nicht zweimal sagen und sprang in den Transporter. Der Landsmann schob hinter mir die Tür zu und lächelte mich durch die Scheibe an. Mir gefiel dieses Lächeln ganz und gar nicht. Ich habe immer so ein Kribbeln im Rükkenmark, wenn mit jemandem etwas nicht stimmt. Und jetzt kribbelte in meinem Rückenmark ein ganzer Ameisenhaufen.

Unser Landsmann stieg vorn ein und setzte sich ans Steuer. Der Wagen sprang an und rollte mit uns davon. Als wir in voller Fahrt waren, neigte sich Arnold zu mir herüber und sagte:

»Heute ist dein Glückstag, Waldi.«

»Ach ja? Wieso?«

Schließlich hatten wir keinen Lottosechser gewonnen, sondern sollten bei klirrender Kälte ein Schwimmbad ausheben.

»Weil du den besten Job erwischt hast, den du kriegen konntest, Polacke.«

»Müssen Sie denn immer so abwertend mit mir sprechen? Wir sind praktisch Brüder. In unseren Adern fließt slawisches Blut.«

»Was du nicht sagst, Polacke.«

»Das macht Ihnen wirklich Spaß, was?«

»Richtig, du Idiot. Gefällt dir vielleicht Idiot besser, Polakke?« Er krächzte richtig vor Vergnügen.

»Wissen Sie, was ich glaube? Ich glaube, Sie haben einen Minderwertigkeitskomplex.«

»Und ich hau dir gleich eins auf die Schnauze.«

»Ich meine nur, daß Sie sich nicht schämen sollten, daß Sie aus Polen kommen. Nur weil wir Ausländer sind, sind wir deshalb nicht das Letzte.«

Es war nicht mein Argument, sondern mein sanfter Ton, der mich davor bewahrte, daß Arnold mir sofort einen Arm ausriß.

Er wischte sich übers Gesicht, als wäre er verschwitzt, und murmelte: »Ich? Schämen… ? Wofür soll ich mich denn schämen?«

Dann drehte er sich zu seinen Leuten um und sprach den ganzen Weg kein Wort mehr mit mir.

4

Das Grundstück unseres Landsmanns war wirklich weit entfernt. Wir fuhren über eine halbe Stunde hin. Auf den ersten Blick war klar, daß es ein Vermögen gekostet haben mußte. Es hatte einen Wald und sogar einen Teich, aus dem man das Quaken von Fröschen hören konnte.

Der Landsmann hielt seinen Transporter in der Mitte einer großen freien Fläche an, wo Haus und Schwimmbad hinkommen sollten, und begann uns zu erklären, was er von uns erwartete. Wir sollten ein elf Meter langes und sieben Meter breites Schwimmbad ausheben. Es sollte mindestens zwei Meter tief sein. Da wir zehn Mann waren, hielt er es für möglich, daß wir es in einem Tag schaffen würden. In diesem Fall winkte uns eine zusätzliche Prämie von fünfhundert Schilling pro Kopf.

Nach dieser Ansprache teilte er zehn nagelneue Spaten aus und wandte sich an Arnold:

»Verstehen Sie mich bitte nicht falsch, aber ich muß mich ein bißchen absichern. Wer garantiert mir, daß nicht einer von ihren Leuten mit dem Spaten abhaut? Ich möchte keine Schwierigkeiten bekommen. Immerhin sind wir nicht in Polen, sondern in Österreich.«

Arnold drehte sich um und betrachtete seine Leute mit ganz neuen Augen. Neun Gesichter, die in jedem Piratenfilm Furore gemacht hätten, glotzten zurück.

»Das kann wirklich keiner garantieren«, nickte Arnold.

»Vielleicht könnten Sie Ihre Leute dazu bringen, eine Kaution von, sagen wir, dreihundert Schilling für jeden Spaten zu stellen. Dann läuft bestimmt keiner weg, und wir bekommen keinen Ärger mit der Polizei.«

Arnold, der bei dem Wort Polizei energisch mit den Augenlidern zu klappern begann, ließ sich das nicht zweimal sagen. In zehn Minuten hatte er die gesamte Kaution eingesammelt. Er überreichte das Geld, als würde er sich damit loskaufen.

»War ja nicht so gemeint«, sagte unser Landsmann beschämt und war drauf und dran, die Kaution wieder zurückzugeben. Aber ein Blick auf Arnolds Leute stimmte ihn um, und er steckte das Geld doch in die Tasche.

Nachdem noch die Details geklärt worden waren, stieg er wieder in seinen Transporter und rief noch aus dem offenen Fenster: »Punkt sechs bin ich zurück. Vergessen Sie bitte nicht, fünfhundert Schilling extra! Und quälen Sie den armen Waldi nicht zu sehr«, lachte er und sah in meine Richtung. Ich hatte wieder das Kribbeln im Rückenmark.

Unser Landsmann kurvte langsam davon. Arnold drehte sich zu seinen Leuten um und brüllte:

»Ihr habt es gehört! Wenn wir bis sechs fertig sind, kriegt jeder vierhundert Schilling Prämie.«

»Habe ich nicht fünfhundert gehört?« fragte jemand.

»Wie kannst du fünfhundert gehört haben, wenn er vierhundert gesagt hat, du Trottel? Ich werde derjenige sein, der euch das Geld austeilt. Dann kann nämlich nichts passieren.«

Ohne zu murren gingen wir an die Arbeit. Jeder schnappte sich einen Spaten und begann zu graben. Es war sehr anstrengend, da der Boden stark gefroren war. Dennoch arbeiteten wir die nächsten Stunden ohne Unterbrechung durch. In Polen hätten wir für diese Arbeit eine Woche gebraucht, aber hier waren wir eben im goldenen Westen, wo man mit harter Arbeit an einem Tag ein polnisches Monatsgehalt verdienen konnte.

In acht Stunden, mit einer einzigen Zigarettenpause, brachten wir ein bautechnisches Wunder zustande und legten eine elf Meter lange und sieben Meter breite Grube frei.

Da noch etwas Zeit blieb, setzten wir uns an den Rand des künftigen Schwimmbads und ließen die Beine baumeln. Wir waren völlig kaputt. Niemand hatte Lust zu sprechen; jeder dachte nur mehr an sein Bett, ich an meine Bank im Stadtpark.

Es begann langsam zu dämmern, und während die anderen rauchten und auf unseren Landsmann warteten, erhob ich mich, um meine Blase zu erleichtern. Aber irgendwie brachte ich es nicht fertig, vor zehn Männern, mit denen ich gerade ein Schwimmbad ausgehoben hatte, zu pinkeln. Ich verfluchte meine guten Manieren und stelzte zum nächststehenden Baum, der über hundert Meter entfernt war. Ich stellte mich so hin, daß mich der Baum verdeckte.

Aus der Ferne kam Motorenlärm. Ich schaute auf und sah einen Transporter näherkommen. Hätte ich nicht meine außergewöhnliche Sehkraft gehabt, ich hätte den Transporter für das Fahrzeug unseres Landsmanns gehalten, der übrigens schon eine halbe Stunde überfällig war. Aber beim genauen Hinsehen erkannte ich, daß der Transporter merkwürdig in die Breite gegangen war und bedrohlich solide aussah. Als hinter diesem Transporter ein PKW auftauchte, wurde mir klar, daß gröbere Schwierigkeiten auf uns zukamen.

Arnold und seine Leute saßen mit dem Rücken zur Einfahrt und ahnten nichts. Im Gegenteil, der Motorenlärm beruhigte sie, weil sie dahinter unseren Landsmann vermuteten. Sie sahen nur einmal kurz hin, wie jemand, der weiß, wen er zu erwarten hat. Dann wandten sie sich wieder dem Schwimmbad zu. Die beiden Autos reagierten nicht so gelassen. Sobald sie Arnold und seine Leute gesichtet hatten, beschleunigten sie und nahmen die letzten paar hundert Meter in einem Tempo, als wollten sie in unserem frisch ausgehobenen Schwimmbad landen. Mich hatten sie nicht bemerkt – ich stand zu weit abseits. Außerdem hatte mich mein Schwarzarbeiterinstinkt, der kaum ein paar Stunden alt war, aber schon bestens funktionierte, wie mit Zauberhand hinter den Baum geschoben.

Auf den letzten Metern scherten die beiden Fahrzeuge aus und fuhren wie der Blitz von beiden Seiten auf das Schwimmbad zu. Sie wollten Arnold und die anderen in die Zange nehmen. Sie bremsten so knapp vor dem Rand, daß Arnold und seine Männer mit einem leisen Schrei in das Schwimmbad hüpften. Die Tür des Transporters sprang auf, so wie Türen in amerikanischen Gangsterfilmen aufzuspringen pflegen, laut und endgültig, und eine Art Antiterrorgruppe sprudelte aus seinem Inneren heraus und umstellte das Schwimmbad. Die Männer hatten Ruß im Gesicht und Gewehre im Anschlag. An ihren Gürteln hingen Schlagstöcke.

Sobald das Terrain gesichert war, öffnete sich die Tür des PKWs, diesmal leiser und zögerlicher, und ein dicklicher Polizist mit einer McDonald's-Tüte in der Hand stieg aus. Er ächzte dabei, wie jemand, den man bei etwas Wichtigem gestört hat, und vertrat sich zuerst einmal die Beine. Man hatte den Eindruck, daß er es gar nicht eilig hatte, das Schwimmbad aufzusuchen. In Wirklichkeit wußte er nicht so recht, was er mit der McDonald's-Tüte anstellen sollte, die nicht gut in seiner Hand aussah und seine Autorität untergrub. Hinter ihm stieg ein junger Polizist aus. Er war hager und wirkte von dem filmreifen Auftritt der Antiterrorgruppe ebenso erschreckt wie beeindruckt.

Arnold und seine Leute standen einfach da und schauten. Ihre Köpfe ragten etwas über den Rand des Schwimmbads und wanderten zwischen der Antiterrorgruppe und den näherkommenden Polizeioffizieren.

Der dickliche Polizist erreichte den Rand der Grube und blieb stehen. Er hatte es geschafft, seine Pommes frites im Gehen aufzuessen.

Er nickte ein paarmal, als hätte das Vorgefundene seinen Verdacht noch weit übertroffen. Er schnaufte in Richtung des jungen Polizisten, der ihm gefolgt war:

»Sowas hab i no nie g'sehn! Des ist der reinste Wahnsinn!«

Der junge Polizist schien auch erschüttert, aber er begnügte sich mit einem Kopfschütteln.

Der dicke Polizist zeigte auf Arnolds Leute.

»Tschuschen. Können aber auch Polacken sein.«

Dann wandte er sich zum ersten Mal direkt an das Schwimmbad: »Versteht ana von eich Deutsch?«

Arnold hob vorsichtig die Hand, als rechne er jeden Augenblick damit, daß man sie ihm abschießen würde.

»Da schau her!« rief der Polizist und erlaubte sich ein ungläubiges Lächeln. »Do ist aner, der a menschliche Sprach kann.« Aber dann verschwand sein Lächeln, und er brüllte: »Was habts ihr denn ang'stellt, ihr Wahnsinnigen?! Und woher kummts ihr denn überhaupt!?«

»Floridsdorf«, flüsterte Arnold.

»Bestimmt net! I kumm nämlich aus Floridsdorf!«

Er drehte sich leicht zu dem jungen Polizisten und flüsterte: »Der mocht sich do net lustig über uns?«

»Sie sprechen zu schnell, Herr Oberinspektor.«

Der dicke Polizist wandte sich wieder Arnold zu:

»Woher du kommen? Ja, du da. Ja, dich meine ich.«

»Warschau«, antwortete Arnold.

»Polacken«, flüsterte der Oberinspektor dem jungen Polizisten zu, und dann wieder laut: »Du haben heute schweres Verbrechen begangen, verstanden? Ich euch jetzt verhaften, verstanden?«

Arnold fand es an der Zeit, nicht nur Fragen zu beantworten, sondern sich auch zu verteidigen.

»Wir nichts getan, zehn unschuldig Mann in Österreich.«

»Wissen du, wo du und zehn unschuldig Mann sein?!« brüllte der Polizist und zeigte um sich.

»In Floridsdorf?« wisperte Arnold, denn er hatte noch gut in Erinnerung, was passiert war, als er zum ersten Mal *Floridsdorf* gesagt hatte.

»Im Nationalpark Hainburg, du Dillo! Du und deine Alibabas haben da a Ries'nloch im österreichischen Staatsgebiet grab'n! Wahrscheinlich habts nach Geld g'sucht oder irgendwos, damit ihr net hackeln müßts! Die Tschuschen und Türken, die hackeln wenigstens was, aber ihr Polacken seids die ärgsten!«

Es dauerte eine Weile, bis Arnold sich im Kopf alles übersetzt hatte, und noch einmal so lang, bis er sich umdrehte und das Grundstück unseres Landsmanns betrachtete. Nach den Worten des Polizisten herrschte Stille. Jeder für sich betrachtete das Grundstück. Sogar die Antiterrorleute schauten sich neugierig um.

Erst jetzt fiel allen auf, daß das Grundstück keinen Zaun hatte. Es gab auch keine Nachbarhäuser. Stattdessen wuchsen überall hundertjährige Eichen (hinter einer von ihn war übrigens ich), und etwas weiter war ein Froschteich. Das alles war uns schon am Anfang irgendwie komisch vorgekommen, aber niemand hatte darauf geachtet. Unser Landsmann hatte uns mit seinem Tausendergerede eingelullt, und ehe wir wußten, wieviel es geschlagen hatte, gruben wir schon wie die Verrückten dieses verdammte Schwimmbad. Aber jetzt gingen uns die Laternen auf. Er hatte uns gelinkt. Betrogen, übers Ohr gehauen, für blöd verkauft. Das alles nur, um die Kaution abzukassieren. Sie belief sich insgesamt auf dreitausend Schilling. Kein schlechter Stundenlohn, denn mehr als eine Stunde hatte er nicht gebraucht, um uns so weit zu bringen. Und Arnold hatte ihm das Geld noch persönlich in die Hand gedrückt. Dieser Hund war ganz schön gerissen. Er war sogar sehr gerissen. Jetzt stand Arnold mit seinen Leuten in der Grube wie Jesus mit den zwölf Aposteln und konnte nur noch beten, daß ihm die Polizei glaubte. Und dann waren da noch die Spaten. Sie machten uns endgültig zu Schuldigen, denn kein Polizist würde uns glauben, daß wir sie geschenkt bekommen hatten. Wer schenkt schon einem Polen einen Spaten?

Der Oberinspektor schien in unseren Gedanken zu lesen.

»Du geben Spaten«, befahl er.

Arnold führte den Befehl aus. Der Oberinspektor besah sich den Spatenstiel, auf dem ein Stempel eingebrannt war, genau. Er nickte, als hätte er nichts anderes erwartet.

»Neues Verbrechen. Du haben Spaten gestern bei Baumaxlager gestohlen.«

Arnolds Gesicht hatte einen merkwürdigen Ausdruck angenommen. Der junge Polizist flüsterte seinem Vorgesetzten zu: »Fragen Sie vielleicht nach dem Motiv?«

»Aber bittschön, Herr Kollege. Des ist doch wurscht. Verbrechen ist Verbrechen.«

»Es ist nur eine Formalität, Herr Oberinspektor.«

»Formalität? Ahmm, no jo, meinetwegen. Warum du und die anderen Alibabas da gegraben ham?«

»Wir Schwimmbad gemacht für Chef«, stammelte Arnold weinend, »er uns viel Geld versprochen. Wir wollen Geld. Nehmen Spaten. Dann graben, graben, graben. Sechs Uhr Chef nicht kommen, aber wer kommen? Polizei kommen und verhaften. Und wofür? Weil wir gut zehn unschuldige Männer.«

Der Oberinspektor räusperte sich:

»I hab ka einziges Wort verstandn. Sie vielleicht?«

Der junge Polizist schüttelte auch den Kopf.

Plötzlich legte der Oberinspektor das Gesicht in Falten und betrachte Arnold genauer.

»Wissen S', daß ma der irgendwie bekannt vorkummt? Wo hob i ihn schon g'sehn?«

»Das stimmt. Dieses Gesicht ist mir auch nicht neu. Wir sollten schnellstens auf dem Revier die Fahndungsfotos durchsehen.«

»Dann wird's Zeit, die ganze Bagage mitzunehmen, gelt?«

»Völlig richtig.«

»Karli! Gustav!« brüllte der Oberinspektor. Zwei stramme Polizisten traten hervor und salutierten.

»Du Alibabas Handschellen anlegen, in große Auto laden und fahren weg.«

»Entschuldigung?«

»Einpacken und aufs Revier bringen! Wie oft soll i mi wiederholn?!«

»Jawohl!« riefen Karli und Gustav im Chor.

Ein Mann nach dem anderen wurde aus der Grube gezogen und zum Wagen geführt. Der Oberinspektor stand daneben und rief jedem Drohungen nach wie: »Bald kannst wieda in deinem Polackenland Nationalparks verschandln!«

Arnold wurde als letzter aus der Grube gezogen. Er leistete keinen Widerstand und ließ sich zum großen Wagen führen, wo schon seine Leute in Handschellen auf ihn warteten. Er stand noch immer unter Schock und stammelte: »Unser Chef um sechs kommen, alles bezahlen und wieder alles gut sein.«

Der Oberinspektor hielt ihm sein Handgelenk mit der Uhr vor die Nase: »Jetzt is boid sieben. Do kommt hechstens a Storch vorbei, du Dillo!«

Damit wurde Arnold als letzter in den großen Polizeiwagen geschoben und die Tür hinter ihm abgeriegelt.

Dann starteten die Motoren, und man fuhr los. Der kleine Wagen mit dem Oberinspektor fuhr diesmal vor. Beide Fahrzeuge verschwanden hinter dem Hügel, und bald hörte man nichts mehr. Nur vom Teich her quakten immer noch die Frösche. Die ganze Vorstellung hatte nicht mehr als zehn Minuten gedauert.

Ich wartete noch etwas ab und kam dann hinter meinem Baum hervor. Ich wollte an diesem Ort keine Minute länger bleiben. Aber irgendetwas zog mich zum Schwimmbad zurück. Ich ging noch einmal zurück und stellte mich an den Rand, wie es der Oberinspektor getan hatte. Ich blieb nachdenklich am Rand des Schwimmbads stehen. Arnold und seine Leute waren erledigt. Man würde sie zuerst aufs Revier bringen, dann ihre Fingerabdrücke nehmen, ein paar nette Fotos machen und spätestens übermorgen alle gemeinsam nach Polen abschieben. Mit einem Einreiseverbot für die nächsten zehn Jahre.

Meine Situation sah auch nicht rosig aus. Mein letztes Geld war weg. Ich hatte noch immer kein Dach über dem Kopf und war von der schweren Arbeit völlig kaputt. Noch dazu sah es in dieser Nacht nach Regen aus. Aber es hätte auch schlimmer kommen können. Ich hätte auch mit Arnolds Leuten in dem Transporter sitzen und mir von einem gutmütigen Polizisten erklären lassen können, daß Handschellen zur Hälfte aus gehärtetem Stahl und zur anderen aus einer Nickel-Kupferlegierung bestehen. So gesehen ging es mir nicht schlecht. Warum beklagte ich mich denn überhaupt? Die körperliche Arbeit hatte mir gutgetan. Ich war ohnehin zu mager. Dann der schöne Nationalpark in Hainburg. Den hätte ich doch sonst nie besucht. Ich hatte bis zu diesem Tag nicht einmal gewußt, daß er existierte. Jetzt stand ich mitten in einer Wiese, hörte die Frösche quaken und lauschte irgendeinem österreichischen Vogel, der gerade einen anderen österreichischen Vogel rief.

Und da war noch das gesunde Leben, das ich führte. Praktisch ständig an der frischen Luft. Tagsüber in Hainburg, nachtsüber im Stadtpark. Diese Erfahrungen waren mehr wert als lumpige dreihundert Schilling. O ja, und da war noch die frische Brise an meinem Unterleib. Mein Reißverschluß stand nämlich offen wie ein Scheunentor. Ich hätte vor Wut heulen können. So richtig brüllen, daß man es bis zum Stadtpark hören würde. Und dann, es geschah ohne mein Zutun, richtete ich den schon so lange zurückgehaltenen Strahl ins Schwimmbad hinein. Ich pinkelte. Aber wie! Wie ein Verrückter. Ich pinkelte auf den ganzen Tag, auf diesen Hund mit der Froschkrawatte, auf die Polizei, ja ich pinkelte sogar auf mich selber. Und ich glaube, ich habe in meinem ganzen Leben noch nie so schön gepinkelt. Es dauerte wohl fünf Minuten, aber danach war ich so frei und erleichtert wie ein buddhistischer Mönch. Ich zog meinen Reißverschluß hoch, warf nicht einmal einen letzten Blick auf das Schwimmbad und ging langsam über die Wiese zur Ausfahrt hinaus. Ich war ganz schön weit von meinem Stadtpark entfernt. Aber ich hatte alle Zeit der Welt. Niemand wartete auf mich. Ich wartete auch auf niemanden. Gab es nach so einem Tag etwas Schöneres?

5

Nach der Sache mit Hainburg streifte ich die nächsten Tage ziellos in den Straßen Wiens umher und suchte nach einem neuen Job. Aber entweder lag es an meinem Akzent oder an meiner Kleidung oder an beidem zusammen. Es gab keine Jobs, und damit basta. Mein Vermögen belief sich auf sieben Schilling, die sich zufällig in meiner Hosentasche verfangen hatten. Mit sieben Schilling konnte ich nicht viel ausrichten, und dabei hatte ich zum ersten Mal wirklichen Hunger. Ich ging in eine Billa-Filiale und beschloß, eine Stange Kantwurst zu klauen.

Aber im Gegensatz zu dem, was man über uns Polen behauptet, war ich ganz und gar nicht zum Stehlen geboren. Als ich mit der Kantwurst an der Kassa vorbeiging, begann sie immer schwerer zu werden. Schließlich wurde sie so schwer, daß ich nur darauf wartete, bis sie der Kassiererin genau vor die Füße fallen würde. Aber die bedachte mich nur mit einem mitleidigen Blick und beugte sich über ihre Kassa. Vielleicht wußte sie Bescheid, vielleicht machte ich aber auch inzwischen einen so heruntergekommenen Eindruck, daß sich sogar Kassiererinnen von mir abwandten.

Wer weiß, wie das Ganze ausgegangen wäre, hätte ich nicht bei der polnischen Kirche Bolek kennengelernt. Er war einer der wenigen, die dort noch wegen der Messe hingingen. Ich stand in der Beichtstuhlschlange und überlegte mir gerade allen Ernstes, ob ich den Pfarrer nicht fragen sollte, ob er vielleicht einen Koch oder einen Gärtner brauchte. Da sprach mich ein massiger, etwas stupide aussehender Riese an. Er war noch größer als Arnold, aber er hatte ein Gesicht, in dem man wie in einem offenem Buch lesen konnte. Es war Bolek. Nachher erzählte er mir, daß meine abgetragenen Tennisschuhe in ihm Mitleid erweckt hatten. Meine Schuhe trug ich schon eine Weile, doch bisher hatten sie noch bei niemanden Mitleid erweckt. Aber Bolek stammte aus Tschenstochau. In dieser Stadt leben Leute, die wegen abgetragener Tennisschuhe Mitleid verspüren und daran glauben, daß Gott die Welt in sechs Tagen erschaffen hat.

Da Bolek bereits ein Jahr in Wien war, hatte er viele Bekannte. Die meisten waren aus Tschenstochau, und wenn sie einmal zusammenkamen, konnte man sie nicht mehr auseinanderhalten. Er selber arbeitete an einem Preßlufthammer beim Bau der Wiener U-Bahn. Aber da für mich eine Preßlufthammerarbeit nicht in Frage kam, verschaffte er mir zuerst ein paar leichtere Jobs, bis ich schließlich bei Moischele Brunfstein landete, einem Juden aus Lublin, der am Mexikoplatz mit sprechenden Robotern aus Hongkong, Miniatureisenbahnen und sich selbst aufblasenden Bällen handelte. Moischele Brunfstein war der gerissenste Geschäftsmann, den ich je gesehen hatte. Während ich am

Ladentisch türkischen Kindern Spielzeug andrehte, verscherbelte er in seinem Hinterzimmer per Telefon ganze Eisenbahnwaggons an gestohlenen Armbanduhren und Silberschmuck.

An meinen freien Tagen versuchte ich als Friseur ein bißchen dazuzuverdienen. Zu Hause schnitt ich meiner ganzen Familie die Haare und daher hatte ich etwas Übung darin. Nach ein paar Wochen verfügte ich über eine kleine Kundschaft, die allesamt aus Tschenstochau kam und sich darüber nicht aufregte, wenn ich ihnen irrtümlich den ganzen Scheitel wegschnitt. Aber richtig aufwärts begann es zu gehen, als Bolek auch mein Unterkunftsproblem gelöst hatte. In seinem Quartier war gerade jemand ausgezogen, und es wurde ein Bett frei. Das Quartier war eine Garconniere im zweiten Bezirk. Sie bestand aus einem Zimmer und einer Küche. Das Klo war auf dem Gang. Die Fenster der Wohnung gingen auf den Hof, so daß man schon um fünf Uhr nachmittag Licht machen mußte. Verglichen mit dem Stadtpark war es der reinste Luxus.

Außer Bolek wohnte dort noch ein Student aus Warschau. Er hieß Vincent und war nur zur Hälfte Pole. Vincent sah mir ähnlich. Er war eine halbe Portion von vierundzwanzig Jahren, mit blonden Haaren, die ständig ungekämmt waren. Seine Mutter war eine Deutsche, die vor dreißig Jahren bei einer Dienstreise Vincents Vater kennengelernt hatte. Sie verliebte sich so sehr in ihn, daß sie ihre Wohnung in Stuttgart aufgab und nach Warschau zog. Dort lernte sie den Kommunismus von der praktischen Seite kennen. Sie stand täglich in der Schlange und lernte die Witze auswendig, die sich die alten Weiber vor ihr erzählten. Vincent wurde in Warschau geboren und wuchs zweisprachig auf. Er ging in eine polnische Schule, wo er unter anderem erfuhr, daß man die Deutschen in die guten, also die aus der DDR, und die bösen, also jene, die aus dem Land seiner Mutter kamen, teilte.

Im Jahr 1988 kam er nach Wien, um Psychologie zu studieren. Hier erkannte er bald, daß man die Welt und ihre Bewohner in zwei weitere Hälften teilen konnte. In die Armen und die Reichen, oder, genauer gesagt, in die, die stahlen, und die, die bestohlen wurden. Obwohl er monatlich seinen Eltern in Warschau einen Bericht über seine Studienerfolge abliefern mußte, hatte er noch Zeit, sich einer anderen Beschäftigung zu widmen.

»Ich klaue«, gestand er mir gleich am ersten Tag.

»Ich klaue, klaue und klaue«, wiederholte er mit einer Begeisterung, die man in der Jugend hat und leider viel zu früh verliert.

»Ich könnte niemals einen privaten Gegenstand mitgehen lassen«, beteuerte er, »das wäre wirklich ein Verbrechen. Aber diese überteuerten Boutiquen oder Warenhäuser zu beklauen, tut mir gar nicht weh.«

Er war auch nicht um ein praktisches Beispiel verlegen.

Bei unserem ersten Frühstück erklärte er mir anhand eines Lachssandwiches, welch nützlichen Beitrag für die Gesellschaft er leistete: »Nehmen wir doch diesen Fisch«, sagte er mit vollem Mund, »der kostet bei Julius Meinl über dreihundert Schilling. Vorausgesetzt, man ist so dumm und kauft ihn. Jetzt rechnen wir mal nach, wie es zu diesem wahnwitzigen Preis kommt.

Zuerst schwimmt so ein Fisch im Fluß und scheißt sich nichts. Rumschwimmen – das tut er eben gern. Was Besseres kann er nicht. Inzwischen reißen sich die Fischer in ihren Booten den Arsch auf, um ihn zu fangen. Kein Fisch läßt sich aber freiwillig fangen. Ist ja klar – jeder will leben. Schließlich fangen ihn die Fischer und liefern ihn an die Fischfabrik. Die zahlt ihnen für die ganze Drecksarbeit höchstens fünfzig Schilling. In Nullkommanix macht die Fabrik aus unserem Fisch Schottischen Wildwasserlachs, packt ihn in Folie und gibt ihn um hundertfünfzig weiter an Julius Meinl. Reingewinn also hundert Schilling. Der Fisch kommt in den Handel. Die Typen bei Julius Meinl schlagen dafür nochmals hunderfünfzig drauf, bloß weil sie ihn ins Regal gestellt haben. Den Angestellten zahlen sie fünfzig pro Stunde und selber kassieren sie Millionen. Dann kommen die Idioten und kaufen einen Fisch, der in Wirklichkeit nur fünfzig Schilling wert ist. Ist das gerecht, Waldi?« fragte Vincent und schlang den letzten Bissen hinunter.

»Mal ehrlich, bist du Kommunist, Vincent?«

»Würde ich dann Lachs essen? Im Gegenteil – ich bin so eine Art Robin Hood, der von seinen Alten gezwungen wurde, Psychologie zu studieren. Ich beklaue die großen Diebe und verteile an die Armen. Zum Beispiel an dich, Waldi. Möchtest du ein Sandwich?«

»Danke, hab schon gegessen.«

»In der nächsten Woche werde ich mich ein bißchen in der Elektronikbranche umsehen. Wenn du zufällig ein Autoradio mit CD-Player benötigst ...«

»Ich hab nicht einmal ein Auto.«

»Das läßt sich auch besorgen. Sag mir nur Bescheid. Die deutschen Autos sind übrigens die besten.«

»Vielen Dank.«

»Keine Ursache. Bei mir kriegst du immer fünfzig Prozent Rabatt. Ich mag dich.«

Ich mochte Vincent auch. Wie sollte man ihn nicht mögen. Aber wenn es jemanden gab, der ihn vergötterte, dann war es Frau Simacek, unsere Vermieterin.

Wahrscheinlich handelte es sich um die wechselseitige Sympathie unter Dieben. Denn Frau Simacek, eine siebzigjährige Kriegswitwe, klaute auch, und das am hellichten Tage. Monat für Monat knöpfte sie uns dreitausend Schilling pro Bett ab und kam so insgesamt auf neuntausend Schilling für eine Wohnung, die höchstens viertausend wert war. Steuerfrei, versteht sich.

Aber niemand kam auf die Idee, ihr deswegen Vorwürfe zu machen. Es gab nicht viele, die drei Polacken in die Wohnung ließen, selbst um diesen Preis nicht.

Frau Simacek erschien immer am Neunundzwanzigsten. Sie war stark geschminkt. Manchmal so stark, daß ihre Zähne davon betroffen waren. An wärmeren Tagen trug sie eine Art Minirock und lackierte sich noch zusätzlich die Fußnägel. Wir wußten nicht, ob wir weinen oder lachen sollten. Immerhin war sie die einzige Österreicherin, die sich wegen uns drei Ausländern in Schale warf.

Vincent besorgte für ihren Besuch immer einen Kaffee bei Julius Meinl und Süßigkeiten von Demel. Frau Simacek liebte vor allem die mürben Marzipankipferln. Glücklicherweise lagen die beim Demel immer in der Auslage, so daß Vincent sie problemlos besorgen konnte.

»Grüß euch Gott«, rief sie gleich von der Schwelle und sah sich suchend um: »Wo ist denn Vincent gebliebn? Is er scho wieder auf der Uni? Der Bursche verdirbt sich ja no das Augenlicht über die vielen Bücher.« Wenn es etwas gab, was Vincents Augenlicht gefährden hätte können, dann eher der Anblick einer Juwelierauslage.

»Aber nein, Frau Simacek«, rief Vincent von der Küche her. »Ich mach grad Ihre Kipferln zurecht. Nehmen S' nur Platz. Bolek und Waldi unterhalten sich derweil mit Ihnen.«

Er sprach vollendetes Hochdeutsch.

»Na fein.« Frau Simacek marschierte zum Tisch und setzte sich auf den Ehrenplatz. Sie schaute sich neugierig um.

»Habts ihr die Wände neuch ausgmalt, Bolek? Die san ja so weiß.«

»So weit, so gut. Wir vor soviel Arbeit nicht Zeit haben«, entgegnete Bolek, der zu jenen gehörte, die wohl nie eine Fremdsprache lernen werden.

Frau Simacek tätschelte ihm freundlich die Hand und sprudelte los: »No, Sie brauchn sich jo net schämen, daß Sie arbeitn wie ein Ochs. Die Ausländer kriegn jo immer die schwerste Hackn, weil mir Wiener so feine Leit san. Kloputzn, Straßenkehrn – des ist nix für uns. Mir san jo alles feine Herrschaftn, und trotzdem ham wir die Ausländer net b'sunders gern. Is schon komisch, net woar? Aber auf der anderen Seite kumman so viele Schlawiner zu uns, die unsere Kinderbeihilfe nehmen und irgendwelche Gschroppen unten in Rumänien aufpapperln. Und wenn nix mehr geht, räumen s' unseren Billa aus.«

In diesem Augenblick erschien in der Tür Vincent mit den Kipferln. »Eine Kleinigkeit für unsere Hausbesitzerin«, rief er.

»Ich bin nur a bescheidene Kriegswitwe, nur a Kriegswitwe«, schnurrte Frau Simacek und klatschte in die Hände: »Jessas na! Die san ja vom Demel!« Sie sagte das so, als wären bisher alle Kipferln nur von der Aida gewesen.

»Ach Vincent, Sie wissn, daß i des narrisch gern iß«, verdrehte sie dankbar die Augen und griff nach einem Kipferl. Sie biß hinein und redete mit vollem Mund weiter zu Bolek:

»Also i sollt des vielleicht net sagn, aber i wähl imma die FPÖ, damit net zuviele Verbrecher ins Land einekumman und den guaten Ausländern den Ruf verderbn. So wie euch zum Beispiel. Nur weil ihr aus Polen kummts, denkt sich schon jeder sein Teil. Die Polen sind so und so. Aber i weiß, ihr zum Beispiel, ihr seids brav. Bolek arbeitet am Preßlufthammer, Waldi verkauft Spielzeug, und mein Vincent geht fleißig auf die Uni und spricht schon so gut deutsch. Und jetzt stellts euch vor, es kommen no hunderttausend Neger oder Rumänen und nehmen euch die Arbeit weg. Dann kennts ihr die Wohnung net zahln, habts nix zum Beißn und miaßts am End auf der Kärntnerstroßn Blockflöte spieln.«

Wir nickten alle nachdenklich.

»Ihr soits a die FPÖ wähln«, riet Frau Simacek.

»Aber wir haben keine Staatsbürgerschaft«, gab Vincent zu bedenken.

»No, is vielleicht bessa so. Denn Österreicha sein is sehr schwea. Schlagts nur die Kronen Zeitung auf. Die ganzn Mordsschwestern, die Wahnsinnigen, die mit Zahnpastatuben redn, wie mit an richtign Menschen. Und die Hausfraun, die sich gegenseitig vergewoitign. Des hats zu meiner Zeit net gebn. Und zu alldem kummt einmal im Jahr no der Föhn, und die Leut werdn dann alle richtig grantig.«

»Ach was, essen Sie noch ein Kipferl.«

»No eins vielleicht, aber dann kann i nimmer.«

Frau Simacek sah sich im Zimmer um. Plötzlich bemerkte sie eine Vase, die auf dem Fernseher stand. Bolek hatte sie unlängst aus Polen mitgebracht.

»Is des aber a schener Blumentopf! Kennts ma vielleicht nächstes Mal a so an mitbringen?«

»Ich gekauft von russische Händler«, sagte Bolek.

»Is des wahr? Die is aus Rußland?«

»Aus Stalingrad.«

Frau Simacek seufzte. »Ach Stalingrad, Stalingrad. Dort ham die Russen mein' Mann aufg'fressn.«

»Aufgefressen? Ihren Herrn Gatten?«

»No, wenn i 's euch sag. Mein Simacek ist '43 einzogn wordn. Er is an die Front, und nur drei Wochn später ham ihn die Russen erschossen und g'fressen. Vom Simacek san mir nur die Uniformknöpf' bliebn, die s' mir g'schickt ham. Drei Wochen hab i g'weint. Hat nix g'nutzt.«

»Die Polen hassen die Russen auch«, schmeichelte Vincent sich ein.

»Aber schene Vasn mochn s'. Des muaß ma sogn.«

»Wunderschöne. Sind ja ein begabtes Volk. Bestreitet ja keiner.«

»Aber mein' Simacek ham s' trotzdem aufg'fressen.«

»Wollen Sie vielleicht einen Wodka? Nur einen Schluck?«

»Wodka? Na danke, i kann nimma.«

Frau Simacek tat so, als bemerke sie erst jetzt den Briefumschlag mit der Miete, der die ganze Zeit vor ihr auf dem Tisch gelegen war. Sie zeigte darauf und fragte: »Das Geld, net?«

»Für April«, nickte Vincent.

Sie steckte die Nase in den Umschlag und zählte die Scheine nach. Als sie fertig war, verwahrte sie den Umschlag in ihrer Handtasche und sah auf die Uhr. »Jessas na! Es is schon fast eins, und i muaß no zum Frisör!« Sie erhob sich vom Stuhl und ging langsam zum Ausgang.

»Auf Wiederschaun und seids brav. B'sunders du, Vincent, studier fleißig, dann wird aus dir no a Magister.«

»Danke, Frau Simacek.«

Im Vorbeigehen fiel ihr Blick auf mich.

»Waldi? Waren Sie net drüben a Zeitlang Frisör?«

»Ja, war er mal«, antwortete Vincent.

»Dann wird er mir vielleicht amoi de Hoar schneidn? Wieviel mecht er denn dafür?«

»Das macht Waldi gratis.«

»Wirklich? Wann denn?«

»Zum Abschied. Wenn wir ausziehen.«

6

Der Abend begann mit einem Streit zwischen Bolek und Vincent. Bolek war um neun von der Arbeit gekommen und war hungrig. Aber Vincent, der an diesem Tag für das Essen verantwortlich war, hatte auch einen schweren Tag hinter sich. Die Polizei hätte ihn beinah erwischt, als er ein Autoradio bei Köck mitgehen lassen wollte. Er hatte die elektronische Sicherung übersehen und war ahnungslos zur Tür hinausspaziert. Plötzlich läutete die Alarmanlage. Hätte Vincent nicht geistesgegenwärtig sofort das Radio fallen lassen, wäre es um ihn geschehen gewesen. Er kam zitternd nach Hause und hatte völlig vergessen, etwas zu essen zu besorgen. Bolek wollte davon nichts wissen und nannte ihn einen billigen Taschendieb. Das war nicht gerade der Ausdruck, mit dem man Vincent treffen konnte, aber an diesem Tag nahm er alles sehr persönlich.

Er betrachtete Bolek lange, zog sich plötzlich wieder die Jacke an und sagte: »Du kriegst dein Fressen! Aber wenn ich bis zehn nicht da bin, komme ich überhaupt nicht mehr.«

Dann knallte er die Tür zu und verschwand.

»Scheiße«, sagte Bolek, »jetzt bin ich schuld, wenn die ihn erwischen.«

»Es ist nach neun. Um diese Zeit ist alles zu«, tröstete ich ihn.

»Eben. Jetzt ist alles zu. Was will er denn dann?«

Die Antwort ließ nur eine halbe Stunde auf sich warten.

Kurz vor zehn kam Vincent mit einer lebenden Ente unter dem Arm zurück. Sie war in seine Jacke gewickelt. Ein Ärmel schnürte ihr den Schnabel zu, der andere hielt die Beine zusammen.

Vincent warf uns einen giftigen Blick zu und marschierte schnurstracks in die Küche. Man hörte, wie er dort eine Schublade nach der anderen aufriß. Wir liefen hinter ihm her. Vincent drehte sich zu uns um. Die Ente lugte unter seinem Arm hervor.

»Das ist eine Ente«, sagte Bolek.

»Falsch! Das ist dein Fressen.«

»Mein Fressen?«

»Wolltest du was essen? Jetzt hast du es!«

»Aber ..., aber ...«

»Hey, wo ist schon wieder das Brotmesser?«

»Das Brotmesser ...? Aber wozu denn?«

»Damit ich ihr den Kopf abschneide, oder hast du schon so einen Hunger, daß du sie lebendig fressen willst?«

»Nein, aber ...«

»Dann halt die Klappe.« Vincent wandte sich an mich: »Ich denke, wir sollten sie *à l'orange* machen, was denkst du?« Man konnte sagen, daß Vincent gekränkt war. Und wie er das war. Er ließ überhaupt nicht mit sich reden.

»Vincent«, sagte ich. »Wir sollten die Sache zuerst mal in Ruhe besprechen.«

»Du meinst, wir sollten im Kochbuch nachschauen?«

»Ich meine, das alles ist ein Mißverständnis.«

»So so. Wo ist das verdammte Brotmesser?«

»Ich meine, wir haben keinen Hunger. Oder hast du Hunger, Bolek?«

»Ich? Ich hab nicht einmal Durst.«

»Siehst du. Wir sollten nichts überstürzen. Vorläufig solltest du ihr den Kopf noch nicht abschneiden.« Ich sprach langsam und gewählt. Wie man mit einem Geisteskranken spricht.

»Richtig!« rief Vincent, »Bolek wird das machen.«

»Ich bin Katholik! Ich schneide niemand den Kopf ab.«

»Hör mal zu«, sagte Vincent und wedelte drohend mit der Ente. Die hatte sich inzwischen einigermaßen beruhigt. Sie blickte sogar neugierig von einem zum anderen.

»Wer hat mich gezwungen, sie zu holen?«

»Jungfrau Maria!« rief Bolek. »Ich hab ihn gezwungen!?«

»Und du kannst von Glück reden, daß die Ente nicht in der U-Bahn ausgerissen ist.«

»Du bist mit ihr in der U-Bahn gefahren?!«

»Na, hätte ich vielleicht ein Taxi nehmen sollen? Also wenn die ausgerissen wäre, wär's mit euch vorbei.«

»Wieso denn mit uns?«

»In Serbien können Tausende krepieren, und niemand schert sich darum. Aber wenn ein Polacke eine Ente aus dem Stadtpark mitgehen läßt und sie zwei anderen Polacken bringt, dann steht das morgen in der Kronen Zeitung. Ich seh schon die Schlagzeilen: VERDÄCHTIGER MIT EINER ENTE GEFASST! SPUR FÜHRT NACH WARSCHAU! Oder vielleicht: SCHWARZARBEITER AUS DEM OSTEN ESSEN HEIMISCHE VOGELBESTÄNDE AUF!«

»Vincent, versteh uns nicht falsch. Bolek und ich sind dir sehr dankbar für das, was du für uns getan hast. Und du hast auch irgendwie dein Leben riskiert, aber inzwischen ist uns der Appetit gänzlich vergangen.«

»Gänzlich«, stimmte Bolek zu. Und da er offenbar ein großer Tierfreund war, konnte er nicht umhin, der Ente endlich das Köpfchen zu streicheln. Die Ente zog ihr Köpfchen erschreckt zurück, und Bolek runzelte die Stirn: »Sie muß aber einen Riesenhunger haben.«

Vincent sah Bolek an, als hätte ihn gerade eine Granate getroffen. Und irgendwie konnte ich es verstehen.

Aber Bolek nutzte diesen Augenblick für eigene Zwecke aus. Er nahm dem überraschten Vincent die Ente aus der Hand und ging ins Wohnzimmer.

»Gilligilligilli ...«, säuselte er im Gehen und setzte sich auf die Fernsehcouch. »Willst du ein paar Kipferln? Der Onkel, der dich hergebracht hat, klaut sie beim Demel.«

Offenbar hielt derjenige, der die Ente hatte, alle Trümpfe in der Hand. Bolek sah nämlich sehr zufrieden drein, und Vincent wirkte auf einmal verunsichert.

»Hast du das gesehen?!« platzte er heraus. »Dieses Arschloch hat mir die Ente einfach aus der Hand gerissen und füttert sie jetzt mit meinen Kipferln.«

Er schnappte sich das Brotmesser vom Tisch und lief hinter Bolek her. Ich folgte den beiden, um gegebenenfalls das Schlimmste zu verhindern.

Vincent stellte sich vor Bolek auf und fing an, das Brotmesser wie ein Dirigent in der Luft zu schwingen: »Der Vogel gehört mir. Ich habe ihn hergebracht. Wenn du ihn nicht auf der

Stelle zurückgibst, schlägt hier eine Bombe ein. Ich zähle bis drei! Und eins … und zwei … und …«

»Steck das Messer ein und laß uns in Ruhe«, riet ihm Bolek und streichelte die Ente: »Keine Angst – er ist nur ein einfacher Taschendieb, der eines Tages auf dem elektrischen Stuhl landen wird.«

»Hast du das gehört?« wandte sich Vincent an mich. »Dieses Arschloch hat mir nicht nur meine Ente geklaut, er macht sich auch noch lustig über mich.« Dann fing er an, mit den Füßen zu stampfen, und brüllte: »Ich kann es nicht ausstehen, wenn man mir etwas Privates klaut!«

Das einzige, was Vincent noch abhielt, Bolek zu erstechen, war die Tatsache, daß Bolek um zwei Köpfe größer war.

Ich ahnte, daß ich jetzt besser eingreifen sollte, wenn ich nicht die komplette Miete demnächst allein bezahlen wollte.

»Bolek«, sagte ich so sanft wie eine Nonne, »laß die Ente fliegen.«

»Ach was, schau, wie ihr die Kipferln schmecken.«

»Es sind meine Kipferln«, rief Vincent.

»Bolek, ich glaube, die Ente ist schon satt. Laß sie bitte fliegen.«

»Was, jetzt gleich?«

»Jetzt gleich.«

Bolek sah auf. Zwei grimmige Gesichter starrten ihn an.

Er zögerte etwas. Dann wandte er sich an die Ente: »Willst du nach Hause?«

Die Ente gab keinen Laut von sich.

»Sie will«, antwortete Bolek. »Ein Glück für dich, Vincent.« Dann erhob er sich und ging zum Fenster. Unterwegs streichelte er der Ente immer wieder das Köpfchen und murmelte »gilligilligilli …«. Am Fenster schaute er noch einmal in unsere Richtung, um sich zu vergewissern, ob wir es wirklich ernst meinten. Schließlich schubste er die Ente aus dem Fenster. Die war so verwirrt, daß sie im ersten Augenblick vergaß, ihre Flügel zu gebrauchen. Aber dann fing sie sich, zog ein paar Kreise im Hof und flog schließlich in Richtung Stadtzentrum.

Niemand sagte ein Wort. Sogar Vincent protestierte nicht. Er betrachtete das Brotmesser in seiner Hand wie jemand, der aus einem Traum erwacht ist, und schlich langsam zurück in die Küche.

Bolek und ich standen unschlüssig im Zimmer herum. Schließlich setzten wir uns auf die Couch und starrten den ausgeschalteten Fernseher an.

Es war so mucksmäuschenstill in der Wohnung, daß man das Ticken des Weckers hören konnte. Plötzlich erklang im Hof eine wohlbekannte Stimme. Sie gehörte dem Hausbesorger Wiltschek, der sich mit seiner Ehefrau nach acht Uhr nur noch schreiend unterhielt. Jetzt stand er auf dem Balkon, und sie war in der Küche.

»Gerlinde! Du wirst es net glaubn! Aber aus der Polackenwohnung is grod a Riesenpapagei ausseg'flogn!« brüllte Herr Wiltschek.

»Ah so? In echt?! A Wahnsinn!« rief die Ehefrau zurück. Sie lachte herzhaft über unser Unglück. Ich glaube, man konnte es bis zum Stephansdom hören.

7

An diesem Abend konnten wir lange nicht einschlafen. Gegen elf hörte ich noch Bolek von seinem Bett aus flüstern:

»Waldi, schläfst du schon?«

»Nein, und du?«

»Ich auch nicht. Ich muß immer wieder daran denken, wie dieser Blödmann die Ente hierher geschleppt hat.«

»Aber wieso? Ist doch schließlich gut gelaufen.«

»Weil mich das daran erinnert, daß ich als kleiner Junge mal auf unserem Kartoffelfeld einen Storch gefunden habe. Er hatte sich einen Flügel gebrochen, und die anderen Störche waren ohne ihn abgeflogen. Er tat aber so, als ob alles in Ordnung wäre, spazierte einfach stolz herum und kümmerte sich um nichts. Normalerweise sind Störche ziemlich scheu, aber dieser war anders. Es lag wahrscheinlich an seiner Verletzung. Nur wenn ich ganz nah herantrat, schlug er mit dem Schnabel nach mir. Ich habe bis heute eine Narbe davon.«

»Die am Ellbogen?«

»Genau. Ich sag zwar immer, die ist vom Preßlufthammer, aber es stimmt nicht. Ich wollte ihn nach Hause bringen, um ihn bei uns zu überwintern. Ich versuchte ihm einen Kartoffelsack über den Kopf zu werfen. Als ich ihm den Sack überstülpen wollte, schlug er jedoch plötzlich mit dem Schnabel nach mir. Er traf mich genau am Ellbogen. Ich spürte einen starken Schmerz und konnte auf einmal die Hand nicht mehr bewegen. Trotzdem kam ich am nächsten Tag wieder und versuchte ihn noch einmal einzufangen. Aber er hatte das erste Mal noch gut in Erinnerung und schlug wütend nach mir. Inzwischen war der erste Schnee gefallen. Er wurde immer schwächer, aber er ließ sich nicht helfen. Er rührte nicht einmal das Essen an, das ich ihm brachte. Ich wußte nicht, daß Tiere so stur sein können. Eines Nachts kam plötzlich der Frost. Die Temperatur fiel auf zehn Grad unter Null, und es schneite die ganze Nacht. Als ich eines Morgens wiederkam, war er plötzlich verschwunden. Ich suchte nach ihm und fand ihn schließlich im Teich. Er war im Stehen erforen. Der Schnee lag auf ihm wie ein weißer Pelz. Ich kam ganz langsam näher, denn ich hatte noch immer Respekt vor ihm. Als ich ganz nah war, berührte ich ihn. Mir wurde klar, daß ich ihn schon immer berühren wollte. Er fühlte sich an wie brüchiges Glas. Seine grünen Augen schauten verblüfft in die Richtung, aus der ich immer kam. Aber das Merkwürdige war, daß sein Flügel plötzlich wieder in Ordnung war. Das alles fiel mir ein, als Vincent mit der Ente hereinkam. Ich mußte es jemanden erzählen. Verstehst du?«

»Klar«, sagte ich. Dann verstummten wir und sagten kein Wort mehr.

Ein sonderbares Dreieck

Für Liesl Ujvary

aber dreiecke werden doch gelebt, nicht dargestellt! solche sachen sagt sie zu mir am telefon. ein unbehagliches thema. tausendundein dreieck. in der abfolge der römerquelle-plakate tausendundein trio zusammengestellt und fotografiert. zumeist beim essen. essen und trinken. das mineralwasser auf dem tisch und römerquelle belebt die sinne. heitere triolen demonstrieren: es ist nicht so schlimm mit dem satz vom ausgeschlossenen dritten! schreiben sie von ihren erinnerungen ab. gestellt sie sie und ich, sie und sie ich, sie und er ich, sie er und ich, er und er ich, er er und ich. ah! welche geschichte wiederholt sich und welche läßt sich erzählen. vater mutter kind, aber unterscheide: vater mutter sohn, und: vater mutter tochter; vater tochter bruder, und: mutter sohn schwester. finde vierecke und fünfecke. dreieck minus eck macht drei, nicht: zwei, vier oder fünf. eck. ein unbehagliches thema.

stechen sie den zirkel ins glatte papier, ziehen sie eine linie mit viererblei, konstruieren sie ein rechtwinkeliges ein gleichschenkeliges dreieck, doch spiegeln sie niemals (niemals!) die ordnung der euklidischen geometrie in der ordnung der erinnerungen, in der unordnung des liebens lebens und leidens, in der geschichte, erzählen sie nur keine schenkeligen geschichten.

lassen sie diese rosa karte auf ihrem schreibtisch aufgestellt. immer diese sie sie und ich, er er und ich, sie und er ich, und sie er und ich. ich kann ihnen einfach nicht sagen, was er war. ich habe mit ihr telefoniert. daß und was ich mit ihm treibe.

und sie und ihn verbindet unsagbares. winnicott und die theorie der triangulierung, das ist doch nichts unsagbares! doch. ich habe es vor mir gesehen. ich bin am schreibtisch gesessen mit dem telefon in der hand. sie sind aus der rechten oberen zimmerecke gekommen. kleine leuchtende rosa dreiecke. es hatte sich materialisiert. es hat sich aufgelöst. eine art geschwader in kampfformation. brille abnehmen. hand über die augen. vor mir auf dem schreibtisch ein bericht, L, LL, rosa winkel, schwarze winkel, sie fand, berichtet die forscherin, frauen, die über die gründe ihrer einlieferung ins konzentrationslager lieber nichts sagen wollten, buchstaben, dreiecke, angenäht, aufgemalt, aber, seid ihr wahnsinnig, das ist doch verboten, rief die kommunistische widerstandskämpferin dorothea maase, als sie vor kriegsende nach hause gekommen aus ravensbrück entkommen war, und ihre schwestern einen spaziergang mit ihr machten sich einhängten oder sie unterhakten, seid ihr wahnsinnig geworden, das ist doch verboten, händegeben zum beispiel war im lager als lesbisch verboten.

daß das sprechen der sprache ein teil ist einer tätigkeit, oder einer lebensform. befehlen, und nach befehlen handeln – berichten eines hergangs – eine geschichte erfinden; und lesen – einen witz machen; erzählen. das war später. früher war: was sich überhaupt sagen läßt, läßt sich klar sagen; und wovon man nicht reden kann, darüber muß man schweigen.

spät war: die aspekte des dreiecks. es ist, wie wenn eine vorstellung mit dem gesichtseindruck in berührung käme und für eine zeit in berührung bliebe. früh war gewesen: den rechten handschuh könnte man an die linke hand ziehen, wenn man ihn im vierdimensionalen raum umdrehen könnte. spät hatte er geschrieben: in der sprache berühren sich erwartung und erfüllung.

was aber hatte er gesagt? sind wir jetzt zu dritt, ich, die schreibe, sie, die lesen, und die sprache?

das schreiben als kunst nährt sich aus planmäßig zu entgiftenden konfigurationen. das hohe paar fragt: wer sind sie? ich antworte: ich bin ein unglücklicher mensch. er oder sie sagt:

wir sind alle unglückliche menschen. und sie oder er nickt zustimmend. und so habe ich trost gefunden.

ha! »eine schriftstellerin!«, sagte ich, während wir dahinrasten. »und sie hat bei eve gewohnt. hören sie – ich glaube, ich erinnere mich sogar, von dieser celeste rutton gehört zu haben. sie schreibt – oh, ich bin sogar sicher, daß ich einige von ihren büchern zu hause habe. aus der großen gesellschaft, jeder trägt zylinder und gardenien, die frauen von kopf bis fuß in parfüm und orchideen –« »heftchenromane für'n gehobenen geschmack?« schlug asey vor. »könnte man sagen. das ist die art von büchern, die ich von mark geschenkt bekomme. der weiß, daß ich nichts so sehr mag wie eine gute alte dreiecksgeschichte, die am ende glücklich ausgeht. gar nicht so leicht zu finden, heutzutage.« neunzehnhundertsechsunddreißig. ach, könnte ich doch so erzählen wie phoebe atwood taylor!

q.e.d. quod erat demonstrandum. die jugend des lebens geht verloren und die jugend des schreibens hat noch nicht begonnen. der mittelständische glaube an den gesunden menschenverstand ging verloren. adeles vernünftigkeit blieb ohnmächtig in der begegnung mit leidenschaft und abhängigkeit. adele und das paar. gertrude stein und may bookstaver & mabel haynes. gertrude stein bittet may bookslaver um unterweisung in der sprache der leidenschaft und wird ausgelacht. sie versteht die sprache der zeichen und gesten, die may bookstaver gebraucht, nicht. die moralische bedeutung dessen, was wir tun. oder? quod erat demonstrandum. 1903 das manuskript datiert: ein bißchen wissen ist nicht gefährlich, ganz im gegenteil, es vermittelt das fröhliche gefühl, vollständig und zufrieden zu sein. 1950 zum erstenmal die 1903 geschriebene geschichte veröffentlicht. es gibt kein glückliches ende in dieser geschichte. was zu beweisen war. das glückliche ende dieser geschichte kann allenfalls darin erblickt werden, daß sie geschrieben und veröffentlicht worden ist. ein genie hatte begonnen, sich zu erzeugen. 1904 bis 1905 noch so eine geschichte. die dekanin von fernhurst college & ihre feinsinnige freundin miss bruce und redfern, der filosof, der aus dem süden an das frauencollege kam. student der natur der frau. später in den großen roman eingearbeitet. geduldig und ruhig brachte die dekanin alles in ordnung und nach einiger zeit hatte sie alle eigentumsrechte an diesem schüchternen gelehrten geschöpf wiedergewonnen. der filosof hatte gehen müssen und unterrichtete nie wieder filosofie. was zu beweisen war, hat sich erzählen lassen. es hat sich gezeigt.

ich kann mich in keine ordnung der zu erzählenden dinge begeben. ich habe wort für wort mit bleistift abgeschrieben. von mir können sie keine lebendige erzählkunst und schon gar nichts lebensechtes erwarten. ich habe die wiener zeitung vom samstag, dem 24. april 1948, und vom sonntag, dem 25. april 1948, nicht fotokopieren dürfen. bibliotheksordnung. die narration erklomm ihren ödipalen gipfel. die leserin krümmte sich in identifikation. ich erglomm beim abschreiben als ödipales kipfel. bitte! erzählen sie die geschichte selbst. lassen sie die geschichte sich zeigen. sehen sie, was zu beweisen war und was sich zeigt. rachemord einer giftmischerin. ein sonderbares dreieck.

der vor einem jahr an dem gatten der schneiderin stephanie hein verübte giftmord steht jetzt vor einem schwurgericht unter dem vorsitz des oberlandesgerichtsrates dr. zips in verhandlung. drei frauen sind angeklagt, die 28jährige angestellte valerie mieszkovsky wegen verbrechen der brandlegung und teils versuchten, teils vollbrachten meuchelmordes, ihre 65 jahre alte mutter amalie wegen entfernter mitschuld am versuchten und vollbrachten meuchelmord, valerie mieszkovsky mit stephanie hein wegen unzucht wider die natur.

wer diesen text geschrieben hat, wissen wir nicht. walli, steffi, maltschi.

ungewöhnliche begleitumstände und tatmotive kennzeichnen das giftmordverbrechen. valerie mieszkovsky und stephanie hein waren seit jahren eng befreundet, zwischen ihnen bestanden aber auch widernatürliche beziehungen. als der gatte der hein nach mehrjähriger kriegsgefangenschaft heimkehrte, kam es zwischen ihm und der freundin seiner frau zu intimen beziehungen, doch sie sagte sich bald von ihm los und drängte stephanie hein, sich von ihrem mann scheiden zu lassen. als die frau das ablehnte und ihrer freundin wegen des ehebruchs vorwürfe machte, entschloß sich valerie mieszkovsky, den mann als hindernis ihrer unnatürlichen liebe aus dem wege zu räumen.

der unbekannte autor bzw die unbekannte autorin nennt zunächst keinen vertraulichen vornamen, es heißt: der gatte, der mann, hein.

mit unstillbarem haß verfolgte sie dieses ziel. sie versuchte es mit gift, lockt den mann nach grinzing, um ihn dort zu erschießen und selbstmord vorzutäuschen. hein kommt aber zu spät und rettet dadurch sein leben.

ein plan, hein im keller zu erschießen, kann nicht zur ausführung kommen, weil eine nachbarin unerwartet auftaucht, ein versuch mit vergifteten gebackenen »mäusen« mißlingt, vergiftete cremeschnitten haben zuerst nicht die erwartete wirkung, weil sie zu wenig arsen enthalten.

die nachbarn. die polizei. zuviel lärm.

erst später, als die angeklagte bei einem neuerlichen giftmordversuch aspirin, das der arzt verschrieben hatte, mit veronal vertauschte, erreichte sie ihr ziel, denn hein starb im spital.

hausgemachte mehlspeise. mamma.

die staatsanwaltschaft gibt nach aufzählung aller dieser verbrecherischen handlungen der auffassung ausdruck, daß valerie mieszkovsky mit genauer überlegung und vorbedacht zu werke ging. die psychiater fanden jedoch keinen anhaltspunkt für die annahme, daß sie zur zeit der tat geisteskrank oder vorübergehend geistesgestört war. auch ihre mutter bezeichnete sie bei zubilligung eines minderen intelligenzgrades als zurechnungsfähig.

mein dummes kind. mein kluges kind.

in der voruntersuchung hatte valerie mieszkovsky wiederholt ihre verantwortung gewechselt, war des giftmordes und der vorangegangenen mordversuche geständig und auch der widernatürlichen beziehung zu frau hein.

verhör mit der hauptangeklagten.

die angeklagte valerie mieszkovsky, 27 jahre alt, eine große, schlanke frau, dunkelblond, mit hübschem gesicht, bringt ruhig und gesammelt ihre verantwortung vor. sie spricht so leise, daß der vorsitzende sie immer wieder ermahnen muß, sich vernehmlicher auszudrücken, da er sie nur mühevoll und die übrigen mitglieder des gerichtshofes mitunter gar nicht verstehen.

geliebte steffi.

in ruhiger und gleichmütiger sprechweise erzählte die angeklagte, daß sie sich schon im elternhaus »fremd und einsam« gefühlt habe, daß ihr frau hein von der lieblosigkeit und gleichgültigkeit ihres mannes erzählte, der nur für essen und trinken interesse hätte, wodurch sich die beiden frauen immer enger aneinander schlossen und schließlich in intime beziehungen traten, die bis zum tode heins andauerten. als sie zu ihrem damaligen chef, der sie heiraten wollte, in beziehungen trat, machte ihr die freundin die heftigsten eifersuchtsszenen, lauerte ihr auf tritt und schritt auf, und sie mußte schließlich die beziehungen zu ihrem chef aufgeben, aus der firma austreten und einen anderen posten annehmen.

der vorsitzende fühlte sich veranlaßt, die fortsetzung der beziehungen zwischen beiden frauen als »schmutziges verhältnis« zu bezeichnen. wäre es verborgen geblieben, dann wäre es ihre eigene angelegenheit gewesen, wenn es aber zu den schweren folgen führte, hörte sich der spaß auf.

die wiener zeitung schrieb: *Wäre es verborgen geblieben, dann wäre es ihre eigene Angelegenheit gewesen.*

die angeklagte berichtete weiter, daß stephanie hein ihr gegenüber mißtrauisch wurde und, aus angst sie zu verlieren, zu dem entschluß kam, karl hein aus dem wege zu räumen, zumal er seine gattin gegen sie aufhetzte. immer wieder habe sie den mordgedanken verworfen und vor der ausführung zurückgeschreckt, bis dann schließlich sich die günstigste gelegenheit ergab und der mann eine von ihr vergiftete cremeschnitte nahm. als er sich in schmerzen wand, fühlte sie bedauern. um seinen tod schmerzlos zu gestalten, tauschte sie aspirintabletten in veronal um, die seine gattin in unkenntnis dieses raffinierten wechsels in einer tasse tee vermischt reichte.

walli, steffi, karl.

der mann verfiel *in tiefem schlaf* und starb nach der überführung ins spital an der tödlich wirksamen dosis.

die mutter amalie mieszkovsky bestritt jedes verschulden, ihre tochter sei immer sehr selbstbewußt gewesen und habe sich nie von ihr beeinflussen lassen. als sie einmal ihren mordgedanken ausdruck gab, habe die mutter dem keinen ernst beigemessen. die angeklagte stephanie hein, eine kleine frau von zartem körperbau, bestreitet ganz entschieden, mit der valerie jemals unnatürlichen umgang gepflogen zu haben. sie hielt zu ihr treue kameradschaft, gegen die der gatte nichts einzuwenden hatte. ihr mann habe sie lediglich seelisch vernachlässigt, weswegen sie sich enger an die um dreizehn jahre jüngere freundin anschloß. in der besprechung der unter anklage stehenden widernatürlichen beziehungen wurde die öffentlichkeit von der verhandlung ausgeschlossen.

heute werden die zeugen einvernommen.

am sonntag, dem 25. april 1948. die leserinnen und leser der wiener zeitung. fett: todesurteil gegen einen capo von dachau. die gerichtspsychiater prof. dr. sträußler und regierungsrat dr. dimitz bezeichneten in ihren gutachten die angeklagte zurechnungsfähig und für ihre handlungen strafrechtlich verantwortlich.

während des ganzen beweisverfahrens verhielt sich valerie mieszkovsky ruhig und gleichmütig ohne irgendwelche erregung oder reue zu zeigen, manchmal kam geradezu heitere ruhe in ihrem benehmen zum ausdruck. wohnungsnachbarn und bekannte der drei angeklagten stellten über deren lebenswandel und ihren umgang ein durchwegs günstiges zeugnis aus. sie waren verträglich, freundlich und arbeitsam. einer der chefs der angeklagten valerie mieszkovsky bezeugte, daß sie seine neigung erwiderte, daß er ernste heiratsabsichten hegte.

vom abschreiben müde. lücken im text.

die angeklagte stephanie hein berichtete über eine szene in der kanzlei...

die freundin wollte ihr einen kassiber über den anwalt stekken.

...sie werde ihr den schaden, den sie durch den tod ihres mannes erlitten hatte, ersetzen ...

vernadern lieben verraten weitersuchen bis zur wiener zeitung vom dienstag, dem 27. april 1948, als die zweite republik noch jung war.

die schwurgerichtsverhandlung gegen die giftmischerin valerie mieszkovsky, ihre mutter amalie und ihre freundin stephanie hein ist gestern nachmittag beendet worden. der andrang von zuhörern war besonders stark, viele konnten in den überfüllten saal nicht mehr einlaß finden.

nach schluß des beweisverfahrens hielt staatsanwalt dr. pilz sein plädoyer und beantragte die schuldigsprechung aller drei angeklagten im sinn der anklage. nach zweistündiger beratung des schwurgerichtes verkündete der vorsitzende oberlandesgerichtsrat dr. zips den richterspruch.

herr rat.

valerie mieszkovsky wurde des vollbrachten und versuchten meuchelmordes, der unzucht wider die natur, der brandlegung und des vergehens des waffenbesitzes schuldig gesprochen und zum tode durch den strang verurteilt.

ihre mutter amalie mieszkovsky erhielt wegen entfernter mitschuld am meuchelmord und tätiger mithilfe bei den vorbereitungen hiezu zweieinhalb jahre schweren kerkers, verschärft mit hartem lager im vierteljahre, stephanie hein wegen unzucht wider die natur ein jahr schweren, mit hartem lager verschärften kerkers.

mutter und tochter hielten sich zur *ergreifung von rechtsmittel* bedenkzeit offen. stephanie hein meldete nichtigkeitsbeschwerde an.

ich habe in der wiener zeitung nicht mehr systematisch weitergesucht. ich weiß nicht, ob mutter und tochter rechtsmittel ergriffen; ob steffi hein mit ihrer nichtigkeitsbeschwerde erfolg hatte; ob es ein gnadengesuch, ob es eine hinrichtung gegeben hatte.

wer gegen einen menschen, in der absicht, ihn zu töten. als verbrechen werden auch nachstehende arten der unzucht bestraft. b) mit personen desselben geschlechtes. was zu beweisen war.

rachemord einer giftmischerin. ein sonderbares dreieck. eine serie von mordversuchen. verhör mit der hauptangeklagten. mutter und freundin in verhör. rachemord der giftmischerin. kassiber aus den anwaltskanzleien. giftmischerin: tod durch strang. arsenik in einer cremeschnitte.

trotzdem ihre stellung zu dem neuen chef rein freundschaftlicher natur war. aus angst sie zu verlieren. der mann verfiel in tiefem schlaf und starb nach überführung. gestern nachmittags. schuldigsprechung, richterspruch. erhielt jahre schweren kerkers. ergreifung von rechtsmittel.

und da sind sie. und da haben sie. und dann hat sie. und dann hat er. und da ist er dann. und dann ist sie. und er hat sie dann. und sie hat ihn dann. die todesstrafe ist in österreich im februar 1968 aufgehoben worden.

INTERTEXT

Ludwig Wittgenstein: Tractatus logico-philosophicus (Vorwort; 6.3611). Philosophische Untersuchungen (I, 23, 445; II, XI). Werkausgabe Bd. 1. Suhrkamp 1984.

Gertrude Stein: Fernhurst, Q.E.D., and other early writings. Vorwort: Leon Katz. Peter Owen 1972.

Phoebe A. Taylor: Ein Jegliches hat seine Zeit. DuMont 1988.

Strafgesetz über Verbrechen, Vergehen und Übertretungen (Strafgesetz 1945), in der Fassung des Strafrechtsänderungsgesetzes 1968, BGBl. Nr. 74, und des Bundesgesetzes vom 26. März 1969, BGBl. Nr. 145, über die Einführung eines Strafvollzugsgesetzes.

Wiener Zeitung: wie angegeben.

Ironie

Vor zwei Jahren lernte ich eine alte Frau kennen. Sie litt an einer Krankheit, an der sie zu sterben vermeint hatte. Ihre ganze rechte Seite war gelähmt. Nur ihre eine Hälfte gehörte noch dieser Welt an, während die andere ihr bereits fremd war. Das früher rührige, schwatzhafte alte Weiblein war jetzt zum Schweigen und zur Unbeweglichkeit verurteilt. Da sie ungebildet, nicht sehr feinfühlig und zudem den lieben langen Tag allein war, stellte Gott den einzigen Inhalt ihres Lebens dar. Sie glaubte an ihn. Beweisstücke waren ihr Rosenkranz, eine bleierne Christusfigur und ein das Jesuskind tragender hl. Joseph aus Gips. Sie war nicht überzeugt, daß ihre Krankheit unheilbar sei, aber sie behauptet es, um Anteilnahme zu wecken, und überließ alles andere dem Gott, den sie so unzulänglich liebte.

Eines Tages fand sie Anteilnahme, bei einem jungen Mann. (Er glaubte, es gebe eine Wahrheit, und wußte im übrigen, daß die Frau dem Tode nahe war, aber die Lösung dieses Widerspruchs kümmerte ihn nicht.) Das Mißgeschick der alten Frau war ihm richtig zu Herzen gegangen. Das hatte sie deutlich gemerkt. Und dieses Interesse war ein unverhoffter Glücksfall für die Kranke. Sie berichtete ihm angeregt von ihren Kümmernissen; ihre Zeit war abgelaufen, sie mußte wohl oder übel den Jungen Platz machen. Ob sie sich langweile? Daran bestand kein Zweifel. Niemand unterhielt sich mit ihr. Sie saß in ihrer Ecke wie ein Hund. Da war es besser, Schluß zu machen. Denn sie wollte lieber sterben als jemand zur Last fallen.

Ihre Stimme hatte einen zänkischen Klang bekommen. Es war eine Stimme, die an Markt, an Feilschen erinnerte. Indessen hatte der junge Mann Verständnis. Allerdings war er der Ansicht, es sei besser, jemand zur Last zu fallen, als zu sterben. Aber das bewies höchstens, daß er zweifellos noch nie jemand zur Last gefallen war. Und so sagte er zu der alten Frau – denn er hatte den Rosenkranz bemerkt: »Sie haben immer noch den lieben Gott.« Das stimmte. Aber selbst in dieser Beziehung wurde sie nicht in Frieden gelassen. Wenn sie sich hie und da in ein langes Gebet vertiefte, wenn ihr Blick sich im Tapetenmuster verlor, sagte ihre Tochter: »Nun betet sie schon wieder!« – »Was hast du dagegen?« fragte die Kranke. – »Nichts, aber mit der Zeit geht es mir auf die Nerven.« Darauf schwieg die Alte und heftete einen langen, vorwurfsvollen Blick auf ihre Tochter.

Der junge Mann hörte sich das alles mit einem großen unbekannten Schmerz an, der ihm die Brust beengte. Und die Alte sagte noch: »Sie werden dann schon sehen, wenn sie selber alt ist. Dann wird sie es auch nötig haben!«

Man merkte, daß diese alte Frau von allem befreit war außer von Gott, daß sie diesem letzten Übel restlos ausgeliefert war, zur Tugendhaftigkeit genötigt, allzu bereitwillig davon überzeugt, daß einzig und allein das ihr verbliebene Gut Liebe verdiente, daß sie mit einem Wort unwiderruflich dem Elend des auf Gott angewiesenen Menschen überantwortet war. Sollte jedoch die Lebenshoffnung neu aufflammen, so kommt Gott nicht mehr gegen die Interessen der Menschen auf.

Man hatte sich zu Tisch begeben. Der junge Mann war zum Abendessen eingeladen. Die Alte aß nichts, um vor dem Schlafengehen ihren Magen nicht zu belasten. Sie blieb in ihrem Winkel, im Rücken des Menschen, der sie angehört hatte. Und da dieser sich beobachtet fühlte, verging ihm die Lust am Essen. Inzwischen näherte die Mahlzeit sich ihrem Ende. Um das Zusammensein auszudehnen, beschlossen sie, ins Kino zu gehen, wo gerade ein lustiger Film gezeigt wurde. Der junge Mann hatte den Vorschlag unbesonnen angenommen, ohne an den

Menschen zu denken, der weiterhin in seinem Rücken gegenwärtig war.

Sie erhoben sich von Tisch, um sich vor dem Fortgehen die Hände zu waschen. Es war natürlich keine Rede davon, daß die alte Frau sie begleiten könnte. Selbst wenn sie nicht gelähmt gewesen wäre, hätte ihre Unwissenheit ihr nicht erlaubt, den Film zu verstehen. Sie behauptete, das Kino sei ihr zuwider. In Tat und Wahrheit verstand sie es nicht. Und überhaupt saß sie in ihrer Ecke und befingerte mit leerer Hingabe ihren Rosenkranz. In ihn setzte sie ihre ganze Zuversicht. Die drei Gegenstände, die ihr verblieben, bedeuteten in ihren Augen den greifbaren Punkt, wo das Göttliche seinen Anfang nahm. Hinter dem Rosenkranz, der Christusfigur und dem hl. Joseph tat sich eine schwarze Tiefe auf, der ihre ganze Hoffnung galt.

Nun waren alle zum Ausgehen bereit. Einer nach dem anderen trat zu der alten Frau, um sich zu verabschieden und ihr eine gute Nacht zu wünschen. Sie hatte bereits begriffen und umklammerte ihren Rosenkranz. Aber ganz offensichtlich konnte diese Gebärde geradesogut Verzweiflung wie Frömmigkeit ausdrücken. Die anderen hatten sie umarmt. Nur der junge Mann stand noch da. Er drückte der Frau voll Herzlichkeit die Hand und wandte sich zum Gehen. Sie aber sah bloß, daß der Mensch sie verließ, der ihr Teilnahme bezeigt hatte. Sie wollte nicht allein bleiben. Und sie empfand bereits das Grauen ihrer Einsamkeit, das lange Warten auf den Schlaf, das enttäuschende Alleinsein mit Gott. Sie hatte Angst und suchte ihre Zuflucht ausschließlich bei den Menschen. Sie klammerte sich an den einzigen, der sich mit ihr abgegeben hatte, ließ seine Hand nicht los, drückte sie und erging sich in unbeholfenen Dankesworten, um ihre Zudringlichkeit zu rechtfertigen. Der junge Mann war verlegen. Die anderen drehten sich schon nach ihm um und ermahnten ihn zu größerer Eile. Die Vorstellung fing um neun Uhr an, und es war von Vorteil, frühzeitig hinzukommen, um das Anstehen an der Kasse zu vermeiden.

Er jedoch sah sich dem schrecklichsten Unglück gegenüber, dem er je begegnet war: eine hilflose alte Frau, die man im Stich läßt, um ins Kino zu gehen. Er wollte fort, entkommen, er wollte es gar nicht wissen, versuchte, seine Hand zu befreien. Eine Sekunde lang empfand er einen glühenden Haß auf die alte Frau und hatte Lust, sie schallend zu ohrfeigen.

Endlich vermochte er sich zu lösen und sich zurückzuziehen, während die Kranke sich halb in ihrem Sessel aufrichtete und voll Entsetzen die einzige Gewißheit entschwinden sah, in der sie hätte ruhen können. Nun beschützte sie nichts mehr. Und gänzlich dem Gedanken an den Tod ausgeliefert, wußte sie nicht genau, was sie erschreckte, sondern fühlte bloß, daß sie nicht allein bleiben wollte. Gott war ihr zu nichts nütze, er löste sie nur aus der Gemeinschaft der Menschen und überantwortete sie der Einsamkeit. Sie wollte die Menschen nicht verlassen. Darum fing sie an zu weinen.

Nun standen sie bereits auf der Straße. Der junge Mann wurde von Gewissensbissen gepeinigt. Er hob den Blick zu dem erleuchteten Fenster, dem großen leblosen Auge im stillen Haus. Das Auge schloß sich. Die Tochter der alten kranken Frau sagte zum jungen Mann: »Sie löscht immer das Licht, wenn sie allein ist. Sie liebt es, im Dunkeln zu sitzen.«

Der alte Mann frohlockte, zog die Brauen zusammen, bewegte einen lehrhaften Zeigefinger. Er sagte: »Mir gab mein Vater fünf Francs von meinem Wochenlohn; mit diesem Taschengeld mußte ich bis zum folgenden Samstag auskommen. Und ich brachte es noch fertig, Geld auf die Seite zu legen. Um meine Braut zu besuchen, marschierte ich acht Kilometer über Land, vier hin und vier zurück. Nein, nein, ihr könnt mir glauben, die Jugend von heute versteht es nicht mehr, sich zu amüsieren.« Sie saßen um einen runden Tisch; drei waren jung, er war alt. Er erzählte seine mageren Erlebnisse: aufgebauschte Nichtigkeiten, müde Verzichte, die er wie Siege feierte. Er schaltete keine Pausen ein, und da er es eilig hatte, alles zu sagen, bevor er allein gelassen wurde, wählte er aus seiner Vergangenheit aus, was ihm geeignet schien, seine Zuhörer zu fesseln. Zuhörer zu finden war sein einziges Laster; er weigerte sich, die Ironie der Blicke und die spöttische Schroffheit zu bemerken, mit der sie ihn bedachten. Für sie war er der Greis, zu dessen Zeit bekanntlich alles zum besten bestellt war, während er glaubte, der geachtete Ahne zu sein, dessen Erfahrung etwas gilt. Die Jungen wissen nicht, daß die Erfahrung eine Niederlage ist und daß man alles verlieren muß, um ein Geringes an Erkenntnis zu gewinnen. Er hatte gelitten. Davon sagte er nichts. Glücklich scheinen macht einen besseren Eindruck. Und ob er mit dieser Auffassung auch unrecht haben mochte, er hätte doch einen noch schlimmeren Fehler begangen, wenn er im Gegenteil mit seinem Unglück hätte Mitleid erregen wollen. Was bedeuten schon die Leiden eines alten Mannes, wenn man vom Leben völlig in Anspruch genommen wird? Er redete und redete und berauschte sich am Grau seiner klanglos gewordenen Stimme. Aber es konnte nicht ewig so weitergehen. Sein Vergnügen setzte ein Ende voraus, und die Aufmerksamkeit seiner Zuhörer war am Erlahmen. Er war nicht einmal mehr unterhaltsam, er war alt. Und die Jungen lieben das Billardspiel und die Karten, die Abwechslung bringen in die stumpfsinnige Arbeit eines jeden Tages.

Bald blieb er allein, trotz der Anstrengungen und der Lügen, mit denen er seine Erzählung spannender gestalten wollte. Rücksichtslos waren die Jungen gegangen. Wieder allein. Nicht mehr angehört werden: das ist das Schreckliche, wenn man alt ist. Man verurteilte ihn zum Schweigen und zur Einsamkeit. Man bedeutete ihm, daß er bald sterben mußte. Und ein alter Mann, der bald stirbt, ist unnütz, sogar lästig und störend. Soll er machen, daß er fortkommt. Oder zumindest den Mund halten, das gebietet die einfachste Rücksicht. Er aber leidet, weil er nicht den Mund halten kann, ohne zu denken, daß er alt ist. Indessen stand er doch auf und ging hinaus, nachdem er allen in der Runde zugelächelt hatte. Aber er begegnete nur gleichmütigen Gesichtern oder dann einer Fröhlichkeit, an der teilzuhaben er kein Recht besaß. Ein Mann lachte: »Natürlich ist sie alt, meinetwegen, aber die besten Suppen werden manchmal in alten Töpfen gekocht!« Ein anderer, schon etwas ernsthafter: »Wir sind keine reichen Leute, doch am Essen wird nicht gespart. Mein Enkel zum Beispiel ißt mehr als sein Vater. Sein Vater vertilgt ein Pfund Brot, er jedoch macht's nicht unter einem Kilo! Und ran an die Wurst, ran an den Käse! Wenn er fertig ist, grunzt er manchmal befriedigt, und dann ißt er weiter.« Der Alte entfernte sich. Und mit dem ihm eigenen bedächtigen Schritt, dem gemessenen Schritt eines Lastesels, folgte er den langen, von Menschen wimmelnden Gehsteigen. Er fühlte sich nicht wohl und wollte nach Hause gehen. Für gewöhnlich kehrte er ganz gern zum Tisch, zur Petroleumlampe und zu den Tellern zurück, wo seine Finger von selber ihren Platz fanden. Er liebte auch das schweigsame Mahl, die ihm gegenübersitzende Alte, die ausführlich gekauten Bissen, den leeren Kopf, die starren blicklosen Augen. Heute würde er später heimkehren. Dann stand das Essen kalt auf dem Tisch, die Alte war zu Bett gegangen, ohne sich Sorgen zu machen, denn sie kannte seine unberechenbaren Verspätungen. Sie pflegte festzustellen: »Er hat seine Tour«, und damit war alles gesagt.

Nun ging er dahin in der sanften Starrköpfigkeit seines Schrittes. Er war allein und alt. Am Ende eines Lebens ist das Alter wie ein ständiges Würgen im Hals. Alles läuft darauf hinaus, daß man nicht mehr angehört wird. Er geht vorwärts, biegt um eine Straßenecke, stolpert und fällt beinahe hin. Ich habe es gesehen. Es ist lächerlich, aber es ist so. Er zieht trotz allem die Straße jenen Stunden vor, da das Fieber ihm zu Hause die alte Frau verbirgt und ihn in sein Zimmer verbannt. Dann öffnet sich bisweilen die Tür ganz langsam und bleibt einen Augenblick halb offen stehen. Ein Mann tritt ein. Er trägt einen hellen Anzug, setzt sich dem Greis gegenüber und schweigt während endloser Minuten. Er verharrt unbeweglich wie die eben noch offene Tür. Von Zeit zu Zeit fährt er sich mit der Hand durch das Haar und seufzt leise. Nachdem er den alten Mann lange mit einem unverändert traurigen Blick betrachtet hat, entfernt er sich lautlos. Hinter ihm fällt die Tür hart ins Schloß, und von Grauen erfüllt, mit einer ätzenden, schmerzhaften Angst im Leib, bleibt der Alte allein. Auf der Straße jedoch ist er nie allein, so wenig Menschen auch unterwegs sein mögen. Das Fieber summt in ihm. Sein kurzer Schritt beschleunigt sich: morgen wird alles anders, morgen. Plötzlich merkt er, daß morgen nichts anders sein wird, übermorgen auch nicht und alle anderen Tage nicht. Und diese unwiderrufliche Entdeckung drückt ihn zu Boden. Solche Gedanken treiben einen in den Tod. Um sie nicht ertragen zu müssen, bringt man sich um – oder macht Phrasen daraus, wenn man jung ist.

Alt, verrückt, betrunken – man weiß es nicht. Sein Ende wird würdig, rührend, bewundernswert sein. Er wird in Schönheit sterben, will sagen unter Schmerzen. Das ist immerhin ein Trost. Und wohin sollte er übrigens gehen? Er ist auf immer alt. Die Menschen bauen auf ihr kommendes Alter. Diesem von unwiderruflichen Gewißheiten bestürmten Alter wollen sie die Muße verleihen, die sie wehrlos macht. Sie wollen Vorarbeiter sein, um sich in ein kleines Häuschen zurückziehen zu können. Aber sobald sie einmal im Alter drin stecken, wissen sie genau, daß das falsch ist. Sie brauchen die anderen Menschen, um sich zu schützen. Und er hatte es nötig, daß man ihm zuhörte, um an sein Leben zu glauben. Jetzt waren die Straßen dunkler und weniger belebt. Noch zogen Stimmen vorbei. Im seltsamen Frieden des Abends tönten sie feierlicher. Hinter den Hügeln, die die Stadt umschlossen, stand noch die letzte Helle des Tages. Eine mächtige, unerklärliche Rauchfahne tauchte hinter den waldigen Kämmen auf. Langsam erhob sie sich und stufte sich empor wie eine Tanne. Der Alte schloß die Augen. Angesichts des Lebens, das das Grollen der Stadt mit sich forttrug, und des blöden, gleichgültigen Lächelns des Himmels war er allein, hilflos, nackt, bereits tot.

Ist es nötig, die Kehrseite dieser edlen Medaille zu beschreiben? Zweifellos deckte in einem schmutzigen, finsteren Zimmer die Alte den Tisch, setzte sich hin, als das Essen fertig war, schaute auf die Uhr, wartete noch ein bißchen und fing dann mit gutem Appetit zu essen an. »Er hat seine Tour«, stellte sie fest. Und damit war alles gesagt.

Sie lebten zu fünft: die Großmutter, ihr jüngster Sohn, ihre älteste Tochter und deren zwei Kinder. Der Sohn war beinahe stumm; der gebrechlichen Tochter fiel das Denken schwer, und von den beiden Jungen arbeitete der ältere bereits in einer Versicherungsgesellschaft, während der jüngere noch zur Schule ging. Die siebzigjährige Großmutter herrschte über die ganze Familie. Über ihrem Bett hing ein fünf Jahre altes Bild von ihr, das sie in einem schwarzen, am Hals mit einer Brosche geschlossenen Kleid zeigte, ohne eine Runzel, mit riesengroßen, hellen, kühlen Augen und in jener sehr aufrechten, königlichen Haltung, die ihr erst mit zunehmendem Alter abhanden kam und die sie manchmal auf der Straße wiederzugewinnen suchte.

Diesen hellen Augen verdankte ihr Enkel eine Erinnerung, die ihm jedesmal die Röte in die Wangen trieb. Die alte Frau wartete, bis Besuch da war, um ihn dann mit streng auf ihn geheftetem Blick zu fragen: »Wen hast du lieber, deine Mutter oder deine Großmutter?« Das Spiel hatte noch mehr Reiz, wenn die Tochter selber zugegen war. Denn der Junge antwortete unweigerlich: »Meine Großmutter«, und empfand dabei in seinem Herzen ein großes Aufwallen von Liebe zu jener Mutter, die nie etwas sagte. Es kam höchstens vor, daß sie dem über diese Vorliebe verwunderten Besucher erklärte: »Sie hat ihn eben aufgezogen.«

Denn die alte Frau glaubte, Liebe sei etwas, das man fordern könne. Ihre Überzeugung, eine gute Familienmutter zu sein, verlieh ihr eine gewisse Starre und Unduldsamkeit. Sie war ihrem Mann nie untreu gewesen und hatte ihm neun Kinder geboren. Voll Tatkraft hatte sie nach seinem Tod ihre Familie durchgebracht. Sie hatten ihren Hof vor der Stadt verlassen und waren in einem armen Altstadtviertel gelandet, wo sie nun schon seit langem lebten.

Und zweifellos fehlte es dieser Frau nicht an guten Eigenschaften. Aber in den Augen ihrer Enkel, die sich im Alter der unbedingten Urteile befanden, war sie bloß eine Komödiantin. So hatten sie von einem ihrer Onkel eine bezeichnende Begebenheit erfahren. Als dieser Onkel einmal kam, um seiner Schwiegermutter einen Besuch abzustatten, erblickte er sie von weitem untätig am Fenster. Sie empfing ihn jedoch mit einem Scheuerlappen in der Hand und setzte unter Entschuldigungen ihre Arbeit fort, denn der Haushalt lasse ihr keine freie Minute. Und es muß zugegeben werden, daß dieses Verhalten typisch war. Am Schluß einer Familiendiskussion konnte sie ohne weiteres in Ohnmacht fallen. Sie litt auch an einer Leberkrankheit, die mit schmerzhaftem Erbrechen verbunden war. Aber sie ließ es im Kranksein an jeglicher Zurückhaltung fehlen. Anstatt sich zurückzuziehen, blieb sie in der Küche und übergab sich geräuschvoll in den Mülleimer. Und wenn sie dann bleich und mit Tränen der Anstrengung in den Augen an den Tisch zurückkehrte und man sie bat, sich doch hinzulegen, erinnerte sie an das Geschirr, das auf sie wartete, und an ihre Unersetzlichkeit in der Führung des Haushalts. »Schließlich mache ich ja alles in diesem Haus.« Oder: »Was würde aus euch, wenn ich nicht mehr da wäre!«

Die Kinder gewöhnten sich an, ihr Erbrechen, ihre »Anfälle«, wie sie sagte, so wenig zu beachten wie ihr Gejammer. Eines Tages legte sie sich ins Bett und verlangte nach dem Arzt. Ihr zu Gefallen ließ man ihn kommen. Am ersten Tag stellte er bloß ein Unwohlsein fest, am zweiten einen Leberkrebs und am dritten eine schwere Gelbsucht. Der jüngere der beiden Enkel versteifte sich jedoch darauf, in dieser Krankheit nur ein neues Theater, ein noch geschickteres Simulieren zu sehen. Er war nicht beunruhigt. Diese Frau hatte ihn zu sehr unter der Knute gehalten, als daß er die Dinge im vornherein schwarz gesehen hätte. Und in der Klarsicht und dem Nichtliebenwollen steckt eine Art verzweifelter Mut. Aber wenn man eine Krankheit lange genug spielt, kann man sie tatsächlich bekommen; die Großmutter trieb das Simulieren bis zum Sterben. Am letzten Tag befreite sie sich im Beisein ihrer Kinder von den Gärstoffen in ihrem Leib. Voll Schlichtheit wandte sie sich an ihren Enkel und sagte: »Siehst du, ich furze wie ein Ferkel.« Eine Stunde später war sie tot.

Der Enkel, das merkte er jetzt wohl, hatte von allem nichts begriffen. Er konnte nicht loskommen von dem Gedanken, daß diese Frau ihm das letzte und ungeheuerlichste Theater vorgespielt hatte. Und wenn er in sich ging, um seinen Schmerz zu erforschen, fand er ihn nicht. Erst am Tag der Beerdigung weinte auch er, angesteckt vom allgemeinen Tränenausbruch; aber er fürchtete, nicht aufrichtig zu sein und angesichts des Todes zu heucheln. Es war ein schöner, sonniger Wintertag. Am blauen Himmel ahnte man die gelbgesprenkelte Kälte. Der Friedhof lag oberhalb der Stadt, und man sah eine prächtige, durchsichtige Sonne sich wie eine feuchte Lippe auf die lichtzitternde Bucht senken.

Das alles ist unvereinbar? Welche Entdeckung! Eine Frau, die man allein läßt, um ins Kino zu gehen; ein alter Mann, dem man nicht mehr zuhört; ein Tod, der nichts gutmacht, und auf der anderen Seite alles Licht der Welt. Was tut's, wenn man alles annimmt? Es handelt sich um drei gleichartige und doch verschiedene Schicksale. Tod für alle, aber jedem sein eigener Tod. Schließlich wärmt die Sonne trotzdem unsere Knochen.

Zwischen Ja und Nein

Wenn es wahr ist, daß es nur verlorene Paradiese gibt, weiß ich, wie ich das irgendwie Zärtliche und Unmenschliche benennen muß, das mich heute erfüllt. Ein Auswanderer kehrt in seine Heimat zurück. Und ich – ich erinnere mich. Ironie, Selbstverhärtung, alles wird still, und nun bin ich heimgekehrt. Ich will nicht in vergangenem Glück schwelgen. Es ist viel einfacher und viel leichter. Denn aus jenen Stunden, die ich aus der Tiefe des Vergessens in mir aufsteigen lasse, ist mir vor allem die unversehrte Erinnerung an eine reine Empfindung erhalten geblieben, an einen in der Zeitlosigkeit schwebenden Augenblick. Das ist die einzige Wahrheit, die ich besitze, und ich werde mir ihrer immer zu spät bewußt. Wir lieben die Eigenart einer Gebärde, das Eingefügtsein eines Baumes in die Landschaft. Und um all diese Liebe wieder aufleben zu lassen, steht uns bloß eine Einzelheit zu Gebote, doch sie genügt: der Geruch eines zu lange verschlossenen Zimmers, der besondere Klang eines Schritts auf der Straße. Nicht anders steht es mit mir. Und wenn ich mich damals liebend selbst hingab, so war ich doch endlich ich selbst, da uns allein die Liebe uns selbst zu schenken vermag.

Gemessen, friedvoll und ernst kehren jene Stunden zurück, unverändert eindrücklich, unverändert aufwühlend – weil es Abend ist, eine Stunde der Traurigkeit, und weil am lichtlosen Himmel eine unbestimmte Sehnsucht steht. Jede wiedergefundene Bewegung enthüllt mich mir selbst. Jemand sagte mir einmal: »Es ist so schwer, zu leben.« Und ich höre den Tonfall noch jetzt. Ein anderes Mal flüsterte jemand: »Der schlimmste aller Irrtümer ist immer noch, Leiden zuzufügen.« Wenn alles vorbei ist, erlischt der Lebenshunger. Ist es das, was man Glück nennt? Während wir diesen Erinnerungen nachgehen, kleiden wir alles in dasselbe unauffällige Gewand, und der Tod erscheint uns wie ein Hintergrund mit verblichenen Farben. Wir verfolgen unsere eigene Spur zurück. Wir fühlen unsere Not, und sie lehrt uns, besser zu lieben. Ja, vielleicht ist das eben das Glück, dieses mitleidige Wissen um unser Glück.

So ergeht es mir auch heute abend. In dem maurischen Café am Rande des arabischen Viertels erinnere ich mich nicht an ein vergangenes Glück, sondern an ein seltsames Gefühl. Schon ist es Nacht. An den Wänden jagen kanariengelbe Löwen zwischen fünffächerigen Palmen grüngekleideten Scheichen nach. In einer Ecke des Cafés verbreitet eine Karbidlampe ein flakkerndes Licht. Die eigentliche Beleuchtung hat ihre Quelle im Feuer, das in dem kleinen, mit grünem und gelbem Email verzierten Herd brennt. Die Flamme erhellt die Mitte des Raums, und ich spüre ihren Widerschein auf meinem Gesicht. Ich sitze der Tür und der Bucht gegenüber. In einem Winkel kauert der

Besitzer des Cafés und scheint mein leerstehendes Glas mit dem am Boden klebenden Minzenblatt zu betrachten. Keine Gäste im Lokal; tiefer unten die Geräusche der Stadt, etwas weiter entfernt Lichter über der Bucht. Ich höre das schwere Atmen des Arabers, seine Augen blitzen im Halbdunkel. Und aus der Ferne – ist es das Rauschen des Meeres? – strömt mir in gedehntem Rhythmus der Hauch der Welt entgegen und bringt mir die Gleichgültigkeit und die Ruhe des Unvergänglichen. Im breit aufzuckenden roten Widerschein geraten die Löwen an den Wänden in Bewegung. Es wird kühl. Eine Sirene auf dem Meer. Die Leuchtfeuer beginnen zu kreisen: grün, rot, weiß. Und unablässig dieses tiefe Atmen der Welt. Eine Art heimliches Lied entspringt dieser Gleichgültigkeit. Und nun bin ich heimgekehrt. Ich denke an einen kleinen Jungen, der in einem Armenviertel lebte. Dieses Viertel, dieses Haus! Es besaß nur ein Stockwerk, und auf der Treppe gab es kein Licht. Noch heute, nach langen Jahren, vermöchte er in dunkler Nacht dorthin zurückzukehren. Er weiß, daß er die Treppe in Windeseile hinaufstürmen könnte, ohne ein einziges Mal zu straucheln. Sein ganzer Körper ist von diesem Haus durchtränkt. Seine Beine tragen noch die genaue Höhe der Stufen in sich und seine Hände das instinktive, nie überwundene Grauen vor dem Treppengeländer. Daran waren die Schaben schuld.

An den Sommerabenden setzen die Arbeiter sich auf ihren Balkon. Bei ihm gab es nur ein winziges Fenster. Sie trugen Stühle vor das Haus, um den Abend zu genießen. Da war die Straße mit den Eisverkäufern nebenan, den Cafés gegenüber, dem Lärmen der von Tür zu Tür rennenden Kinder. Aber da war vor allem zwischen den Ficusbäumen der Himmel. In der Armut liegt eine Einsamkeit, die jedem Ding seinen Wert verleiht. Von einem gewissen Grad des Reichtums an scheinen sogar der Himmel und die sternenübersäte Nacht selbstverständliche Güter. Auf der untersten Sprosse der Leiter jedoch gewinnt der Himmel wieder seinen ungeschmälerten Sinn: er ist eine köstliche Gnade. Sommernächte, unerforschte Geheimnisse, in denen Sterne aufsprühten! Hinter dem Jungen lag ein stinkender Gang, und sein Stühlchen mit dem eingebrochenen Sitz sackte ein wenig unter ihm ab. Aber mit erhobenen Augen schlürfte er die reine Nacht. Zuweilen fuhr eine Straßenbahn vorbei, geräumig und schnell. Und schließlich sang ein Betrunkener an einer Straßenecke vor sich hin, ohne das Schweigen stören zu können.

Die Mutter des Jungen verharrte ebenfalls schweigend. Es kam vor, daß sie gefragt wurde: »Woran denkst du?« – »An nichts«, antwortete sie. Und das stimmte wohl. Alles ist da, also nichts. Ihr Leben, ihre Anliegen, ihre Kinder begnügen sich damit, da zu sein, mit einer zu selbstverständlichen Anwesenheit, als daß sie noch empfunden würde. Sie war gebrechlich, das Denken bereitete ihr Mühe. Sie hatte eine strenge, herrschsüchtige Mutter, die alles ihrer triebhaften überempflindlichen Eigenliebe opferte und den schwachen Geist ihrer Tochter lange bevormundet hatte. Die Ehe hatte sie freigemacht, aber nach dem Tode ihres Mannes war sie fügsam ins Joch zurückgekehrt. Er war auf dem Feld der Ehre gefallen, wie man zu sagen pflegt. An gut sichtbarer Stelle kann man in einem vergoldeten Rahmen seine militärischen Auszeichnungen und Orden sehen. Das Lazarett hat der Witwe auch noch einen kleinen Granatsplitter geschickt, der in seinem zerfetzten Körper gefunden worden war. Die Witwe hat ihn aufbewahrt. Sie empfindet schon lange keinen Kummer mehr. Sie hat ihren Mann vergessen, aber sie spricht noch vom Vater ihrer Kinder. Um sie durchzubringen, arbeitet sie und gibt ihren Verdienst der Mutter ab. Diese erzieht die Kinder mit der Peitsche. Wenn sie zu heftig dreinschlägt, sagt ihre Tochter: »Nicht auf den Kopf.« Sie hat sie lieb, weil es ihre Kinder sind. Sie liebt sie mit einer unparteilichen Liebe, die sich ihnen nie offenbart hat. An gewissen Abenden, an die er sich erinnert, findet sie bei der Heimkehr von ihrer schweren Arbeit (sie ist Scheuerfrau) das Haus leer. Die Alte besorgt Einkäufe, die Kinder sind noch in der Schule. Dann sinkt sie auf einem Stuhl in sich zusammen und verliert sich mit blicklosen Augen in der verzweifelten Verfolgung einer Fuge im Parkett. Rings um sie verdichtet sich die Nacht, in der diese Stummheit eine unheilbare Trostlosigkeit gewinnt. Wenn der Junge in diesem Augenblick eintritt, erkennt er die schmale Gestalt mit den knochigen Schultern und bleibt stehen: er hat Angst. Er beginnt viele Dinge zu erfühlen. Er ist sich seines eigenen Seins noch kaum bewußt geworden. Aber dieses kreatürliche Schweigen tut ihm so weh, daß er weinen möchte. Er hat Mitleid mit seiner Mutter – heißt das, daß er sie liebt? Sie hat ihn nie liebkost, sie wußte gar nicht, wie. So verharrt er lange Minuten reglos und betrachtet sie. Indem er sich fremd fühlt, wird er sich seines Kummers bewußt. Sie hört ihn nicht, denn sie ist taub. Gleich wird die Alte heimkommen und das Leben wieder erwachen: das runde Licht der Petroleumlampe, das Wachstuch, das Gekeif, die Schimpfworte. Jetzt aber ist dieses Schweigen wie ein Stillstehen der Zeit, ein Augenblick ohne Maß. Weil der Junge das verschwommen spürt, glaubt er in dem Gefühl, das in ihm aufwallt, Liebe zu seiner Mutter zu entdecken. Und das soll auch so sein, denn schließlich ist sie ja seine Mutter.

Sie denkt an nichts. Draußen Licht und Lärm, hier Stille und Dunkel. Der Junge wird heranwachsen, lernen. Man zieht ihn groß und wird Dankbarkeit von ihm fordern, als ersparte man ihm den Schmerz. Seine Mutter wird immer schweigsam bleiben. Er indessen wird fortschreiten im Schmerz. Ein Mann sein, darauf kommt es an. Seine Großmutter wird sterben, dann seine Mutter, er selbst.

Seine Mutter ist zusammengefahren. Er hat sie erschreckt. Wie dumm er dasteht und sie anschaut! Er soll seine Aufgaben machen. Der Junge hat seine Aufgaben gemacht. Heute sitzt er in einer schmierigen Kneipe. Er ist jetzt ein Mann. Darauf kommt es doch an? Offenbar nicht, da das Erfüllen der Aufgaben und das Einwilligen in das Mannsein nur zum Altwerden führen.

Der Araber hockt noch immer in seinem Winkel und hält mit den Händen seine Füße. Von den Terrassen steigt mit dem lebhaften Plaudern junger Stimmen ein Geruch nach geröstetem Kaffee empor. Ein Schlepper läßt wieder seinen schwermütigen, warmen Ruf ertönen. Die Welt geht hier zu Ende, wie jeden Tag, und von all ihrer Drangsal ohne Maß bleibt nichts übrig als diese Verheißung des Friedens. Die Gleichgültigkeit dieser merkwürdigen Mutter! Nur die unermeßliche Einsamkeit der Welt erlaubt mir, sie zu ermessen. Eines Abends war ihr nun schon großer Sohn zu ihr gerufen worden. Ein jäher Schrecken hatte ein schweres Nervenfieber ausgelöst. Ihrer Gewohnheit folgend, hatte sie sich nach Feierabend ans Fenster gesetzt. Sie pflegte ihren Stuhl nahe an die Brüstung zu rücken, auf deren kaltes, salzig schmeckendes Eisen sie ihre Lippen preßte. So schaute sie den Vorübergehenden zu. In ihrem Rücken verdichtete sich allmählich das Dunkel, während die Geschäfte ihr gegenüber plötzlich hell wurden. Die Straße füllte sich mit Menschen und Lichtern. In ziellosem Schauen verlor sich ihr Blick darin. An jenem Abend nun war auf einmal ein Mann hinter ihr aufgetaucht, hatte sie zu Boden gerissen und mißhandelt und war dann entflohen, als er Lärm hörte. Sie hatte nichts gesehen und war ohnmächtig geworden. Als ihr Sohn eintraf, lag sie im Bett. Auf Anraten des Arztes beschloß er, die Nacht über bei ihr zu bleiben. Er legte sich neben ihr auf die Decken. Es war Sommer. Die eben erst durchgestandene Angst hing noch im überhitzten Zimmer. Schritte scharrten und Türen kreischten. In der drükkenden Luft schwebte der Geruch des Essigs, mit dem man der Kranken Kühlung verschafft hatte. Sie warf sich unruhig hin und her, stöhnte, fuhr zuweilen unvermittelt auf. Dann riß sie ihn jedesmal aus dem kurzen Halbschlummer, aus dem er schweißgebadet auftauchte, sogleich voll Wachsamkeit, und in den er nach einem Blick auf die Uhr mit dem dreifachen, tanzenden Spiegelbild des Nachtlichts wie gefällt zurücksank. Viel später erst wurde ihm ganz bewußt, wie allein sie in jener Nacht gewesen waren. Allein gegen alle. Die »anderen« schliefen, während sie beide Fieber atmeten. Alles schien hohl in dem alten Haus. Um Mitternacht entführten die letzten Straßenbahnen alle Hoffnung, die uns von den Menschen kommt, alle Gewißheiten, die uns die Geräusche der Stadt gewähren. Das Haus widerhallte noch von ihrem Vorüberrollen, dann wurde nach und nach alles stumm. Es blieb nichts als ein großer Garten des Schweigens, in dem bisweilen das angstvolle Stöhnen der Kranken aufsproß. Er hatte sich noch nie so verloren gefühlt. Die Welt hatte sich aufgelöst und mit ihr die Illusion, daß Leben jeden Tag neu beginnt. Alles war ausgelöscht, Studium und Ehrgeiz, Leibgerichte und Lieblingsfarben. Alles außer der Krankheit und dem Tod, von denen er sich umgeben fühlte ... Und doch lebte er – im Augenblick, da die Welt zusammenbrach. Ja, er war schließlich sogar eingeschlafen, indessen nicht ohne das trostlose und zärtliche Bild einer zweisamen Einsamkeit mit in den Schlaf zu nehmen. Später, sehr viel später sollte er sich an diesen aus Schweiß und Essig gemischten Geruch erinnern, an diesen Augenblick, da er die zwischen ihm und seiner Mutter bestehenden Bande spürte. Als verkörperte sie das unendliche Mitleid seines Herzens, das sich rings um ihn ausbreitete, Gestalt annahm und voll Beflissenheit, unbekümmert um den Betrug, die Rolle einer armen alten Frau mit einem erschütternden Schicksal spielte.

Nun überzieht sich das Feuer im Herd mit Asche. Und immer noch vernimmt man das Atmen der Erde. Eine dreisaitige Gitarre läßt ihren perlenden Singsang ertönen. Eine lachende Frauenstimme mischt sich dazu. Lichter nähern sich in der Bucht – die Fischerboote vermutlich, die in den kleinen Hafen zurückkehren. Aus dem dreieckigen Stück Himmel, das ich von meinem Platz aus erblicke, ist alles Gewölk des Tages verschwunden. Von Sternen überquellend, erbebt er in einem reinen Hauch, und rings um mich regen sich langsam die leisen Schwingen der Nacht. Wie weit wird diese Nacht führen, in der ich nicht mehr mir selbst gehöre? Es liegt eine gefährliche Kraft in dem Wort Einfachheit. Und heute abend begreife ich, daß einen danach verlangen kann, zu sterben, weil gemessen an einer gewissen Durchsichtigkeit des Lebens alles belanglos ist. Ein Mann leidet und erlebt Unglück über Unglück. Er nimmt alles auf sich, schickt sich in sein Los. Er wird von jedermann geachtet. Und dann, eines Abends, eine Nichtigkeit: er begegnet einem Freund, den er sehr geliebt hat. Dieser sagt ihm ein paar zerstreute Worte. Beim Nachhausekommen nimmt der Mann sich das Leben. Liebeskummer und geheime Tragik, heißt es dann. Nein. Und wenn denn unbedingt ein Grund gefunden werden muß, so hat er sich das Leben genommen, weil ein Freund ihm ein paar zerstreute Worte gesagt hat. So hat mich jedesmal, wenn ich den tiefen Sinn der Welt zu erfühlen glaubte, vor allem ihre Einfachheit erschüttert. Heute abend meine Mutter und ihre sonderbare Gleichgültigkeit. Ein anderes Mal wohnte ich in einem Haus außerhalb der Stadt, allein mit einem Hund, zwei Katzen und ihren Jungen, die alle schwarz waren. Die Katzenmutter vermochte sie nicht zu ernähren. Die Jungen starben eines nach dem anderen. Sie füllten ihren Raum mit Unrat. Und jeden Tag fand ich beim Heimkommen wieder eines ganz steif, mit hochgezogenen Lefzen. Eines Abends entdeckte ich das letzte schon halb von seiner Mutter aufgefressen. Es stank bereits. Der Geruch der Verwesung vermischte sich mit dem des Urins. Da setzte ich mich mitten in all dieses Elend, ließ meine Hände in den Schmutz sinken, atmete den Fäulnisgeruch ein und betrachtete lange das irre Funkeln, das in den grünen Augen der unbeweglich in einem Winkel kauernden Katze brannte. Ja. Genauso ist es auch heute abend. Wenn ein gewisser Grad der Not erreicht ist, führt nicht mehr zu nichts mehr, weder Hoffnung noch Verzweiflung scheinen begründet, und das ganze Leben erschöpft sich in einem Bild. Aber warum dabei stehenbleiben? Einfach – alles ist einfach im wechselnden Lichtstrahl des Leuchtturms, grün, rot, weiß; in der Kühle der Nacht und den Gerüchen der Stadt und des Elends, die bis zu mir heraufdringen. Wenn es heute abend das Bild einer bestimmten Kindheit ist, das zu mir zurückkehrt, wie sollte ich da nicht die Lehre von Liebe und Armut annehmen, die ich daraus ziehen kann? Da doch diese Stunde gleichsam eine Pause ist zwischen ja und nein, verspare ich auf andere Stunden die Hoffnung oder den Abscheu vor dem Leben. Ja, einzig die Durchsichtigkeit und Einfachheit der verlorenen Paradiese fassen: in ein Bild. So hat vor noch nicht langer Zeit in einem Haus der Altstadt ein Sohn seine Mutter besucht. Sie sitzen einander schweigend gegenüber. Aber ihre Blicke begegnen sich.

»Nun, Mama.«

»Nun, eben.«

»Langweilst du dich? Ich bin nicht sehr gesprächig?«

»Ach, das warst du nie.«

Und ein schönes, lippenloses Lächeln zergeht auf ihrem Gesicht. Es stimmt, er hat nie mit ihr gesprochen. Wozu auch, genau genommen? Im Schweigen wird alles klar. Er ist der Sohn, sie ist seine Mutter. Sie kann zu ihm sagen: »Du weißt.«

Sie sitzt am Fußende des Ruhebetts, mit geschlossenen Füßen und im Schoß gefalteten Händen. Er sitzt auf einem Stuhl, schaut sie kaum an und raucht ununterbrochen. Schweigen.

»Du sollst nicht so viel rauchen.«

»Du hast recht.«

Alle Ausdünstungen des Viertels dringen durch das Fenster. Die Ziehharmonika im Café nebenan, der abendliche, hastige Verkehr, der Geruch nach dem an kleinen Spießen bratenden Fleisch, das in ledrige Brötchen gepreßt verzehrt wird, ein Kind, das auf der Straße weint. Die Mutter steht auf und nimmt eine Strickarbeit zur Hand. Ihre steifen Finger sind von der Gicht verkrümmt. Sie arbeitet nicht schnell, nimmt dreimal die gleiche Masche in Angriff oder zieht mit dumpfem Rascheln eine ganze Nadel auf.

»Das gibt eine kleine Weste. Ich werde einen weißen Kragen aufnähen. Das und mein schwarzer Mantel – damit bin ich für die nächste Zeit versorgt.«

Sie hat sich erhoben, um Licht zu machen.

»Es wird früh Nacht jetzt.«

Das stimmte. Es war nicht mehr Sommer und noch nicht Herbst. Noch zwitscherten Mauersegler am milden Himmel.

»Kommst du bald wieder?«

»Ich bin ja noch gar nicht fort. Warum fragst du das?«

»Einfach so, um etwas zu sagen.«

Eine Straßenbahn fährt vorbei. Ein Auto.

»Ist es wahr, daß ich meinem Vater gleiche?«

»O ja, aufs Haar. Du hast ihn natürlich nicht gekannt. Du warst sechs Monate alt, als er fiel. Aber wenn du ein Schnäuzchen trügest!«

Er hat ohne Anteilnahme von seinem Vater gesprochen. Keine Erinnerung, kein Gefühl. Ein Mann wie tausend andere, ohne Zweifel. Übrigens war er voll Begeisterung ins Feld gezogen. Marne; offener Schädel. Blind, eine Woche lang Ringen mit dem Tod; eingemeißelt in das Gefallenendenkmal seiner Heimatgemeinde.

»Genau besehen ist es besser so«, sagte sie. »Er wäre blind zurückgekommen oder verrückt, der Ärmste. In dem Fall ...«

»Du hast recht.«

Und was hält ihn denn in diesem Zimmer zurück, wenn nicht die Gewißheit, daß es so immer besser ist, wenn nicht das Gefühl, daß die ganze absurde Einfachheit der Welt in diesem Raum Zuflucht gefunden hat?

»Kommst du wieder?« fragte sie. »Ich weiß, daß du viel Arbeit hast. Nur – von Zeit zu Zeit ...«

Aber wo bin ich im gegenwärtigen Augenblick? Und wie soll ich dieses öde Café von jenem Zimmer der Vergangenheit trennen? Ich weiß nicht mehr, ob ich lebe oder ob ich mich erinnere. Die Lichter des Leuchtturms sind da. Und auch der Araber, der jetzt vor mir steht und mir sagt, daß er gleich schließen wird. Ich muß gehen. Ich will diesem so gefährlichen Hang nicht mehr folgen. Freilich betrachte ich ein letztes Mal die Bucht und ihre Lichter, freilich ist das, was nun zu mir heraufdringt, nicht die Hoffnung auf bessere Zeiten, sondern eine abgeklärte, ursprüngliche Gleichgültigkeit allem, auch mir selbst gegenüber. Doch es gilt, sich von dieser zu weichen, zu einlullenden Melodie zu befreien. Und ich brauche einen klaren Kopf. Ja, alles ist einfach. Die Menschen sind es, die die Verwicklungen schaffen. Man soll uns da nichts vormachen. Man soll von dem zum Tode Verurteilten nicht sagen: »Er wird seine Schuld gegenüber der Gesellschaft sühnen«, sondern: »Man wird ihm den Kopf abhauen.« Das sieht nach nichts aus. Aber es ist doch ein kleiner Unterschied. Und zudem gibt es Leute, die es vorziehen, ihrem Schicksal in die Augen zu blicken.

II.

Wer aus der Fremde kommt, bringt neues Fremdes mit.

Semper Africa novi aliquid offert. (Plinius)

I L S E   A I C H I N G E R

Das grosse Spiel

Maria ließ das Bündel fallen und Josef stieß den Engel leicht in die Seite. Der Engel wandte den Kopf und lächelte hilflos zu den heiligen drei Königen hinüber, die als Landstreicher verkleidet nebeneinander auf der großen Kiste saßen. Die heiligen drei Könige zogen die Beine ein wenig hoch und starrten brennend, mit blassen, finsteren Gesichtern nach der Tür. Es hatte geläutet.

Der Engel verlor alle Überlegenheit. Derselbe Engel, der ihnen eben mit einem leisen Jauchzen seiner schwankenden Knabenstimme geboten hatte: »Werft eure Mäntel ab!« als Beweis dafür, daß sie Suchende seien, daß sie von weit her kämen, daß sie Geschenke trügen und silberne Christbaumketten unter ihren schmutzigen Fetzen um den Leib geschlungen hätten, daß – daß –

Aber es war keine Zeit mehr. Es hatte geläutet.

Und sie mußten in der halben Dämmerung, die Hände um die Knie geschlungen, verbittert und reglos, die alte Ungewißheit weiter ertragen, ob wir nichts oder Könige sind. Und sie durften ihre Mäntel nicht abwerfen, weil sie Angst hatten, Angst, noch immer. Jede kleinste Bewegung konnte sie verraten. Ihre Schuld war, geboren zu sein, ihre Angst war, getötet und ihre Hoffnung, geliebt zu werden: die Hoffnung, Könige zu sein. Um dieser Hoffnung willen vielleicht wird man verfolgt.

Josef fürchtete seine eigene Angst und sah weg. Maria bückte sich und hob mit einer lautlosen Bewegung das Bündel wieder auf. Nichts soll eine Mutter hindern. Sie schmiegte sich an Josef, der wegsah, wie der König in ihrem Arm sich an das Kreuz schmiegen würde, an das er geschmiedet war. Während die Kinder sich fürchteten, ahnten sie seine Lehre, sich zu schmiegen, woran man geschmiedet wird, und sie fürchteten diese Ahnung mehr als das schrille schnelle Läuten draußen vor der Tür.

Möglich aber, daß diese Ahnung selbst zu läuten begonnen hatte.

Schweigend verharrten sie in der Finsternis. Mit einer verrosteten Sicherheitsnadel steckte der Engel das Leintuch fester um seine Schulter. »Es wird nichts sein«, stammelte er, »es klingt wirklich nur, als ob –«, er brach ab.

»Sei still«, sagte der größte Landstreicher höhnisch, »bleib bei deiner Rolle!«

Und es läutete. Es läutete: viermal kurz und dreimal lang. Aber das verabredete Zeichen war anders.

»Irgend jemand irrt sich«, flüsterte der Landstreicher mit dem steifen Fuß, der kleinste von allen. »Irgend jemand weiß nicht, ob er zu uns oder zur geheimen Polizei gehört. Ob er ein Freund oder ein Mörder ist.«

Wer weiß das schon von sich?

Der kleine schwarze Hund unter dem Tisch begann zu bellen.

»Haltet ihm die Schnauze zu«, sagte Josef böse, »der ist nichts mehr für uns.«

»Ich war von Anfang an dagegen, ihn zu behalten«, sagte Maria, »wir haben kein Futter für ihn und es könnte sein, daß er uns verrät. Es steht auch an dieser Stelle nur etwas von einem Esel. Etwas, das trägt«, seufzte sie dann, »etwas Stilles, das trägt«.

»Juden dürfen keine Haustiere haben«, flüsterte der Engel, »und ein versiegelter Waggon trägt auch. Die Frage ist nur, wohin.«

»Vor Ägypten wird gekämpft!«

»Dann eben nach Polen.«

»Und der König der Juden?«

»Fährt mit.«

Das Läuten an der Tür setzte wieder ein, es klang jetzt flehend.

»Wir beginnen zu spielen, wir öffnen nicht!«

»Dann rasch, beeilt euch! Achtung – fertig –«

»Los!«

Die drei Landstreicher sprangen auf. Spiegelnd hielten sie ihre Laternen gegen das Glas der alten Kommode.

»Habt ihr den Frieden gesehen?« rief der kleinste Landstreicher.

»Aber du hältst ja deine Laterne ganz schief!« Der Engel unterbrach ihn. »Herbert, ich glaube fast, deine Faust zittert. Hast du Angst? Das gehört nicht zu deiner Rolle. Habt ihr den Frieden gesehen? Frag wie ein Mann, Kleiner, greif über ihre Schultern, damit sie zu suchen beginnen, in ihren Patronentaschen und unter ihren Kopfkissen –«

»Habt ihr den Frieden gesehen?«

Das Läuten verstummte und schien ebenfalls auf Antwort zu warten. Die Kinder fröstelten und rückten aneinander. Gähnend und abgründig tat sich die Leere vor ihnen auf und befahl: erfüllt mich! Da ließen sie den zweiten Landstreicher sagen:

»Es ist niemand hier.«

»Niemand, hörst du, Georg? Niemand, ein furchtbares Wort. Alle und doch niemand, Millionen Menschen und doch niemand. Niemand, alle, die hassen, und alle, die wegschauen, hört ihr: Niemand haßt uns, niemand verfolgt uns – niemand! Warum fürchtet ihr euch? Niemand, sag es noch einmal, Georg! Zu singen soll sie beginnen, deine Traurigkeit, und in ihren Massenversammlungen sollen sie es hören: Niemand, niemand, niemand ist hier!«

Waghalsig flackerten die Laternen der drei Landstreicher in das dunkle Zimmer.

»Zu lange haben wir gesucht!«

»Verflucht, auch unser Licht geht aus.«

»Jetzt finden wir ihn nimmermehr.«

»Und unsere Kraft zerbricht.«

»Ja, wenn man wüßt' –«
»Was Friede ist!«
»Aber man weiß es nicht.«

Mutlos ließen sie sich auf den schmutzigen Teppich fallen.

»Auf dieser Erde ist es nicht.«
»Wir haben überall gesucht –«
»Geschrien –«
»Gedroht!«
»Gefleht!«
»Geflucht!«

Wieder setzte das Läuten ein. Die Stimmen der Kinder überstürzten sich. Sekundenlang gelang es ihnen, die Glocke zu übertönen.

»Wir leuchten in jedes Haus.«
»Man warf uns überall hinaus.«
»Zu schwach brennt euer Licht!«

sagte der Engel in die Atempause der Menschen.

»Was sagt ihr da?«
»Ich sprach kein Wort.«
»Es kam von da!«
»Es kam von dort!«

Unbeirrt stritten die Landstreicher weiter, zerpflückten die Stimme des Engels und lösten sie in Unruhe auf:

»Ihr habt's gesagt!«
»Nein, ihr!«
»Und ihr!«
»O weh, ihr lügt –«
»Es kam von hier!«

»Was stoßt ihr, Herr?«
»Von ungefähr.«
»Von ungefähr?
Ei, das ist gut,
da bleibe ich auf meiner Hut!«
»Wie seid ihr feig,
ich habe Mut!«

»Den Frieden suchet ihr!« rief der Engel und schwang sich auf den Schrank. »Den Frieden!« seufzte er, aber das Läuten blieb wie ein stählerner Rahmen um ein dunkles Bild.

»Wir haben überall gesucht.«
»Die Straßen auf, die Straßen ab«,
»Und alles haben wir versucht.«
»Geraubt, getötet und gebrannt«,
»Wir stiegen bis zur Höll hinab!«
»Und fanden nichts –«

Fluchend und ineinander verkeilt lagen die Landstreicher auf der Erde. Immer schneller und eindringlicher brannte die Stimme des Engels über ihren Raufhändeln. Die Kapuzen schwankten und die Flurglocke schrillte über die Stimme des Engels. Wie eisiger Regen sprühte dieses Läuten in die abgewandten, verhüllten Gesichter der Kinder. Öffnet, öffnet!

Dieses dunkle Zimmer war nicht mehr als eine einzige schwankende Kapuze, die schlecht schloß.

Und es läutete. Viermal kurz und dreimal lang. Die quälende Beharrlichkeit der falschen Parole.

Die drei Landstreicher versenkten lauernd Knie und Fäuste in den alten Teppich. Der Jüngste hob den Zeigefinger.

»Da sahen wir
Ein Lichtlein schimmern durch die Tür.«
»'s ist niemand hier –«
»Nun sind wir ganz verwirrt.«

Die Stimme des Kleinsten zitterte. Die andern schoben ihn beiseite. Jeder der drei Landstreicher wollte zuerst sprechen:

»Wer sagt uns, wo der Friede ist?«
»Wer ihn entdeckt?«
»Und wer ihn mißt?«
»Ja, wenn man wüßt' –«
»Was Friede ist –«

Erschöpft ließen sie die Köpfe sinken.

»Zerfetzt ist unser Kleid«,
»Zerrissen unsere Schuh!«
»Wir finden keine Ruh'
in Ewigkeit.«

Wieder hob der Kleinste den Zeigefinger.

»Da fällt mir etwas ein,
Ihr müßt ganz stille sein.«
»Es ist Weihnachtszeit«,

seufzte der Engel vom verhangenen Fenster her.

»Weihnachtszeit?«

Die drei Landstreicher richteten sich rasch auf. Es hing mit Geschenken zusammen, mit Kuchen und Mistelzweigen und den verständnislosen, erregten Gesichtern der Erwachsenen. Wie aber hing es mit dem Schrillen der Glocke zusammen, das jetzt nicht mehr abriß?

»Beeilt euch!« mahnte der Krieg, der, einen riesigen, gestohlenen Luftschutzhelm bis weit über die Mitte des Gesichts gezogen, an der Tür zum Vorzimmer lehnte. »Sie rennen uns die Tür ein. Sie verladen uns sonst, bevor wir fertig sind.«

»Um so besser«, sagte Josef mürrisch, »der Jänner ist so grau.

Alle Silberschnüre sind dann schon zerschnitten, und der Magen tut weh.«

»Bis es Mai wird, sind wir schon Kirschbäume«, sagte der Krieg spöttisch.

»Sei still«, rief Maria, die das Bündel fest an sich gepreßt hielt, »hör auf damit, ich will kein Kirschbaum sein! Und auch sonst kein Baum!«

»Spielt weiter!« rief der Engel.

»Was heißt das nun,
was sollen wir tun?«
»Kommt, singen wir das Weihnachtslied!«

Die drei Landstreicher bewegten die Lippen, aber sie konnten nicht singen, in der Ewigkeit der letzten Viertelstunde hatten sie es verlernt. Die Lust an der Lust hatten sie verloren, etwas Fremdes hatte ihre Lippen versiegelt.

»Ich bin zu müd'
bin viel zu müd'!«
»Und deine Flöte klinget hohl,
du bläst ja keinen klaren Ton!«
»Doch hört –«
»Der Friede läuft davon!«
»Ich hol ihn ein!«
»Nein, ich –«
»O nein!«
»Wo ist das Licht?«
»Ich find es nicht –«

Die Kinder sprangen auf. Das Läuten da draußen war plötzlich abgebrochen. Plötzlich und, wie es allen schien, endgültig. Nichts rührte sich mehr.

»Öffnet«, sagte der Engel leise, »öffnet lieber!«

Das Leintuch blieb hängen und hinderte ihn, vom Schrank zu springen.

Der Krieg stieß die Tür ins Vorzimmer auf. Die drei Landstreicher jagten hinaus.

Öffnet, öffnet jedem, der euch verlangt! Wer nicht öffnet, versäumt sich selbst.

Die Kinder rissen entschlossen die Flurtür auf und prallten enttäuscht zurück.

»Du? Sonst niemand?«

Verweint und erschöpft lehnte Ellen an dem eisigen, grauschwarzen Stiegengeländer.

»Weshalb habt ihr nicht aufgemacht?«

»Du hast das Zeichen nicht gewußt!«

»Ihr habt es mir nicht gesagt.«

»Weil du nicht zu uns gehörst.«

»Laßt mich mitspielen!«

»Du gehörst nicht zu uns!«

»Und weshalb nicht?«

»Du wirst nicht geholt werden.«

»Ich verspreche es euch«, sagte Ellen, »daß ich geholt werde.«

»Wie kannst du solche Dinge versprechen?« rief Georg zornig.

»Manche wissen es«, sagte Ellen leise, »und manche wissen es nicht. Und geholt werden alle.«

Sie stieß die andern beiseite und rannte allen voran in die Finsternis. Und sie zerrte den Engel an seinem weißen Leintuch fast vom Schrank und bettelte: »Laßt mich mitspielen, bitte laßt mich doch mitspielen!«

»Deine Großmutter hat dir verboten, mit uns zu spielen«, sagte Leon, der Engel auf dem Schrank.

»Weil meine Großmutter immer noch glaubt, daß es ein Glück ist, zurückzubleiben.«

»Und du?«

«Schon lange nicht mehr«, sagte Ellen und schlug die Glastür hinter sich zu. Wieder schloß sich der Raum um die Kinder wie eine schwarze Kapuze.

»Wir haben keine Rolle mehr für dich.«

»Laßt mich die Welt spielen!«

»Ein gefährliches Spiel«, sagte Leon.

»Ich weiß«, rief Ellen ungeduldig.

»Hanna spielt die Welt«, murrte Kurt.

»Nein«, sagte Ellen leise, »nein! Heute nacht geholt worden.«

Die Kinder rückten ab und bildeten einen Kreis um sie.

»Weiter!« rief Leon fieberisch. »Wir müssen weiterspielen!«

»Leon, wer hat uns so schlechte Rollen gegeben?«

»Schwere Rollen, und sind nicht die schwersten Rollen die besten?«

»Aber was für ein furchtbares Publikum wir haben, ein dunkler Rachen, der uns verschlingt, Menschen ohne Gesichter!«

»Hättest du mehr Erfahrung, Ruth, du wüßtest, daß vor jeder Bühne eine seufzende Finsternis ist, die getröstet sein will.«

»Wir sollen sie trösten? Wer tröstet uns?«

»Wer hilft uns auf den Lastwagen, wenn er zu hoch ist?«

»Fürchtet euch nicht!« rief Leon und sein Kopf züngelte wie eine schmale, dunkle Flamme aus den weißen Tüchern.

»Denn siehe, ich verkündige euch eine große Freude!«

»Ihr dürft verrecken, das ist alles!« unterbrach ihn Kurt.

Der Engel verstummte vor dem Mißtrauen auf den nächtlichen Feldern, vor den blassen Gesichtern der Ausgelieferten. Er wußte nicht weiter.

»Noch lange nicht alles«, half ihm eines der Kinder aus der Finsternis, »denn euch ist heute –«

Unten durch die enge Gasse fuhr ein schwerer Lastwagen. Die Fenster zitterten und auch der Himmel vor den Fenstern begann zu zittern. Die Kinder zuckten zusammen, waren versucht, zum Fenster zu stürzen, rührten sich aber nicht. Der Lastwagen dröhnte, wurde leiser, fuhr vorbei und entfernte sich. Jedes Dröhnen verstummt irgendwann vor der Stille, jeder Laut ist vergeblich, den sie nicht erfüllt.

»Weiter, spielt weiter!«

Zu spielen. Es war die einzige Möglichkeit, die ihnen blieb, die Haltung knapp vor dem Unfaßbaren, die Anmut vor dem Geheimnis. Dieses verschwiegenste Gebot:

Spielen sollst du vor meinem Angesicht!

In der Sturzflut der Qualen hatten sie es erraten. Wie die Perle in der Muschel lag die Liebe in dem Spiel.

»Kommt, streitet nicht!«
»Seht, unser Licht geht aus,
der Sturm will es verwehen
und unsere Kraft zerbricht.«
»Wir wollen schlafen gehen.«

Stille setzte ein, das Stichwort für die Engel. Leon sprang mit einem Ruck vom Schrank in den matten Kreis der Laternen. Er sprang dazwischen, um darüber zu bleiben. Und er warf ihre Frage zurück:

»Habt ihr den Frieden gesehen?«
»Wir sahen ihn nicht.«

Die Landstreicher sanken nieder und zogen die Kapuzen tief und endgültig über ihre verwirrten Gesichter.

»Wenn ihr sehen könntet, wie ich euch sehe!« stammelte der Engel seiner Rolle entgegen. »Wie still ihr da liegt und wie unmenschlich tapfer in diesem finsteren Zimmer.«

Er ließ die Arme hängen. Die Lust, zu schauen, und der Ruf, das Bild zu halten, überwältigte ihn auch hier. Wenn ihr sehen könntet, wie ich euch sehe. Aber das Licht nahm ab.

»Wie schade, Leon, daß du nie Regisseur sein wirst!«

»Doch, ich werde es sein. Auf dem Lastauto und im Waggon, es wird ein gutes Stück, das könnt ihr mir glauben! Kein Happy-End und kein Applaus, still sollen sie nach Hause gehen, mit blassen Gesichtern, die im Finstern leuchten –«

»Sei still, Leon! Siehst du denn nicht, wie rot ihre Gesichter sind und wie schillernd ihre Augen? Hörst du sie denn nicht jetzt schon lachen, wie sie lachen werden, wenn man uns über die Brücken führt?«

»Leon, in welcher Währung wird man dich bezahlen und mit welcher Gesellschaft läuft dein Vertrag?«

»Menschliche Gesellschaft zahlt mit Feuer und Tränen.«

»Bleib ein Engel, Leon!«

Leon zögerte. Er breitete die Arme über die schlafenden Landstreicher aus. »Schlaft tief«, er holte Atem, schwieg einen Augenblick und sprach dann weiter:

»Vielleicht im Traum
schenkt Gott euch,
was ihr suchen gingt
auf einem falschen Weg.
Löscht eure Lichter aus,
denn keins von ihnen führt nach Haus,
einzig das Licht der Liebe blinkt
über den schwachen Steg!«

Der Engel beugte sich nieder und blies die Laternen aus. Wie die letzte einsame Kerze in einem dunklen Fenster blieb er in der Finsternis.

»Werft euern Stolz dahin,
er macht euch gegen nichts gefeit,
die Liebe hat ein anderes Kleid.
Ich frage euch: wohin
wollt ihr den Frieden suchen gehn?
Das Streiten hat hier keinen Sinn,
der Friede liegt im Herzen drin,
das habt ihr übersehn.«

Der Engel breitete die Arme so weit über die drei Schlafenden aus, als wollte er damit alle Schlafenden und auch die geheime Polizei umfangen, die am hellsten zu wachen glaubte und am tiefsten schlief.

»Schlaft tief,
vielleicht im Traum
schenkt Gott euch,

was ihr suchen gingt
durch Mord und Brand.
Löscht eure Lichter aus,
denn keines von ihnen führt nach Haus,
allein das Licht der Liebe strahlt
von Land zu Land.«

Der Engel trat zurück. Die Landstreicher bewegten sich unruhig im Schlaf. In der Finsternis hörte man, wie Josef erregt auf Maria einsprach. »Komm jetzt, wir sind an der Reihe!« Aber sie rührte sich nicht.

»Komm!« rief der Engel.

Maria packte das Bündel fester. »Ich habe keinen Schleier«, sagte sie, »und ohne Schleier spiel ich nicht.«

»Was meinst du damit?« fragte Leon. »Und jetzt?«

Die drei Landstreicher sprangen auf und fielen lärmend über sie her. »Spiel, hörst du, spiel!« Und sogar der Krieg, den Helm in der Hand, bat: »Spielt weiter, spielt doch weiter!« Ihr Schreien drang auf den Flur.

»Wolltest du die Maria spielen, ja oder nein?«

»Ja«, erwiderte Bibi, »aber nicht ohne Schleier. Ihr habt mir einen Schleier versprochen, und ohne Schleier spiele ich nicht mit!« Sie preßte das Bündel furchtsam an sich.

»Wenn es nichts anderes ist«, sagte Ellen langsam und riß ihre Tasche auf. Ein weißes Tuch leuchtete in den finsteren Raum. Bibi legte das Bündel beiseite. Die andern stiegen rasch von Kisten und Sesseln, kamen näher und tasteten mit kalten Fingern danach. Bibi hatte es schon gepackt und sich darin eingehüllt.

»Wie schön du bist!« riefen die Kinder. Sie klatschten in die Hände, warfen Falten, strichen sie wieder glatt und sahen geblendet hinauf wie arme Seelen am Rande des Fegefeuers, wo Himmel und Hölle mit ihren letzten Halbinseln grenzen. Und sie lachten glücklich. Wenn ihr sehen könntet, wie ich euch sehe, dachte Leon. Aber während er glaubte, das Bild zu verlieren, blieb es im wachen Blick des beiseite gelegten Gottes.

»Wenn es nichts anderes ist«, wiederholte Ellen zornig. Ihr Gesicht tauchte lauernd hinter Bibi auf. Und ehe die imstande war, sich von ihrem erstaunten Spiegelbild zu trennen, hatte sie ihr den Schleier vom Kopf gerissen, schwang ihn hoch und drehte ihn um sich selbst. Finster funkelten ihre Augen aus dem fließenden Glanz.

»Du«, rief Bibi, »wie ein Kameltreiber siehst du aus!«

»Das ist mir gerade recht.«

»Gib den Schleier her!« sagte Bibi undeutlich. Stumm und kampfbereit standen sie sich gegenüber. Das Wunder war zur Welt gekommen, aber die Welt wollte es selber sein. Maria hatte Bedingungen gestellt, der Engel hatte vergessen, die drei Könige zu warnen, und Gott war dem Herodes in die Hände gefallen. »Gib den Schleier her!« sagte Bibi noch einmal. Sie zitterte vor Zorn. Wie eine zarte fremde Waffe flog ihre Hand vor und verkrallte sich darin. Ellen wich zurück. Sie verwikkelten sich ineinander, zerrten und hielten fest. Nichts anderes blieb als das stille Knistern der Seide, die Furcht aller Schleier, zerrissen zu werden. Aber ehe es noch dazu kam, entfaltete er sich, hell und immer heller, schwebend wie etwas sehr Versöhnliches, wie die Stille der Verkündigung, und sank plötzlich, nicht mehr festzuhalten, gelassen zu Boden. Der Funke sprang über, sie hatten begriffen, worum sie kämpften.

»Der Vorhang«, stammelte Leon und fuhr abwehrend mit den Armen hoch.

»Hannas Vorhang, an dem sie zuletzt nähte.«

»Für das Haus an der schwedischen Küste.«

»Für das weiße Zimmer mit den hohen Fenstern, wo ihre sieben Kinder schlafen sollten.«

Ihre sieben Kinder, die so tief schlafen, daß niemand sie wecken kann, ihre sieben Kinder, die so süß träumen, daß kein Gott sie stört. Ihre sieben Kinder, die nicht verflucht sind, geboren, gebrandmarkt und getötet zu werden.

»Wann hast du sie gesehen, Ellen?«

»Gestern, spät abends.«

»Wußte sie schon etwas?«

»Ja.«

»Und was hat sie zuletzt getan?«

»Mantelknöpfe fester genäht.«

»Sieben Knöpfe«, sagte Leon. Wieder splitterte das Eis auf dem dunklen Teich und das Wagnis, weiterzulaufen, wurde immer größer.

»Sie wollte euch noch einen Brief schreiben«, sagte Ellen, »aber dann brachte sie ihn nicht fertig und gab mir das nur mit. Sie sagte, wenn wir ihn für das Spiel brauchen könnten, wäre es ihr recht.«

»Du hättest ihn nicht nehmen dürfen, Ellen, er sollte Fliegen und zuviel Sonne abhalten.«

»Zuviel Sonne!«

»Weil Hanna die Sonne nicht wollte. Zuletzt sagte sie doch immer, sie sei eine Betrügerin, die die Menschen täuscht und brutal macht.«

»Deshalb sollte auch der Vorhang im Meerwind wehen. Ganz leicht aus dem Fenster wehen!«

»Es wird wehen«, sagte Ellen.

»Ein Bahrtuch«, sagte Georg leise. »Wenn Kinder sterben.«

»Wen meinst du?« lächelte Herbert ängstlich.

»Nicht dich, Kleiner!«

»Doch, du hast mich gemeint!«

»Vielleicht habe ich uns alle gemeint«, murmelte Georg.

»Hanna hätte den Schleier behalten sollen, vielleicht hätte er sie beschützt.«

»Man behält nur das, was man hergibt.«

Die Kinder hoben erschrocken die Köpfe. Niemals wurde es klar, wer das gesagt hatte. Die lichte Stimme des Engels in einem finsteren Traum. Man behält nur das, was man hergibt.

Gebt ihnen also, was sie euch nehmen, denn sie werden immer ärmer davon. Gebt ihnen euer Spielzeug, eure Mäntel, eure Mützen und euer Leben. Schenkt alles weg, um es zu behalten. Wer nimmt, verliert. Lacht, wenn sie euch die Kleider vom Leib und die Mützen vom Kopf reißen, denn man behält nur das, was man hergibt. Lacht über die Gesättigten, lacht über die Beruhigten, die Hunger und Unruhe verloren haben, die kostbarsten Gaben, die dem Menschen verliehen sind. Schenkt euer letztes Stück Brot weg, um den Hunger zu bewahren, gebt das letzte Stück Boden auf und bleibt in Unruhe. Werft den Glanz eurer Gesichter in die Finsternis, um ihn zu verstärken.

»Spielt weiter!« sagte Leon.

Josef stützte sich auf seinen Knotenstock. Maria hatte ihren Arm leicht auf den seinen gelegt, und der kleine Hund mit dem weißen Fleck über dem linken Auge lief nebenher, obwohl er nirgends in der Schrift genannt war. Er spielte, ohne zu fragen, das Ungenannte, dieses Stille, das trägt.

»Der Weg war weit, den wir kamen,
wir haben fremde Namen
auf dieser Welt.«
»Aber in unseren Armen
halten wir Gottes Erbarmen,
wie er uns hält.«
»Und tragen sein Verlangen,
die Menschen zu umfangen,
in diesem Kind.«
»Und tragen alle Schmerzen
von Gottes verstoßenem Herzen
durch Dunkel und Wind.«

Josef und Maria blieben ermattet stehen, versuchten sich gegenseitig ins Gesicht zu schauen, aber man sah nicht mehr viel. Auch die Gesichter der übrigen versickerten wie helle Farben in die Schwärze der Schatten. In dieser zunehmenden Undeutlichkeit wurde klar, wie unerreichbar eines für das andere war, wie unerreichbar für sich selbst und den Rest aller Verfolger.

Maria schrak zusammen.

»Doch wir sind nicht allein,
schau hier die drei Gesellen an!«

Sie packte Josef am Ärmel und deutete auf die schlafenden Landstreicher vor der Kommode. Einer von ihnen rollte sich auf die andere Seite und bewegte im Schlaf die Lippen:

»Zerrissen die Schuh,
nicht Rast und Ruh!«
»Er spricht im Traum.«
»Du armer Mann,
daß ich dir doch sagen kann,
wie Gottes Liebe glüht!«
»Wer ist es, der mich rief?
Ich bin zu müd, bin viel zu müd.«
»Er schläft ja tief«,

sagte der Engel. Enttäuscht richtete sich Maria auf.

»Zerschlissen das Kleid,
und der Weg viel zu weit«,

flüsterte der zweite Landstreicher.

Wieder neigte sich Maria über ihn.

»Du armer Mann,
daß ich dir doch sagen kann –«
»Er schläft ja tief«,

unterbrach sie Josef müde. Man merkte ihm an, daß er Lust gehabt hätte, sich daneben zu legen, wäre er nicht Josef gewesen, Josef, ein Gerufener, mit der Angst, auserwählt zu werden.

»Mich friert,
wer weckt mich aus dem Traum –«

Zum drittenmal schrak Maria zusammen. Jemand hatte im Vorzimmer Licht angedreht, und das Licht fiel durch die Glastür. Die Glastür zitterte, ohne die Konturen der Kinder zu empfangen, die dunkel blieben vor dieser kalten Helligkeit.

Es klopfte, gleich darauf öffnete jemand. In der Tür stand die Dame vom Zimmer nebenan. Sie trug in der rechten Hand einen kleinen, mit Lederriemen verschnürten Koffer, in der linken einen zusammengeklappten Schirm und auf dem Kopf eine bunte Mütze mit einer Feder.

»Alle guten Geister«, sagte der Krieg, ohne den Satz zu vollenden, und nahm den Helm ab. Es gehörte nicht zum Spiel.

»Was tut ihr hier im Finstern?« Sie tastete nach einem Schalter.

Josef legte den Arm schützend um Maria, als könnte er sie bewahren vor dem trügerischen Licht. Die andern rührten sich nicht. Die Dame von nebenan wiederholte ihre Frage, aber sie bekam keine Antwort.

»Ihr seid krank«, sagte sie erschrocken. Sie hatte auf dem alten Teppich drei zerlumpte, unbewegliche Gestalten bemerkt, dahinter Krieg und Engel, die nebeneinander auf einer Kiste saßen und flüsterten, und den schwarzen Hund zwischen Josef und Maria.

»Wohin gehen Sie?« fragte Georg.

»Weg!« erwiderte sie.

»Weg«, sagte Leon nachdenklich, »weg gehen viele. Aber vielleicht ist es die falsche Richtung.«

»Ihr solltet auch weggehen, unter allen Umständen! Die Gegend ist gefährlich.«

»Mit der Zeit werden fast alle Gegenden gefährlich«, sagte Leon.

»Wir wollen nicht mehr weggehen.«

»Ihr werdet es bereuen!«

»Reue ist ein großes Gefühl«, sagte der Krieg und setzte seinen Helm wieder auf. Herbert mußte lachen und hüstelte.

Die Dame von nebenan schüttelte hilflos den Kopf. Sie war dieser Art von Rebellion nicht gewachsen. »Ich gehe jetzt jedenfalls, ihr bleibt allein in der Wohnung!«

»Wiedersehen«, sagte Leon.

Josef und Maria folgten ihr und sperrten ab. Aufgeregt rannte der kleine Hund hinterher. Sie verlöschten alle Lichter und behielten nur die Laterne und das Bündel im Arm.

»Ich geb' es euch zum Hüten,
leg es in eure Hände –«

aber ehe Maria des Bündel zwischen die Schlafenden legen konnte, fiel Ellens Schatten über sie.

»Ich bin die Welt
und auf der Flucht,
ach, daß ich Frieden fände!«

Die Welt war barfuß und hatte eine alte Decke um Kopf und Schultern geschlungen, wirr und lang hing ihr Haar darunter hervor.

»Der Krieg jagt mich von Haus zu Haus,
er fängt mich ein und lacht mich aus,
er treibt mich aus mir selber aus
in Angst und Feuerbrände.«
»Wen suchest du?«
»Ich suche Ruh.«
»Voll Blut sind deine Hände!«

Erschrocken lehnte sich Maria an Josefs eckigen Körper. Unter dem Hubertusmantel hörte sie sein Herz schlagen, das flößte ihr Mut ein.

»Wir tragen Gott,
sind auf der Flucht.
Die Welt jagt uns von Tür zu Tür,
hat uns nicht aufgenommen,
drum suchen wir die Herberg hier,
wir flohen ja vor dir.«

«Vor dir!«
»Nun bist du doch gekommen.«

Der schwarze kleine Hund spitzte die Ohren und schnüffelte. Die Verwunderung der heiligen Familie griff auch auf ihn über. Sie durchdrang die Kühle des vergessenen Raumes und überwältigte sie: Kommt ihr uns doch immer wieder nach? Kreuzigt ihr doch nur, womit ihr nicht fertig werdet, und müßt zuletzt unter den eigenen Kreuzen die Zuflucht finden? Peitscht aus, tötet uns, trampelt uns nieder, einholen könnt ihr uns erst dort, wo ihr lieben oder geliebt werden wollt. Wo ihr den Fliehenden auf der Spur bleibt, um Zuflucht bei ihnen zu finden. Werft eure Waffen weg und ihr habt sie erreicht.

»Wollt ihr mich nicht verbergen
in euerm hellen Schleier?«

Mit abgetretenen Absätzen stieß der Krieg an den Rand der Kiste, um sein Kommen einzuleiten. Furchterfüllt starrte die Welt um sich.

»Da ist er,
höret ihr!«

Der Krieg war von der Kiste gesprungen. Seidig knisterte die Finsternis.

»O laßt mich ein,
wenn ihr es nur versucht!«
»Wir sind selbst Fremde hier
und auf der Flucht –«

Maria blieb stecken. Der Krieg, zum Griff bereit, wich vor sich selbst zurück. Denn es hatte geläutet und es läutete noch immer. Es läutete zum zweitenmal.

Es gab aber in diesem Spiel keinen Souffleur, keinen, der den

Ernst milderte und die Verwegenheit allen Spielens flüsternd untergrub, keinen, der den Einsatz angab, ohne sich einzusetzen. Beides fiel endgültig zusammen. Der das Einspringen übersieht, verwirft sich, und der das Ausspringen übersieht, verwirft sich doppelt. Wie schwer es war, zu kommen und zu gehen zur rechten Zeit wie Morgen und Abend. Daran lag alles. Aber die Kinder wußten nicht weiter, denn es läutete Sturm. »Das Christkind«, flüsterte Herbert, aber niemand lachte.

»Der Briefträger«, sagte Ruth rasch, ohne daran zu glauben.

»Die Dame von nebenan, vielleicht hat sie etwas vergessen.«

»Sich selbst hat sie vergessen.«

»Sei still!«

»Die hat doch Schlüssel!«

»Spielt weiter!«

»Welches Spiel meinst du?«

»Das wir spielen oder das mit uns gespielt wird?«

Die Kinder zögerten. Das Läuten setzte aus und setzte wieder ein, fuhr wie der blutige Kopf eines Raubvogels an die verschlossene Tür.

»Spielt weiter, hört ihr!«

Aber was mit uns gespielt wird, verwandelt sich nur unter Schmerzen in das, was wir spielen. Sie befanden sich inmitten der Verwandlung, spürten deutlich den Dunst der Fetzen um ihre Leiber und ahnten zugleich stärker den verborgenen Glanz der Christbaumketten um Hüften und Hals. Schon begannen die beiden Spiele ineinanderzuströmen und flochten sich untrennbar zu einem neuen. Die Kulissen schoben sich beiseite, die vier engen Wände der Faßbarkeiten zerschellten, siegreich wie fallendes Wasser brach des Unfaßbare hervor. Spielen sollst du vor meinem Angesicht!

»Sprich weiter!«

Maria packte das Bündel fester. Höhnend tauchte der Krieg aus den Schatten. Er sprang aus einer Ecke und doch zugleich aus allen Ecken und schien mit dem Schrillen der Glocke durch eine Unzahl von Falltüren aus Decke und Fußboden zu brechen. Sein Mantel war zu lang und zu großartig, und er zerrte ihn hinter sich her. Josef versuchte, ihn wegzustoßen. Draußen läutete es ununterbrochen.

Gehetzt warf sich die Welt herum. Fackeln und Bogenlampen fielen unhörbar ins Bodenlose und erloschen. Das Bündel schien zu leuchten.

Der Krieg pfiff durch die Zähne. Er riß die Welt an sich und ließ sie wieder fallen, warf sie hoch und stieß sie wieder fort.

»Geh weg von hier,
komm, bleib bei mir,
ich spiel mein wildes Spiel mit dir!«

Die Landstreicher blinzelten durch die Finger, während der Engel auf den linken Ellbogen gestützt im Dunkel hing wie am Rand einer Kuppel. Die Welt zögerte.

»Bleib hier!«
»Laß dieses kleine Kind allein,
geh weg von hier
und bleib bei mir,
sei mein!«

Die Flurglocke tobte und verlangte nach einer Entscheidung. Die Landstreicher bewegten sich unruhig im Schlaf. Maria hielt das Bündel ungeschickt in die kalte Dämmerung.

»Entscheide dich,
nimm mich!«
»Nimm mich!«

Die Welt schwankte. Sie schlug die Decke fröstelnd um sich. Der Krieg beugte sich vor und versuchte ihr ins Gesicht zu schauen. Ihre Augen funkelten in die Schwärze, sie suchten das größere Wagnis. Noch einmal hob der Engel warnend seine Stimme. Die Flurglocke wimmerte, sie schien außer Atem. Sie bat um etwas. Welches ist das größte Wagnis?

Die Welt streckte die Arme aus dem Tuch nach dem Kind aus.

»Ich habe mich entschieden,
für dich.«

Der Krieg riß den Helm vom Kopf.

»Wie freu' ich mich,
ich bin der Frieden!«

Jubelnd warf er den Soldatenmantel zurück in die Finsternis. Feuer fiel in den müden Holzstoß. Die Glocke schrillte.

»Macht auf, es hat keinen Sinn!«

»Leise!«

»Spielt weiter!«

Die Wehen der Verwandlung fielen über die Kinder. Tief im Dunkeln standen sie gegeneinander. Josef riß sich von Maria los, der Knotenstock polterte lärmend zu Boden. Der Engel sah auf seine Hände hinab, als wären sie gefesselt.

Georg tappte die Mauer entlang und versuchte die Tür zu finden.

»Wohin gehst du?«

»Ich werde öffnen.«

Entsetzt sprangen die drei Landstreicher auf und wollten ihn zurückhalten. Die Tür war nicht geölt und sang ein fremdes Lied.

»Wem wirst du öffnen, Georg?«

Es war der Herr von drüben. Die Kinder atmeten erleichtert auf. Der Herr, der ihnen helfen wollte. Leon kannte ihn flüchtig von früher. Er besuchte ihn öfter und schien sich nichts aus dem Stern an der Tür zu machen; er kannte auch seine Freunde. Er hatte, wie er den Kindern immer wieder versicherte, einigen Einblick. Und er hatte auch versprochen, sie zu warnen, sobald er etwas erfahren sollte.

Sie drehten das Licht an und brachten einen Sessel. Der Fremde verlangte ein Glas Wasser. Als er den Helm unter dem Klavier bemerkte, erkundigte er sich, woher sie ihn hätten.

»Ausgeborgt«, murmelte Kurt.

»Was ist los?« fragte Leon ungeduldig.

Der Mann antwortete nicht gleich. Schweigend umstanden ihn die Kinder. Ruth brachte ein Glas Wasser. Er trank langsam, und sie betrachteten ihn ehrfürchtig. Keines von ihnen wagte, noch mehr zu fragen. Er streckte die Beine von sich und sie wichen ein wenig zurück. Als er sie einzog, kamen sie nicht wieder näher. Er sagte: »Fürchtet euch nicht!«

»Ich bin es«, ergänzte Ellen. Der Mann warf ihr einen ärgerlichen Blick zu. Er wischte sich einen Tropfen vom Mundwinkel und hustete. Georg klopfte ihm auf die Schulter, erschrak und sagte: »Entschuldigen Sie, bitte!«

Der Mann lächelte, nickte und sah nachdenklich an ihren kleinen steifen Füßen entlang. Wenn man alles andere wegdachte, sah es aus wie eine Reihe von Schuhen, die zum Putzen bereit standen. Ruth seufzte. Er hob den Kopf und sah sie aufmerksam an. Dann sagte er plötzlich: »Es ist alles abgeblasen. Die Deportationen nach Polen sind eingestellt.«

Die Kinder rührten sich nicht. Von weitem hörte man das Hupen eines Feuerwehrautos, den letzten Ton immer um eine halbe Note zu hoch.

»Wir sind also gerettet?« sagte Leon. »Gerettet«, wiederholte Herbert. Es klang, als sagten sie: »Verloren.«

»Ich glaube es nicht!« rief Ellen. »Wissen Sie es sicher?«

»Und woher?«

Der Fremde begann zu lachen, krampfhaft, laut und so lange, bis sie über ihn herfielen: »Ist es wahr, ist es wirklich wahr?« und der schwarze, kleine Hund knurrend an seinen Hals sprang.

»So wahr ich lebe!«

»Aber wie wahr leben Sie?« murmelte Ellen.

Er sprang auf, empört schüttelte er sie ab. »Ihr seid unverschämt. Was wollt ihr eigentlich?«

»Spielen«, sagte Georg, »wir waren gerade mitten darin!«

Finster drohte sein Gesicht unter der zerlumpten Kapuze hervor: Stör uns nicht, täusch uns nicht, laß uns! Gerettet, ein fremdes Wort, Wort ohne Inhalt, Tor ohne Haus. Gibt es einen Menschen auf der Welt, der gerettet ist?

Der Fremde sprach zornig vor sich hin und suchte nach seinem Hut.

»Bleiben Sie«, baten die Kinder, »wissen Sie denn nichts Sicheres?«

»Sicher ist, daß ihr verrückt seid!« Er ließ sich in den Sessel zurückfallen und begann wieder zu lachen. »Ich wünsche eine Erklärung«, sagte er, als er sich wieder beruhigt hatte.

»Uns liegt nicht mehr soviel daran«, erwiderte Georg.

»Eines Tages«, sagte Leon, »wenn alles vorüber wäre, würden wir aneinander vorbeigehen und uns nicht wiedererkennen.«

»Unter großen Regenschirmen!« rief Ellen.

»Es ist wahr«, sagte Leon nachdenklich, »wir wollen nicht mehr zurück.«

»Ich schon«, unterbrach ihn Bibi, »ich schon, ich will hierbleiben und tanzen gehen. Ich will, daß mir noch jemand die Hand küßt!«

Der Fremde stand ganz still. Dann beugte er sich plötzlich über sie und tat es. »Danke«, sagte Bibi verlegen. Hell und flüchtig hing ihr Atem in der Luft. Sturm fuhr um den Häuserblock, es war kälter geworden.

»Man sieht den Hauch!« sagte Herbert.

Georg sah auf die Uhr. Wie gestoßen bewegte sich der kleine Zeiger. Gleich darauf schien er zu bemerken, daß er immer wieder an dieselbe Stelle kam, und blieb stehen. Er war betrogen worden. Seit die Kinder das Spiel unterbrochen hatten, sanken schwere Pausen zwischen die Sekunden, die Abstände wuchsen.

»Was habt ihr denn eben gespielt?« sagte der Fremde.

»Frieden suchen«, erwiderte Herbert.

»Spielt doch weiter!«

»Sagen Sie uns erst genauer, was mit uns geschehen soll!«

»Genaueres weiß ich nicht. Befehl von oben, die Deportationen sind eingestellt. Ganz unerwartet.«

»Richtig«, rief Georg, »ganz unerwartet, aber warum wartet niemand darauf? Weshalb geschieht das Gute immer unerwartet?«

»Spielt jetzt weiter«, sagte der Fremde, »spielt mir vor!« Es klang wie ein Befehl.

»Wir spielen«, sagte Leon, »aber wir spielen niemandem vor.«

»Spielen Sie doch mit!«

»Ja, spielen Sie mit!«

»Aber nein!« rief der Fremde aufgebracht, schüttelte den Kopf, wurde ein wenig blasser und schob die Kinder von sich. »Lächerliche Gesellschaft!«

»Weshalb sind Sie so zornig?« fragte Herbert erstaunt.

»Ich bin nicht zornig. Ich bin uninteressiert.«

»Seien Sie lieber zornig«, sagte Georg brüderlich.

»Wir spielen das Spiel noch einmal, für Sie. Aber Sie müssen mitspielen!«

»Ist das die Probe oder ist es die Aufführung?«

»Das wissen wir selber nicht.«

»Und habt ihr denn eine Rolle für mich?«

»Sie können einen Landstreicher spielen.«

»Etwas Besseres nicht?«

»Zuletzt werden Sie die Lumpen abwerfen und ein heiliger König sein!«

»Werde ich das? Und gibt es nicht nur drei heilige Könige?«

Der Fremde spielt mit. Er spielte im Namen aller unheiligen Könige, eine große stumme Rolle.

Er ging hinter den Kindern her und belauschte ihre verzehrende Sehnsucht. Er hörte ihr verzweifeltes: »Es ist niemand hier!« und erschrak.

Über ihre Köpfe hinweg starrte er zur Tür.

»Warum spielt ihr im Dunkeln?«

»Wir sehen besser so!«

Er vermied es, weiter zu fragen. Herbert hatte die warmen Finger in seine große, feuchte Hand gelegt und wies ihm behutsam den Weg. Dicht hinter den drei Landstreichern ging mit schweren ungeschickten Schritten der fremde Mann.

»'s ist jemand hier!«
»Wer kann das sein?«
»Wir bilden uns wohl alles ein.«
»Wir sind allein
und schon zu müd!«
»Drum schließt die Tür,
das Licht verglüht,
bald wird es kalt und finster sein
und alle Hoffnung flieht.«

Der Fremde ließ sich zögernd mit den Landstreichern zu Boden fallen und stellte sich schlafend. Groß und stumm lag er zwischen ihnen. In der Wohnung darüber hörte man Schritte. Jemand ging unruhig auf und ab.

Der Fremde grub den Kopf in die Arme.

»Du armer Mann,
daß ich dir doch sagen kann,
wie Gottes Liebe glüht.«
»Wer ist es, der mich rief?
Ich bin zu müd, bin viel zu müd!«
»Er schläft ja tief!«

Josef wollte Maria weglocken, weg von diesen Vermummten, die immer noch nicht wußten, ob sie gut oder böse waren, weg von diesem vierten stummen Landstreicher, aber sie zögerte.

»Er lacht!« rief sie plötzlich. »Schaut her! Er lacht uns aus!«

»Er erstickt ja fast!«

»Was gibt es denn zu lachen?«

»Warum lachen Sie?«

Georg rüttelte zornig an seinen Schultern. Sie rissen ihm den

Schal vom Hals und versuchten, seinen Kopf zu heben, aber es gelang ihnen nicht.

Mit aller Kraft bemühte sich der Fremde, sein Gesicht zu verbergen. Wie ein bebender Berg lag er in ihrer Mitte und ließ ihre harten, eckigen Fäuste auf seinen Mantel trommeln. Es schien ihm wohlzutun. Seine Schläfen waren rot angelaufen. Herbert zerrte an seinem Kragen.

»Was gibt es denn zu lachen? Worüber lachen Sie?«

»Laßt los«, rief Leon zornig, »laßt sofort los!« Aber Herbert hörte nicht. Er glaubte an den Fremden, er hatte seine Hand gehalten. Fieberhaft riß er an dem Mantel.

»Du reißt mir noch den Kragen ab«, sagte der Mann und hob den Kopf.

»Er weint«, sagte Ellen.

»Gebt ihm den Hut zurück!«

»Nein«, sagte der Fremde, »nein, das ist es nicht.«

Für einen Augenblick vergaß er um eines anderen Auftrags willen den Auftrag seiner Behörde. Er vergaß, daß er ein Häscher war, er vergaß die geheime Polizei und den Befehl, diese Kinder so lange aufzuhalten, bis man sie holen kam. Keines von ihnen durfte mehr die Wohnung verlassen.

Im Haus ging der Lift hoch. Sanft und unaufhaltsam drang es durch die Mauern. Der Mann wollte aufspringen, wollte die Kinder warnen: »Geht, lauft weg, eure Zusammenkünfte sind entdeckt!« fühlte sich aber gelähmt und auf unbegreifliche Weise in ihren Bann geschlagen. Der Lift ging vorbei.

»Im vierten Stock wohnt ein Herr mit Krücken«, sagte Ruth.

»Aber nein«, sagte der Mann.

»Weiter!« unterbrach ihn Leon.

»Ich frage euch: Wohin
wollt ihr den Frieden suchen gehen –«

Die Träume begannen zu glühen.

Der Fremde fühlte, wie der Boden unter den flüchtenden Schritten der Welt zu zittern begann. Er hörte das Klirren der

Fenster und wünschte nichts anderes, als hier liegen zu bleiben. Er sah im Schein der Laterne, wie Maria ihr Kind der Welt übergab.

Er hörte die Warnung des Engels, und als es zum drittenmal läutete, war er der letzte, der aufsprang. Wie im Traum streifte er den Staub von seinem Mantel und schlug den Kragen zurück. Er mußte die Rolle des unheiligen Königs zu Ende spielen. Denn es gibt nur drei heilige Könige.

»Werft eure Mäntel ab!«

Selig leuchteten die Silberschnüre auf. Keines der Kinder beachtete ihn, sie stürzten zur Tür.

Wie eine große tanzende Flamme schlug ihr Spiel über ihnen zusammen.

G E R H A R D   A M A N S H A U S E R

Befremdendes

Und daß mein eignes Ich, durch nichts gehemmt,
Herüberglitt aus einem kleinen Kind
Mir wie ein Hund unheimlich stumm und fremd.
(Hofmannsthal)

Das »eigene Ich« ist keine feste Größe. Es entwickelt sich wie der Körper. Je weiter man in der Erinnerung zurückgeht, desto fremder wird einem die damalige Ich-Konstruktion. Zwar versucht man, eine geschlossene Vergangenheit vorzutäuschen, doch kann man selbst nicht zwischen Dichtung und Wahrheit unterscheiden.

Wer ist dieses »Man«?

An einem Zeitungsstand sah ich einmal eine bekannte Zeitschrift (war es das »Neue Forum«?), auf der großgedruckt zu lesen stand: »Canetti: Wir werden 300 Jahre alt werden.« Meinte er ein paar Reiche oder die gesamte Bevölkerung? Jedenfalls ein Alptraum.

Wäre nicht, zum Beispiel einem 160-Jährigen, das eigene Ich, das er als 80-Jähriger mühsam aufrecht erhielt, »wie ein Hund unheimlich stumm und fremd«?

Das Christentum, das den modernen Ich-Wahn erzeugte, wollte das Individuum samt seinen umsorgten Marotten als Astralkörper sogar bis in alle Ewigkeit bewahren.

Am naheliegendsten ist jedoch die Annahme, daß ein Ich sich mit seinem Körper, phylogenetisch und ontogenetisch, herausgebildet hat, daß es dann mehr oder weniger floriert und schließlich zerfällt.

Wenn das Ich des kleinen Kindes dem Erwachsenen fremd ist wie ein Hund, so wäre ihm der 300-Jährige, der er sein wird, fremd wie ein Monster.

Jeder Mensch, der zu lange bleibt, geht einem schließlich auf die Nerven. Es ist unerquicklich, das Leben nur nach einer Seite hin zu verlängern. Ein 300-Jähriger müßte vielleicht eine 100-jährige Kindheit haben. Dann wäre er allerdings kein Mensch mehr.

Das Fremdartige, Erschreckende und Rätselhafte der Welt spiegelt sich in Kinderaugen.

Als Folge der Erziehung wird das »eigene Ich« im Interesse einer Berufskarriere abgeschlossen. Es automatisiert sich gleichsam, bewegt sich nur mehr im Rahmen einer durch Illusionen abgesicherten Welt.

Das »eigene Ich« eines 300-Jährigen wäre längst vertrocknet und zerfallen. Der einzige Jungbrunnen, die Kindheit, wäre ihm unerreichbar geworden.

Mythen, Riten, Aberglaube

Die Originalität vieler Kinder beruht vermutlich darauf, daß ihr Ich noch nicht abgeschlossen und auf den engen Kreis des Allzubekannten eingeschränkt ist.

Mit offenen Augen sehen sie eine offene, weithin rätselhafte Welt, die unbekannte, verlockende, befremdende, erschreckende Züge hat. Manchmal fühlen sie sich als Wilde in einer Wildnis.

Sie könnten an jede Kultur, die Menschen erfunden haben, gewöhnt werden. Man muß sie nur zähmen. Im Verlauf der Dressur verlieren sie allerdings mehr oder weniger ihre ursprüngliche Originalität. Das Staunen verschwindet aus ihren Augen.

Die Qualität der Weltbilder, die ihnen jeweils aufgezwungen werden, ist sehr verschieden.

Bisher waren es Mythen und Riten, die ihnen helfen sollten, das Befremdende und Erschreckende zu überstehen. Heute bezeichnet man solche Einbildungen als Aberglaube, ein Wort, das zu Unrecht eine negative Bedeutung hat. Ein Aberglaube kann nämlich fruchtbar oder unfruchtbar sein.

Das Weltbild der Verwertungs- und Konsumgesellschaft ist wohl der unfruchtbarste Aberglaube, der je geherrscht hat. Jedenfalls verliert für die Gezähmten die Welt ihre sirenenhaften und panischen Aspekte. Was befremdend war, wird gewöhnlich.

Diejenigen aber, bei denen die Dressur mißlingt, mögen, wie Abbé Galiani sagt, Vaganten, Artisten, Künstler oder Verbrecher werden und die Angepaßten mit befremdenden Extravaganzen unterhalten.

Das Vertraute

Im Sakralen erscheint Fremdartiges, während im Profanen alles bis zum Überdruß bekannt wird. Das Fremdartige im Sakralen repräsentiert zahllose Weltaspekte, die uns unbekannt sind und unbekannt bleiben, weil die Gattung sich nicht zu dem Zweck entwickelt hat, die Welt zu interpretieren.

Ursprünglich war auch das Vertraute unvertraut und gefährlich. Vorwitzige Individuen machten sich daran, es näher zu begutachten. Opfer mußten gebracht werden, bis die fremdartigen Züge sich verflüchtigten. Das Unvertraute wurde vertraut, das Ungewöhnliche gewöhnlich. Das Gehirn dirigierte und begleitete alle diese Vorgänge. Nicht das fertige Gehirn, sondern das sich entfaltende. Seine Struktur bildete sich beim Suchen aus, beim Suchen der Nahrung, des Partners etc.

Das Suchen ist eine höchst charakteristische Eigenschaft des Gehirns.

Die Untersuchung

Vornehm ist dieses Herumschnüffeln nicht. Eine Haupteigenschaft der Tiere ist, überall zu schnüffeln. Die Beine der Tiere tragen das Schnüffeln und Aufdecken bis in alle Winkel. Fast hat man den Eindruck, dieses Wittern und Schnüffeln käme nur im Schlaf zur Ruhe, doch es geht sogar in den Träumen weiter.

Das Fremde wird beschnüffelt: Ist es eßbar oder sonstwie verwertbar? Man muß es kosten, der Held kostet es. Vielleicht wird er sich bald danach in Schmerzen winden. Das Fremde war giftig! Das spricht sich herum: Das Fremde bleibt fremd, denn es ist lebensgefährlich. Bis sich eines Tages herausstellt, daß eine ganz kleine Dosis dieses Giftes heilsam sein kann. Dann bleibt das Fremde doch nicht völlig fremd.

Das Fremde ist in den meisten Fällen das *Ungenießbare*. Was für das Leben nicht *verwertbar* ist, bleibt im allgemeinen fremd.

Fremdenverkehr

Heute verkehren in Salzburg keine Fremden mehr. Was fremd war, ist bis zum Überdruß vertraut geworden. Die Fremden heißen jetzt *Touristen*. Sie sind schäbiger als die soliden alten Fremden, die gleichsam Vorkriegsqualitäten hatten und eine Art Aristokraten des Weltverkehrs darstellten.

Touristen sind vulgär und kommen in Massen.

Touristen ähneln den Produkten der Technologie und der Supermärkte. Sind Touristen Waren? Sind sie Kühe, die gemolken werden?

Obgleich sie verschiedene Kleider tragen, erscheinen sie doch auf allen Kontinenten in einer Art Freizeituniform, an der man sie sogleich als Touristen erkennt. Die Uniform ist billig, leuchtet aber in neuen Schockfarben der Chemiekonzerne.

Mit ganz wenigen Ausnahmen spielen wir alle in der Freizeit die Rolle des Touristen. Die Konzerne haben alles Nötige bereitgestellt, alle Wege geebnet, befremdliche Dinge beseitigt, vertraute Umstände geschaffen.

Touristen sind Untertanen jener Großmacht, die alle Differenzen der alten Kulturen einebnet. Sie benötigt keine Exekutivgewalt mehr, kann sich damit begnügen, ihre Köder auszulegen.

Das große Paradoxon: Touristen zerstören eben jene Dinge, die zu bewundern sie ausgezogen sind. Wie unheimliche Insektenschwärme setzen sie sich in den alten Kraftzentren fest, wollen sich die Heiligtümer einverleiben, indem sie sie ablichten und verfilmen.

Sind sie nicht auf der Suche nach jener Dimension des Fremden, die aus den musealen Dreistern-Orten verschwunden ist?

Erkennen

Aus dem Zeitwort *erkennen* machen wir, nach Art eines Zaubertricks, das Hauptwort *Erkenntnis*. Und diese Erkenntnis kommt natürlich nur beim Sapiens sapiens vor, beim Dr. Dr.

Erkennen aber heißt ursprünglich nur, daß ein scheinbar Fremdes, ein Gegenstand oder Prozeß, Züge hervorkehrt, die wir schon kennen. Ich sage absichtlich *kennen*, nicht etwa *er*kennen, und damit meine ich Züge, an die wir uns *gewöhnt* haben.

Das Gewohnte zeigt bestimmte Facetten, die immer wiederkehren. Wir können sie manchmal mathematisch beschreiben und denken dann, wir hätten sie erkannt.

Wie der menschliche Körper ist das Gewohnte jedoch ein Evolutionsprodukt. Es hat sich in bestimmte Beziehungen eingelebt. Es zeigt regelmäßige Wiederholungen, die wiedererkannt werden können, wie zum Beispiel Zu- und Abnehmen des Mondes. Das Wiedererkannte wird vertraut und erweckt den Anschein einer objektiven Welt. In Wirklichkeit haben wir aber nur bestimmte Facetten, die uns auffällig oder wichtig sind, ausgewählt.

Vielleicht hat die Welt unendlich viele Facetten, aus denen unendlich viele Aspekte konstruiert werden können. Man denke an die ungeheure Menge der Pflanzen und Tiere, wo jede Spezies eine eigene Welt entwickelt hat. Das sind keineswegs Vorstufen zu unserem Weltbild, sondern diese Weltbilder stehen gleichberechtigt nebeneinander und sind untereinander oft so verschieden, daß man kaum Ähnlichkeiten entdecken kann.

Was wir *entdecken* können, sind Ähnlichkeiten und Analogien zwischen der von uns konstruierten Welt und einer *fremden*, die vor uns auftaucht.

Das Fremde, das uns vielleicht erschreckt, jedenfalls aber fasziniert, soll auf Vertrautes zurückgeführt werden. Dann, so meinen wir, sei es *erklärt*.

Analogien ausfindig machen –: das wird, von einem Lustgefühl begleitet, als schöpferisch empfunden, in der Kunst, in der Wissenschaft, überhaupt im Leben. Vertrautes dehnt seine Herrschaft aus, erobert fremde Territorien, wobei es durch die Eigenart des Fremden bereichert oder eingeschränkt wird.

Erklärt man jedoch das Fremde, so verwandelt es sich nach und nach in Bekanntes, das schließlich seine Faszination verliert. Da aber die Welt unendlich viele Facetten hat, sind immer wieder neue Analogien möglich, und der menschlichen Neugier sind keine Grenzen gesetzt. Das Schnüffeln höret nimmer auf.

Befremdliches in der Kunst

Bedeutsame Metamorphosen in der Kunst haben meist etwas Befremdendes, Anstößiges, das Ablehnung und Wut hervorruft.

Ein Unmensch, ein Wilder scheint in Bezirke einzubrechen, wo man sich heimisch gefühlt hat, die einem gleichsam heilig oder doch ehrwürdig erschienen waren.

Nun hagelt es plötzlich Blasphemien.

Ein Raubtier ist eingedrungen!

Unsere Wut richtet sich gegen den Eindringling. Wir verdammen ihn und suchen ihm, wo immer es möglich ist, das Handwerk zu legen.

Was er da macht, ist doch keine Kunst, das ist Scharlatanerie!

Es kann aber sein, daß wirkliche Betroffenheit entsteht, die unvergeßlich ist.

Wie in der Liebe, wenn der Haß gegen einen Fremden plötzlich in Faszination umschlägt.

Das führt zu entscheidenden Entdeckungen in der Kunst. Gerade das Anstößige enthüllt dann das Wesen der Kunst, in dem sich eine ursprüngliche Wildheit regt.

Wir zitieren dann die entsprechenden Stellen, wir kanonisieren sie, sprechen sie uns immer wieder vor und suchen andere zu ihnen zu bekehren.

Nachdem das Kanonisierte fast bis zum Überdruß gelobt wurde, reihen wir es unter die »klassischen« Werke ein. Es kann sogar vorkommen, daß sich ein Teil der Wut, den die neuen Kühnheiten einst hervorriefen, in leichte Mißgunst verwandelt, die wir dann dem Lob der Klassik beimischen, um nichts zu übertreiben.

Das Vertrauteste

Wenn wir das Vertrauteste als objektive Wirklichkeit auffassen, so ist das die stärkste Illusion, die nicht gebrochen werden kann, ohne das Leben aufs Spiel zu setzen.

Würde diese Illusion von einer Mehrheit durchschaut, so müßte das gewohnte Leben zerfallen.

Unsere *Wirklichkeit* – das sind die Lebensbedingungen eines Säugetiers, dessen Charakter von der Evolution ebenso geprägt ist wie der Körper; dieser hält allerdings »von selbst« zusammen, während das Weltbild, das wir uns machen, im Verhältnis zu dem der anderen Säuger von gefährlicher Labilität gezeichnet ist.

Ist das eine Krankheit? Ist das ein riskantes Experiment?

Das Weltbild eines Tigers zum Beispiel, in das er eingegangen ist – wie der legendäre chinesische Maler, der in seinem eigenen Bild eine Tür öffnete und verschwand –, erweist sich, verglichen mit unserem Weltbild als ungleich robuster und wirklicher.

Tyger! Tyger! burning bright.
In the forests of the night.

Die Unzahl von Mythen, die von primitiven bis hochkultivierten Völkern erfunden wurden, um den gefährdeten Zusammenhalt des »Seelenkörpers« zu gewährleisten, sind die Grundlage der Dichtkunst.

Als aber im Gefolge der Aufklärung der Animismus aus diesen Regionen vertrieben wurde, entstand an Stelle phantasievoller Formen des Aberglaubens ein sogenannter Realitätssinn, dem jeder Charme abging.

Die objektive Welt

Der absurde Glaube, eine kastrierte Form des Säugetierbewußtseins könne in mühsamer Kleinarbeit ein objektives Bild zusammensetzen, das die reale und einzige Wirklichkeit darstellt!

Die Physik, die vieles zu dieser fatalen Reduktion beitrug, hat sich allerdings schon seit 100 Jahren davon abgewandt. Sie hat neue Mythen erfunden, spricht etwa von Roten Riesen, Weißen Zwergen und Schwarzen Löchern, Dinge, von denen niemand weiß, ob sie je für das menschliche Bewußtsein fruchtbar gemacht werden können.

Inzwischen aber beherrscht die bisher geistloseste Illusion mit ihren Bildkaskaden die Erde.

Grenzen

Obwohl es unzählige Grenzen und Grenzbezirke gibt, finden sich nirgends absolute Grenzen. Immer gibt es Objekte oder Subjekte, für die eine bestimmte Grenze nicht vorhanden ist; so bildet etwa das Fensterglas für Sonnenstrahlen keine Grenze.

Viele Grenzen gleichen einem Netz, bei dem die Größe der Menschen darüber entscheidet, ob ein Fisch bestimmter Dicke entschlüpfen kann. Man staunt über die Fähigkeit der Mäuse, kleinste Löcher zu passieren, und was manche Entfesselungskünstler zustandebringen, ist verblüffend.

Die Größe der Maschen im Verhältnis zur Größe der Grenzüberschreiter entscheidet also darüber, ob man eine Grenze ernstnimmt, ja ob man sie überhaupt bemerkt. Die Neutrinos des Sonnenwinds fliegen durch uns und unseren Planeten als wäre da nichts, nicht einmal eine Staubwolke.

An manchen Grenzen fließt Blut, an anderen gibt es Passierscheine.

Was ist jenseits der Grenze?

Das Paradies, die Hölle, die Freiheit, das Gefängnis, das Unbekannte, das Fremde?

Zöllner fordern Tribut. Sie sprechen untereinander in einer fremden Sprache und die Witze, die sie machen, um sich zu amüsieren, sind für den, der in die Fremde fährt, mag er auch noch so gut vorbereitet sein, keine guten Witze.

Selbst wenn man ein Spezialist der fremden Gebräuche und Ausdrucksweisen ist – ein gewisses Unbehagen erfaßt einen doch, wenn man die Grenze überquert hat – die Rückkehr erzeugt ein Behagen, das einer, der sein Land niemals verlassen hat, nicht kennt.

Hier zeigt sich die unheimliche Macht des Vertrauten. Selbst wenn man sie leugnet, wird man widerlegt durch eine mächtigere Instanz als die eigene Vernunft.

Dabei ist die vertraute Szene nur eine winzige von Gewohnheiten ausgeleuchtete Insel in einem Ozean der Fremde, von dem man nur wenige Klippen und Strömungen kennt.

Je begabter ein Individuum ist, desto stärker spürt es die Anziehungskraft des Fremden, das Bedürfnis, Grenzen zu überschreiten, die Sehnsucht nach einer Odyssee.

Insbesondere sind Künstler geborene Vagabunden, Grenzgänger, Schlepper und Schmuggler. Wenn sie diesen Charakter heute weitgehend eingebüßt haben und Erwerbsbürger und Normalverbraucher geworden sind, so ist das ein böses Omen.

Die Kunst, die in gewisser Weise übertreibt, verträgt eine stärkere Dosis an fremdartigen und befremdenden Eigenschaften. Die beständigsten Formen der Weltliteratur sind Märchen, Fabeln und Wundergeschichten aus Tausendundeiner Nacht.

Eine Kunst, die *gewöhnlich* wäre, verdiente unsere Aufmerksamkeit nicht.

Man darf aber nicht vergessen, daß ohne die Basis des Gewohnten das Fremdartige und Phantastische in Phantasmagorien ausartet. Antäus muß wenigstens mit einem Fuß auf der Erde bleiben.

Der V-Effekt

Wenn ich mich richtig erinnere, hat Bertolt Brecht ein Prinzip seiner Inszenierungen »V-Effekt« genannt.

Ich hoffe, die Erinnerung trügt mich nicht. Jedenfalls ist »V-Effekt« ein wissenschaftlich klingender Ausdruck, und der Marxismus schätzt ein derartiges Vokabular, um nicht als romantisch oder prophetisch zu erscheinen.

Die *Verfremdung* der gezeigten Vorgänge auf der Bühne sollte der bürgerlichen Praxis der *Verzauberung* entgegenwirken.

»Bühnenmagier« nennt man heute berühmte Regisseure, die wiederum den Stardirigenten entsprechen: allesamt so große Magier, daß einem Stückeschreiber und Komponisten nur leid tun können.

Der V-Effekt Brechts möchte mit diesem bürgerlichen Zauber Schluß machen. Durch Verfremdung, die das Denken des bürgerlichen Publikums anregt, sollen die Machenschaften der Mächtigen zumindest auf der Bühne entlarvt werden.

Wie aber reagierte das Publikum?

Es ließ sich vom V-Effekt verzaubern, und da Brecht ein Meister der Inszenierungskunst war, wurde er zum Bühnenmagier der Verfremdung.

Entfremdete Arbeit

Innerhalb des Vertrauten gibt es aber nicht nur jene von Brecht empfohlenen Verfremdungen in der Kunst, die dem Publikum neue Perspektiven eröffnen sollen, so daß es angeblich zu befreienden Revolutionen kommen könne.

Es ist auch möglich – das zeigt unsere Technologie –, daß der gesamte soziale Betrieb eine so starke Eigenmacht gewinnen kann, daß er nur mehr *entfremdende* Berufe zu vergeben hat, Arbeiten also, die alles zerstören, was bisher als »menschlich« angesehen wurde.

Eine umfassende allgegenwärtige Technologie muß, nachdem sie einmal etabliert ist, vom Menschen *bedient* werden; würde diese Bedienung verweigert, so führte das zum Tod von Millionen. Hier wächst also das, was seit 200 Jahren von einer zunehmenden Zahl von Menschen als fremd und entfremdet empfunden wird, innerhalb des Vertrauten selbst heran, verdrängt wie eine Krebskrankheit, der niemand Einhalt gebieten kann, das gewohnte organische Leben, und stellt Forderungen, die nicht von Diktatoren und Kapitalisten inszeniert werden, sondern von einer abstrakten anonymen Macht, deren Logik wir gehorchen müssen, wenn größere Katastrophen vermieden werden sollen.

Woher kommt diese Fremdheit, die mitten im vertrauten Leben mit unheimlicher Konsequenz herangewachsen ist und sich auf der ganzen Erdoberfläche ausbreitet, wobei sie sich nicht einmal die Mühe nehmen muß, unsere sogenannten Werte zu bekämpfen?

Jedenfalls hängt sie damit zusammen, daß wir die fremdartigen, gefährlichen und katastrophalen Züge des Lebens, die sich überall, sowohl in der Natur als auch im menschlichen Charakter, zeigen, vernachlässigt haben.

Während die alten Religionen darauf bestanden, man müsse sich unterordnen und als Preis für das Leben Zeichen setzen und Opfer bringen, glaubt die säkularisierte Gesellschaft, sie sei in der Welt, die ihr zur Ausbeutung gegeben ist, souverän, und es fiele ihr alles gratis in den Schoß.

Wie man immer deutlicher sieht, ist das ein Aberglaube.

Jede Spezies hat ihre eigene Welt; diese ist ebenso eigenartig wie die Spezies selbst. In ihrer Entwicklung hat sie wesentliche Teile ihrer Welt erschaffen, und umgekehrt ist die Umgebung einer jeden Entwicklung in die entsprechende Spezies eingegangen.

Ein Flügel ist nicht nur Fortbewegungsmittel in der Luft, sondern auch Luft in der Fortbewegung.

Flügel spielen mit der Luft und Luft spielt mit Flügeln.

Insoferne Lebewesen verwandt sind, sind auch ihre Welten verwandt; doch die Zahl der verschiedenen Welten ist immer größer als die der verwandten, und wenn alle zusammen ein »Universum« ausmachen (was keineswegs bewiesen ist), so hat es offenbar unendlich viele Facetten.

Es kann also niemals die Rede davon sein, daß unsere Spezies eine Ausnahme macht und, auf Grund der Größe des Gehirns, so etwas wie *objektive Erkenntnis* erlangen kann.

Es gibt keine objektive Erkenntnis.

Im wesentlichen gehören wir zu den Säugetieren. So wie unser Körper im wesentlichen ein Säugetierkörper mit Zähnen und Krallen ist, ist auch unser Gehirn mit entsprechenden Gefühlen ein Säugetiergehirn, das eine Säugetierwelt wahrnimmt.

Glaubt man einen »Raum« zu erkennen, der drei Dimensionen hat, so hängt das damit zusammen, daß für gewisse Lebewesen sich »Orte«, die für sie wichtig sind, durch drei Koordinaten festlegen lassen. Das bewährt sich in der Praxis und erscheint deshalb vernünftig.

Nun fügt man etwas ganz und gar Absurdes hinzu: Unabhängig von diesen Orten, so sagt und rechnet man, gibt es eine eindimensionale Zeit, die gleichmäßig abläuft, also an nichts gebunden ist. Trotzdem verknüpft man diese angeblich ungebundene Zeit mit den Orten; das ist an sich widersprüchlich und unsymmetrisch. Es reicht aber aus, um zum Beispiel ein Rendezvous an einem bestimmten Ort und zu einer bestimmten Zeit zu fixieren. Die Tatsache, daß für verschiedene Orte keine »Gleichzeitigkeit« angegeben werden kann, wird wegen der geringen Entfernungen das Rendezvous nicht vereiteln.

Und dafür, daß solche Rendezvous zustandekommen – und nicht für die Erkenntnis von Raum und Zeit – hat sich das Gehirn entwickelt.

Was es nicht erleben kann, das bleibt dem Gehirn auch in Zukunft fremd.

Erscheinungen

Was erscheint, ist viel weniger als man glaubt.

Was erscheint, ist viel mehr als man glaubt.

Es ist weniger als man glaubt, wenn die erscheinende Welt als *die Welt* schlechthin empfunden wird. Die gewohnte Szene ist dann alles, was es gibt.

Es ist mehr als der vom Gewohnten völlig Gefangene glaubt, denn im Gewohnten – nicht hinter oder über dem Gewohnten, kann das Ungewohnte oder Fremde sich andeuten.

Natürlich erscheint es nicht als abgerundete Welt, sondern als eine Art Leuchten oder Glänzen der gewohnten Welt.

Unsere Umgebung hat keine festen Grenzen. Das Aussehen der Dinge, das weitgehend durch unsere Optik geprägt ist, sich also wie unser Körper nach bestimmten Bedürfnissen entwikkelt hat, ist als zweckdienliche Konstruktion beschränkt in einem Ausmaß, das man weder wahrhaben will noch kann. Aber die Schranken sind durchlässig für das Fremde, das sich in unabsehbare Dimensionen erstreckt, für das ganz *Andere*, das wir undeutlich ahnen und wittern.

Wenn gesagt wird, ein Gemüt sei tief, ein Gefühl bedeutsam, eine Stimmung bezaubernd, dann spielt immer das Ungewohnte, das Fremde mit, aber nicht deutlich und rational erfaßbar, sondern nur aus Spuren zu lesen, irrlichternd, manchmal auch beängstigend und schrecklich. Das Medium, etwas davon festzuhalten, ist die Kunst, und umgekehrt beweist die Kunst in ihren Wirkungen diese Weltaspekte.

Die Metaphorik der Künste reicht immer bis zu jener fließenden Grenze, wo das Rationale sich zu verlieren droht; keineswegs beginnt dort gesetzloses Chaos, vielmehr geht es in eine Fremde, wo die Ratio keine Orientierung mehr findet. Der Rhythmus der Kunstwerke markiert mit seinen Refrains das Ende der linearen Zeit.

Es ist irreführend, wenn die Kunst neben der sogenannten Realität andere geschlossene Phantasiewelten, Höllen oder Himmel, als jenseitige Schauplätze ausmalt, wo sogar ein Personal, das eigens für uns da ist, den Dienst versieht. Vielmehr ist es *das Diesseits selbst*, das himmlische oder höllische Züge aufweist.

Außerirdische und andere Aliens

Die Außerirdischen halten sich nicht an die Vernunftordnung in Kants »Naturgeschichte und Theorie des Himmels«: hier hausen die Triebhaft-Wilden in Sonnennähe auf dem Merkur und dann die zunehmend Verfeinerten auf Venus, Erde, Mars und Jupiter, die Vergeistigten schließlich auf dem Saturn. Wir hätten bei dieser Vergeistigung nur den 4. Platz erreicht, also nicht einmal die Bronze-Medaille gewonnen. Gold an Saturn, Silber an Jupiter, Bronze an Mars.

Es wäre ein Glück gewesen, hätten die Menschen ihre Meister nicht nur im Traum gefunden.

Die Außerirdischen, die doch eigentlich die wahren Fremden hätten sein müssen, traten in der Literatur fast immer als maskierte Menschen auf: als Krieger aller Art, Priester, Engel, Ausbeuter, Supertechniker etc.

Bei Fred Hoyle gibt es eine kosmische Wolke mit höherer Intelligenz, bei Stanislaw Lem einen intelligenten Ozean, dessen Natur ein Rätsel bleibt. Sogar gefräßige Spiralnebel hat man sich ausgemalt.

Eine Frage bleibt offen:

Gibt es ein Fremdes, das keinerlei Menschenähnlichkeit hat? Erkenne ich nämlich das Fremde als Fremdes, so muß ich irgendeinen Vergleich mit meinen Eigenschaften ziehen; ziehe ich diesen Vergleich, so bleibt mir das Fremde nicht völlig fremd.

Gibt es also ein Fremdes, das unvergleichlich bliebe?

Zeitreisen

Die meisten Menschen lehnen das Fremdartige ab. Sie halten sich an die jeweils gewohnte Konstruktion, die ihnen das Überdauern zu gewährleisten scheint, und das auch dann, wenn sich eine Katastrophe abzeichnet. Dieses Verhalten scheint bis ins Tierreich zurückzugehen und ist oder war vielleicht eine günstige Strategie.

Ein Zeitreisender, der aus der Zukunft käme, wäre mit seinen Wahrheiten wohl kaum in der Lage, einer Menschengruppe zu helfen, die triumphiert oder untergeht.

Gelänge es, in die Vergangenheit zu reisen, müßte man ein Meister der Tarnung sein, andernfalls würde man in den meisten Reichen eingesperrt oder hingerichtet werden.

Ein moderner Intellektueller hätte vielleicht im antiken Alexandria eine Überlebenschance.

Eine Bibliothek, wie die von Alexandria, enthält Bücher über die verschiedensten Systeme dessen, was jeweils Wahrheit genannt wird. Viele sind einander fremd, schließen einander aus oder hassen einander. Könnten Bücher kämpfen, schlügen bald Flammen aus dem Bibliotheksgebäude.

Tatsächlich geschah das auch und wird vermutlich bei ähnlichen Bibliotheken oder Datenbanken wieder geschehen. Denn die Menschen, die so viele verschiedene Bücher verfassen und so viele verschiedene Wahrheiten entdecken können, werden schließlich instabil, verlieren das Gleichgewicht und kommen plötzlich in Marschkolonnen mit *einem* Buch daher, das, wie man ihrem Gebrüll entnehmen kann, die *einzige* Wahrheit enthält.

Dann tut man gut daran, abzureisen, oder, wenn das nicht möglich ist, sich die einzige Wahrheit anzugewöhnen und das Ungewohnte und Befremdende zu vergessen.

Der Sturm

Sie haben noch kein Gehtempo gefunden, das für sie beide gepaßt hätte. Deutlich können sie ihren Zug in der nächsten Haltestelle anfahren hören, aus der Waldenge, die er gleich darauf erreicht haben muß, dringt kein Geräusch mehr zu ihnen. Gehts dir gut oder gehts dir jetzt besser, fragt er zwischen zwei Schritten mit kaum verhohlener Erwartung, weil die Sonne auf dem Gras und an den Böschungen blinkt, und der Weg, aufgespannt zwischen hier, wo sie gerade sind, und der Biegung vorn um die Hügelkuppe kaum merklich in der milden Luft schaukelt und schnelle Rotorwölkchen über den Himmel ziehen, der in die knospenbesetzten Zweige geflochten ist. Nicht so gut, sagt sie. Natürlich, man kann es auch so sehen, daß das Licht elendiglich zwischen den Halmen bis zum nackten Boden dringt, man kann es in gewissen Zuständen, die gar nicht so entlegen sind, über lange Strecken nicht anders sehen, als daß die ewig gleiche Zeit einmal gelb, einmal grau in der schönen Aussicht stockt, manche Tage im Frühjahr und manche im Herbst wären kaum voneinander zu unterscheiden, wüßte man nicht, daß man gerade aus dem Winter oder aber gerade aus dem Sommer kommt. Wie viele T-Shirts und Pullover hat er nicht schon auf Parkplätzen auf dem Autodach liegen lassen, nachdem er sich zum Heimfahren umgekleidet hatte! Wenn wir erst einmal eineinhalb Stunden unterwegs sind, wird es dir besser gehen. Du brauchst dir überhaupt nichts vorzunehmen, das macht der Körper, ohne daß man etwas dazutut. Im Westen ist hinter dem Himmel mit den Wölkchen ein zweiter sichtbar geworden, grau und wie mit dem Messer abgeschnitten. Wenn eine Krankheit einfach durch Handauflegen oder sonst ein Wundermittel weggewischt werden könnte, dann hätte es sie ja gar nicht zu geben brauchen: man müßte sich fragen, warum nicht gleich ununterbrochene Gesundheit. Der Weg ist nicht steil, aber er zieht sich, einmal weist ein Schild den Weg zu einem Hof, wo man Honig kaufen kann, einmal fallen vereinzelte Tropfen. Dann ein Hall über den Wipfeln, die reglos bleiben, sein Ursprung ist nicht auszumachen, aber er errät ihn, lieber gleich jetzt hinein in den Anorak, im Sattel ist es dafür zu spät. Und er denkt sich, wir machen das trotzdem, es ist ja nicht kalt, was soll sein. Der Anprall des Windes läßt sie zur Seite taumeln, beim Nachlassen der Bö stolpern sie im Sog in die Gegenrichtung, wo kein Halt ist, das ergibt ein albernes Loch im Bewegungszusammenhang, wie beim Betreten einer Rolltreppe, die wider Erwarten nicht anfährt; so ist es immer, wenn man die ersten Schritte in den Sturm tut. Moosbewachsene Blockwildnis durchsetzt den Wald und bietet ihnen stellenweise Deckung, dann steigen sie über einen Rücken an, der zur Rechten schroff abbricht und von Nordwesten gesehen einem Hahnenkamm gleicht; Nordwest ist auch genau die Richtung, aus der es bläst. Je höher sie kommen, desto schneller scheint eine Bö die andere wegzuraffen, bis sie ununterscheidbar werden, der Wind steht als kompakte Mauer gegen die Felsen, in der es tost und orgelt und dann wieder dünn aus weiter Ferne jault, als wären Tiere und kleine Kinder in den Lüften ausgesetzt, und kippt heroben an der Kante brutal in den Wald herein, umgestürzte Stämme, Buchen mit nagelneuen Blättchen liegen nebeneinander oder kreuzweis übereinander geworfen quer über den Steig, sie überklettern sie, doch oft müssen sie ausweichen, wenn das Ast- und Zweiggewirr gar zu dicht wird, sie betreten Neuland, es gibt keine Fußspur um die gefallenen Bäume herum. Wie lange geht das noch so, fragt sie. Nicht mehr so lang. Sie können sich kaum verständigen, es fällt einem gar nicht mehr auf, daß man schreit. Aber ich sag dir gleich, die Hütte wird zu sein. Da ist kein Mensch. Uns bleibt der Winterraum, der ist das ganze Jahr offen. Sie antwortet nicht, doch ein wenig später bleibt sie stehen, ich spüre es allmählich. Was? In den Knien nicht, nur daß ich müde werde. Er hat ganze Abschnitte des Weges vergessen, nun, da er sie sich abmühen sieht, sind sie umso aufdringlicher wieder da, er wünschte sich, daß die Gegend zusammenschrumpft und Überflüssiges ausläßt. Du gehst mir zu schnell. Es ist wahr, er ist tatsächlich schon wieder eine volle Kehre vor ihr. Gut, langsamer, aber nur nicht jetzt den Aufstieg abreißen lassen, denkt er. Die Wandflucht ist mehrfach durch Rinnen unterbrochen, die heroben in eine Scharte auslaufen, dort fängt sich die Luftströmung wie in einer Düse; an einem dieser Plätze ist eine Bank aufgestellt, man müßte sich festbinden, wenn man sich da hinsetzen wollte. Die Hütte steht ungeschützt wenige Meter unter dem höchsten Punkt einer baumlosen Felskanzel, sie überqueren die Kuppe geduckt und schräg gegen den Wind gestemmt vor einem blendend goldenen Streifen, der sich unter der Wolkendecke vom Westen bis weit über den Norden hinaus um den Horizont spannt, für Augenblicke streben sie geradewegs ins Leere, dann hilft er ihr über die Leiter, die an der Außenseite unter den Giebel des Schuppens neben der Hütte führt, und hält ihr die Tür auf, auf der weiß und in der einsetzenden Dämmerung zwischen Überschärfe und Verschwimmen umso weißer das gepinselte Wort *Notlager* steht. Setz dich her, lehn dich an. Jetzt alles anziehen, was wir haben, auch wenn dir nicht kalt ist. Vielleicht sollte ich dir die Knöchel bandagieren, ob wir umkehren oder über die Höhe nach Puchberg gehen, weit ist es in jedem Fall. Der Sturm zerrt so heftig an den Drahtseilverankerungen des Schuppens, daß sie meinen, der müßte entweder zerbersten, oder er würde als Ganzes ausgehoben werden und davonsegeln und zusammen mit ihnen Dach voraus in den schwarzen Wald krachen. Durch die Türöffnung starren sie in eine Brandung aus Kiefernkronen, hin- und hergefetztes Geäst, er steht auf und schließt die Tür und legt den Riegel vor, wu-u-u-um, viele von den höheren Tönen fallen unvermittelt weg. Insgeheim schaut er sie von der Seite an, so sicher ist er seiner Sache nicht. Ob sie nicht doch hier übernachten sollten? Übernachten können wir auf keinen Fall, sagt sie, das Kind würde glauben, es ist uns etwas passiert. Dann muß sie wenigstens halbwegs ausgeruht sein, ehe sie weitergehen, selbst wenn es vorher dunkel wird. Die Taschenlampe hat er mit, sogar eine Reservebatterie, aber leider nichts zu essen und vor allem auch nichts zu trinken, ausgerechnet heute. Der Name *Dürre Wand* steht ihm vor Augen, fett gedruckt und leicht gekrümmt wie auf der Karte, und zugleich der staubtrockene Boden längs des Weges, den sie gegangen sind, feuchte Stellen nicht einmal dort, wo bis vor kurzem noch Schneereste gelegen sein müssen. Die Anstrengung ist ihr schon zu viel, mit Flüssigkeit würde sie leichter damit fertigwerden, wenn es einen so durchgeblasen hat, braucht man sie besonders dringend. In *Bergkristall* werden die Kinder durch Kaffee gerettet. Du weißt, wie sehr ich dagegen bin, aber sag, würde es dir helfen, wenn du dir jetzt eine anzündest? Zweimal hast du mir eine Zigarette angeboten, an die ich als Raucher nicht gedacht habe, sagt sie ihm später. Und wann soll denn das andere Mal gewesen sein? Wie ich beim Klettern neben dem Wasserfall dieses kleine Stück ins Seil gefallen bin und mit dem Kopf aufgeschlagen bin und ich mich auf einen Stein gesetzt habe und du dann gesagt hast, jetzt habe ich eigentlich erwartet, daß du dir eine Zigarette anzündest. Und hast du dann geraucht? Nein, da habe ich gar nicht das Bedürfnis gehabt. Sie klettern ins Freie, der Wind hat noch zugelegt, sie einigen sich darauf, daß sie sich das nicht bloß einbilden, verwöhnt von der Geborgenheit in dem ächzenden Bretterverschlag. Es geht stellenweise bergab, und sie müssen sozusagen eine Art des Fliegens erlernen, die einen am Boden hält, mit vom Körper gestreckten Armen begegnen sie jäher Abdrift, wie auf vereistem Grund tun sie sich zu ihrer Überraschung leichter, wenn sie einfach drauflos taumeln, statt zwischendurch ein fragwürdiges Gleichgewicht zu suchen. Wenn allerdings eine Wegbiegung um einen Felsen oder um ein Nest zwergenhafter verklumpter Fichten sie unversehens frontal gegen den Wind führt, erhalten sie einen Schlag vor die Brust und wachsen mit hochgeworfenem Kinn fest und vergessen aufs Luftholen, für einen Augenblick ist ihnen, als sollten sie aus dem eigenen Körper hinausgeprügelt werden. Die Abnahme der Helligkeit empfinden sie als Verfärbung des Lichts ins Grünliche und als Einengung des Horizonts, die Welt ist an den Umrissen ganz naher Kiefern zu Ende, die, in Wellen gepeitscht, einmal mit den Kronen den Boden berühren zu wollen scheinen und dann wieder blindwütig aufeinander losfahren, wie der Gegenschwung es gibt, der Raum ist bis in die Winkel mit Sturm gefüllt, die Luft zu Strähnen geronnen, die Vorstellung, unter Wasser zu sein, beinahe unabweisbar, der Tumult ringsum ist in dem grünen Dämmerlicht hart daran, ihnen in stroboskopische Einzelbilder zu zerfallen. Zufällig wendet er den Kopf und sieht die Hütte auf ihrer Klippe ruhig inmitten des Aufruhrs schweben, jenseits des Getöses, das sie umfängt, ein Wunschbild fast: wären sie nicht dort gewesen, so würde er an eine Sinnestäuschung glauben. Er bleibt stehen, faßt sie an den Schultern und dreht sie im Kreis, da hast du die Natur, von der alle faseln, schau dir das an, es ist schön, schau es dir genau an, es zahlt sich aus, du wirst dich daran erinnern, das siehst du nicht alle Tage, das sehen viele ihr ganzes Leben nicht. Ich fürchte mich aber. Wovor? Daß es uns erschlägt. Da brauchst du keine Angst zu haben. Es bläst heroben sicher schon seit dem Morgen, alles, was umfallen sollte, ist längst umgeschmissen. Oder abgerissen. Da! Die Fichten hat es immer einen Meter über dem Boden erwischt, bei denen ist auf die Wurzeln mehr Verlaß. Trotzdem, wenn wir eine Pause einlegen, sollte es besser nicht gerade unter einem Baum sein. Im nachhinein kann er nicht angeben, woher er die Überzeugung eigentlich genommen hat, daß ihnen nichts geschehen könne, er bewegt sich, als nähme er ein Bad, die Welt macht ihm ein Friedensangebot und bemüht sich, in Ordnung zu kommen, was, wenn mit den Luftmassen zugleich Radioaktivität herangespült würde, das freilich vergißt er lieber gleich wieder, er kann es sich nicht anders denken, als daß auch sie sich insgeheim mit der Gewalt verschwistert fühlt und – so unvermittelt in ihren Wirkungsbereich geraten – auf der

Stelle gesundet. Aber hier überlegt und redet ja immer nur einer, ist das etwa ein Lehrgedicht? Will da einer eine Therapie, die er sich für sich selber zurechtgemacht hat und die letztlich wohl auch nur für ihn von Nutzen sein wird, bei einem anderen anwenden, als wäre sie von ihm und vom Wetter eigens für den andern erfunden? Er erinnert sich, wie sie inmitten einer Herde von Klappstühlen auf der Terrasse neben dem Cafépavillon gesessen ist, dem einzigen Platz im Spitalsgelände, wo man es ausgehalten hat, freiwillig kaserniert, hektische Flekken im Gesicht und durch dunkle Sonnenbrillen abgeschirmt gegen alles außer der Sonne, die tief stand und trotzdem mit unverminderter Kraft strahlte wie eben nur im böse-blauen menschenleeren August; die Wärme auf der Haut war offenbar das einzige, was sie noch spürte, das Licht das einzige, in das sie noch Hoffnung setzte, als könne es allen Mangel ausbrennen und eine Zukunft in sie hineinbuchstabieren, an der noch nichts abgebraucht wäre. So quälend es war, das mit anzusehen, es ist doch so gewesen und ist schon rundum abgeschliffen durchs Zurückschauen, man kann in der Vergangenheit nicht leiden, nur immer jetzt, aber das ist freilich eine sehr ungewisse Gewißheit, die Vergangenheit fragt nicht lang, ob sie wieder da sein darf. Sie müssen in einen Steilhang hinunter, der voll dem Wetter zugekehrt ist und nur niedriges Buschwerk trägt. Es wäre mir lieber, wenn du das Licht anmachst. Noch nicht notwendig, sagt er, ist es einmal eingeschaltet, dann siehst du nur noch so weit, wie der Kegel reicht. Gib mir besser die Hand. Oder nimm zuerst den Stamm, der da liegt, als Leiter, tritt immer auf den Ansatz der Äste, so wie ich es mache. Die Strömung kommt in einem Stück die freien Flächen herauf, sie machen sich klein und ziehen die Schultern ein und halten einander fest an der Hand gefaßt wie Hänsel und Gretel, sie krabbeln wie zwei Käfer im tiefen Wiesengrund, über denen sich die Halme biegen, zwischen ihnen ist nicht der Hauch eines Denkens, das auseinander treiben würde. Einmal, als er früher auf war als sie, ist sie ruhig atmend auf dem Rücken gelegen, das Haar im Morgenlicht halb über das Gesicht, breitbeinig wie eine Bäuerin, mit zwischen den ausgestreckten Beinen ein wenig eingesunkener Decke, die Beine in der Hüfte ein wenig aus der Geraden herausgedreht und die Fußsohlen leicht auseinanderweisend; und ein Freund, dem gegenüber er das erwähnte, sagte, das ist die Liebe, das weißt du ja, er war so überrascht von dieser simplen Wahrheit, als ob der andere zur Mitternacht auf freiem Feld durch bloßes Schnalzen mit den Fingern den Mittag eingeschaltet hätte. Wo sich der Bergrükken an der Scheitelstelle des Weges zur Hochfläche weitet und sie Mühe haben, in einem Geflecht von auseinanderstrebenden und einander dann wieder kreuzenden Pfaden mit ihrer Lampe den richtigen zu finden, bekommen sie zum ersten Mal an diesem Abend einen Stern zu Gesicht, oder sehen vielmehr zuerst ein Flugzeug, so lange nämlich, als sie die Bewegung am Himmel nicht den jagenden Wolken zugeordnet haben. Aus dem Schornstein eines Einschichthofs, der augenscheinlich nur noch als Zweitwohnsitz dient, stieben Funken und wirbeln über das Schindeldach. Sollen sie nicht hineingehen und die Leute darauf aufmerksam machen? Sie kommen schnell überein, es bleiben zu lassen, die lachen sie doch nur aus. Sie freuen sich auf das Bier in der Bahnhofswirtschaft. Neben dem Bahnhof ist eine Baustelle, am Boden regt sich kein Lüftchen, doch die Ausleger der Kräne zeigen alle nach Südosten und schwingen sacht um die Masten.

Was soll ich mich vergewissern, daß du an den Schultern gut zugedeckt bist, schließlich kann ich auch in den Nächten, in denen ich nicht da bin, nichts dazu tun, daß dir nicht kalt ist.

III.

Der Fremde lebt frei und stirbt leibeigen.

Liber vivit, servus moriture.

L I S L   P O N G E R

IV.

Ein Fremder bringt sein Recht mit sich.

Das alte deutsche Recht erhielt jedem das ihm angeborene Recht, das jeder mit sich bringen mußte. Das neue Recht hat den umgekehrten Grundsatz, daß niemand sein Recht mitbringen kann, sondern das am Orte geltende annehmen muß.

ELISABETH REICHART

Elvira Jakobi oder die Angst vor Stricknadeln

Elvira Jakobi hatte ihr Gebiß verloren. Dort, am Ufer des Donaukanals, als sie in die Leberkäsesemmel biß, oder später, in diesem Gedränge in der Kärntnerstraße, bei einem der unvermeidlichen Zusammenstöße mit einem Deutschen, und entweder hatte es der Donaukanal verschluckt oder ein Deutscher hatte es gefunden und eingesteckt. Deutsche verherrlichen Gebisse, das wußte sie seit ihren Mädchentagen. Der Sommergast hatte nie gelächelt, immer nur die Oberlippe hochgezogen und sein Gebiß gezeigt, es in ihr Fleisch gestoßen und Narben hinterlassen, viel zu viele Narben, Narben für die Ewigkeit gebaut verunstalteten Elvira Jakobis Körper, der nur noch von ihrem Geist in zäher Beharrlichkeit vorwärts gestupst wurde.

Sie ging zum nächstbesten Zahnarzt und verlangte nuschelnd ein neues Gebiß. Doch dieses Mal wollte sie die gleichen Goldzähne, die sie bei den Japanerinnen gesehen hatte. Glitzernd und den Wert repräsentierend, den sie gekostet hatten, abgespart von der Witwenpension. Die Glotzaugen des Zahnarztes übersah sie geflissentlich, wie sie alle Männeraugen seit dem Tod ihres Gatten geflissentlich übersah.

Elvira Jakobis Mann war an Brustkrebs gestorben. Sie hatte ihm alles verziehen, aber diese Todesart nicht. Vorher war die Schande begrenzbar geblieben, war, im Unterschied zu seinem lächerlichen Tod, eine geteilte Schande, von Anfang an, und durch einen Umzug korrigierbar. Ohne diverse Schandflecken wäre sie nie nach Wien gekommen, säße sie immer noch in Obernberg, obwohl ihr Obernberg lieber war als Gmünd, damals, es grenzte wenigstens an Bayern und nicht an Böhmen, das sie noch nie leiden konnte, seitdem die Tschechen sich einbildeten, die Grenze müsse unbedingt das Feld der Großeltern durchschneiden. Durchschnittenes Land, der amputierte Teil zum Niemandsstreifen gestempelt, bei jedem Blick auf diese Ödnis war etwas von der Stempelfarbe in die Augen gedrungen, abgestempelt, aus. Das uneheliche Kind hatte sie und ihren Mann aus Obernberg vertrieben. Der von vornherein zum Mißlingen verdammte Einbruch ihres Vaters in das Postamt von Gmünd hatte die Familie von Gmünd nach Obernberg gebracht. All das war gebeichtet und vergeben oder anerkannt, wie der uneheliche Sohn, aus dem schließlich doch noch ein ehelicher geworden war, dank ihrer Beharrlichkeit, auf die sie genauso stolz war wie andere auf ihre Abstammung.

Dem Zahnarzt standen Schweißperlen auf der Stirn, gleich würden sie ihr in den Mund tropfen. Energisch verlangte sie, so gut das ohne Gebiß möglich war, daß er die Rückenlehne gerade stelle.

Fürchterlich, diese modernen Sessel, die man nicht mehr selbst bedienen konnte. Sie würde sich einen anderen Zahnarzt suchen, einen, der mehr Verständnis für sie hätte.

Zu teuer, hatte er gemeint.

»Soll ich mir mein Geld mit ins Grab nehmen?«

Bevor sie wieder ein Wartezimmer betrat, wollte sie in der Aida am Stephansplatz ihren Nachmittagskaffee trinken, wie bei jedem Stadtbummel mit ihrem Mann, als er noch ihr Mann war, nicht ein lächerlicher Kauz, der sich beim Sterben in eine Frau verwandelte. Sie setzte sich neben zwei ältere Japanerinnen, um noch einmal ihr Gebiß studieren zu können. Als die erste den Mund öffnete, um einen Bissen ihres Topfenstrudels hineinzubefördern, sprang Elvira Jakobi von ihrem Platz auf und stellte sich vor die Fremde, die verdutzt ihre Gabel sinken ließ und den Mund zumachte, was absolut nicht Elvira Jakobis Wunsch entsprach. Sie ahnte, daß diese Frau ihr Nuscheln niemals verstehen würde. Deshalb sperrte sie einfach ihren Mund auf, wie sie es eben noch beim Zahnarzt getan hatte und deutete zugleich auf den Mund der Japanerin. Die glaubte an einen Brauch der Einheimischen und zeigte ihr Goldgebiß. Begeistert klatschte Elvira Jakobi in die Hände. Die Japanerinnen machten ihr nun alles nach. Als sie die eine an der Hand nahm, um sie zum nächsten Zahnarzt mitzunehmen, folgten ihr beide widerstandslos. Das Wartezimmer war voll. So lange, überlegte Elvira Jakobi, konnte sie die beiden sicher nicht hier festhalten. Entschlossen öffnete sie die Ordinationstür und schob die Japanerinnen vor sich zu dem Arzt, riß wieder ihren Mund auf, was sofort nachgeahmt wurde, und nuschelte, daß sie solche Zähne wolle, solche!, deutete dabei auf das Goldgebiß der Japanerinnen.

Dieses Mal war der Zahnarzt kaum jünger als sie und, nachdem er langsam aber doch begriffen hatte, was sie wollte, offensichtlich verständnisvoller. Sie durfte auf dem zweiten Behandlungsstuhl Platz nehmen, er würde sich gleich um sie kümmern. Die Japanerinnen wollten sich zu ihr auf den Stuhl setzen, doch Elvira Jakobi verteidigte ihre Gebißzukunft. Die beiden beugten sich über sie, studierten die zahnlose Mundhöhle aus der Nähe. Als eine nach dem Bohrer griff, mischte sich der Zahnarzt ein und komplimentierte beide hinaus. Sie winkten ihr von der Tür aus zu, Elvira Jakobi winkte zurück.

»Ein reichlich ungewöhnlicher Wunsch, gnädige Frau«, wandte sich der Zahnarzt an sie.

Er hat meinen Namen schon wieder vergessen! Wenn er alles so leicht vergißt, wird das ein Fiasko.

»Normalerweise will jede Frau ein schönes, aber unauffälliges Gebiß. Haben Sie sich die Sache auch gut überlegt?«

Ich überlege mir nie etwas, wollte sie nuscheln, ließ es lieber sein. Wenigstens schwitzt er nicht wie der Glotzäugige, dachte sie, während sie langsam mit der Sessellehne nach hinten sank und sein Gesicht dem ihren so nahe kam, daß sie es für Sekunden erkannte. Warum er ihr plötzlich eine Spritze in den Arm gab, verstand sie nicht.

Als sie zu sich kam, lag sie in einem Bett, das sie langsam als Käfig identifizierte. Ihr Mann war in einem Gitterbett gestorben, zu seiner eigenen Sicherheit. Sie hatte es nicht verhindert.

Elvira Jakobi hatte sich letztlich mit allem abgefunden, außer mit der Tatsache, daß ausgerechnet ihr Mann, der noch nie auffällig geworden war, an einer typischen Frauenkrankheit sterben wollte. Wer sich solch einen verrückten Tod aussuchte, gehörte hinter Gitter. Den mußte man wahrhaftig vor sich selbst beschützen. Doch was hatte das mit ihr zu tun? Sie hatte ihm die Krankheit nicht angehext. Im Gegenteil. Sie hätte alles darum gegeben, sie gegen eine normale Todeskrankheit eintauschen zu können, gegen eine, für die sie bemitleidet werden konnte, nicht dieses Gekicher zu hören bekam. Aber vielleicht hatte er sich gerächt und ihr einen Prostatakrebs in den Leib geschickt? Ich möchte, daß sie meine Prostata untersuchen! Dieses Verlangen würde den Arzt wortlos machen, davon war sie überzeugt.

Seine Brust war immer behaart. Zuerst dunkelbraun, fast schwarz, dann zupfte er sich mit ihrer Pinzette, mit der sie sich gegen den Anflug eines Damenbartes auf der Oberlippe wehrte, einzelne graue, schließlich nicht mehr zwischen grau und weiß unterscheidbare Brust- und Schamhaare aus. Bei den Schamhaaren zählte sie mit. Dreiundvierzig war die Olympiareife in einer Woche. Die Griechen hatten auch geübt, doch er übertraf sich nie wieder. Satt vom Schmerz, überließ er sich dem Ergrauen. Graues Brusthaar, graues Schamhaar, Glatze. Und dann, während ihm die Brusthaare zu Berge standen, dieser eigenartige Eifer, wenigstens einbrüstig seine Frau zu überbrüsten. Elvira Jakobi hatte es sofort bemerkt. Seine Brustwarze hatte sich zuerst verändert. Aus einem harmlosen Warzerl war eine stricknadelfeine Spitze geworden, die nicht daran dachte, sich in die jahrzehntelang vertraute Form zurückzuverwandeln, sich immer mehr der Brustwarze einer der Hexen auf dem Holzschnitt von Hans Baldung anglich, aber das war 1510, schrie sie ihren Mann an und schleppte den Todkranken in die Albertina, sieh sie dir an, die in der Mitte, ist sie dein Vorbild? Dann lies die Unterschrift, das Bild heißt »Vorbereitung für den Hexensabbat«, das geht dich nichts an. Hör endlich auf, dich in unsere Geschichte einzuschleichen. Umsonst. Im Schlaf wandte er ihr seine neueste und ständig wachsende Errungenschaft zu, bettete sie vor sie hin. Er drängte sie ihr in die Hand, den Mund. All das, was er ihr gegeben hatte, forderte er nun bis in den Tiefschlaf hinein von ihr zurück.

Der Zahnarzt hat mich in die Psychiatrie geschickt, überlegte Elvira Jakobi. Wenn sie nicht so müde wäre, könnte sie sich aufrichten und nach der Klingel greifen. Doch dort, wo sie eben noch den Druckknopf hängen gesehen hatte, hing jetzt ihr Sohn, ermordet mit einer Stricknadel. Ihrem Mann hatte sie nichts davon erzählt, als er noch nicht ihr Mann war, abgemergelter Kriegsheimkehrer, so ein Mann braucht Pflege und Ruhe, und später war er Beamter geworden im Innenministerium, hatte sie sich in der Rolle der Beamtengattin geübt. Wenn er manchmal über ihre Wunden strich, hatte sie an den deutschen Sommergast denken müssen, den sie durch Bombensplitter ersetzt hatte.

Endlich ging die Tür auf, vertrieb der Luftzug den Sohn. Die Frau, die auf sie zuging, trug ein dunkelrotes Kostüm, Stökkelschuhe, in der Hand hielt sie eine Mappe statt einer Spritze.

»Ich möchte sofort einen Arzt sprechen«, nuschelte Elvira Jakobi.

»Guten Morgen, Frau Jakobi. Ich bin Patientenanwältin. Wissen Sie, warum Sie hier sind?«

Natürlich wußte sie es. Sie war schließlich nicht verrückt.

»Ich habe mein Gebiß verloren und wollte mir ein neues machen lassen. Statt mit einem neuen Gebiß wache ich in diesem Käfig auf.«

»Der Zahnarzt behauptet, Sie wollten ein Gebiß aus Goldzähnen?«

»Kind, ich bin Beamtenwitwe. Mein Mann war Regierungsrat. Glauben Sie, ein Regierungsrat duldet eine Frau mit Goldzähnen neben sich? Und meine Großmutter, Gott hab sie selig, Elvira Anders war eine der ersten Frauen, die studierte. Sie war Lehrerin, die beste Lehrerin, die ich je hatte.«

»Aber warum waren Sie mit zwei Japanerinnen beim Zahnarzt?«

»Weil sie Zahnweh hatten. Wahrscheinlich warten sie immer noch in seinem Vorzimmer.«

»Können Sie Japanisch?«

»Nein, aber Englisch. Und Englisch können auch die Japanerinnen, wenn man etwas geduldig ist mit ihnen. Ich sage Ihnen, die sind nur zu scheu, um zu reden. Und wenn so ein Zahnarzt sie gleich grob anredet, und das hat er getan, dann kriegen sie den Mund nicht mehr auf.«

»Aber aus welchem Grund sollte der Zahnarzt so etwas über eine neue Patientin sagen?«

»Wissen Sie, im Alter werden manche Menschen komisch, besonders Männer. Vielleicht gehört er hierher? Übertragung heißt das. Er schickt mich dorthin, wohin er eigentlich will. Ich weiß, wovon ich rede. Mein Gatte bildete sich ein, an Brustkrebs sterben zu müssen. Also, wenn das nicht verrückt ist?«

»Bitte, Frau Jakobi.«

»Ich will hier raus! Was Sie über mich denken, ist mir vollkommen gleichgültig, hören Sie!«

»So etwas habe ich noch nie erlebt. Aber keine Sorge, in ein paar Stunden sind Sie wieder draußen.«

Die Patientenanwältin hatte sie belogen. Ohne Gebiß lag sie zwecks Beobachtung drei Wochen lang in dem Käfig. Jeden Tag stellte man ihr die gleichen Fragen. Gott sei Dank konnte sie sich auf ihr Gedächtnis verlassen, sonst hätten sie diese übereifrigen Verhöramateure noch wegen Alzheimer behalten, wenn es ihnen schon nicht gelang, sie für verrückt zu erklären. Offensichtlich testeten sie ihre Belastbarkeit. Nun gut, belastbar war sie. Angst machte ihr nur der Blick zu dem Klingelknopf. Da sie wußte, daß sie es nie wagen würde, ihn zu drücken, trank sie möglichst wenig, aß kaum etwas. Wäre sie erst einmal als Bettnässerin gebrandmarkt, würde sie nie wieder den Errungenschaften des Sozialstaates entkommen.

Dann, in der dritten Woche, montierten zwei Männer den Käfig ab, und die Schwester befahl ihr, auf dem Gang spazieren zu gehen. Das Liegen hatte zu einem Muskelschwund geführt, der sich spüren ließ. Eingeknickt, bereits beim ersten Schritt. Entgegen ihrer Gewohnheit verfluchte sie die Verantwortungslosen nur leise. Verbissen, auch ohne Gebiß, übte sie tapfer, festgekrallt an das Bettgestell. Sie hatte schon seit Jahren Angst vor einem Knochenbruch, erinnerte sich dunkel an ihre Mutter, die seit diesem Unglück den Rest ihres Lebens liegend zubringen muß. Nach drei Tagen eifrigstem Training wagte sie die ersten freien Schritte auf den Gang. Sie schaffte es bis zur Bank, verweigerte sich die Erleichterung, sich einfach fallen zu lassen, setzte sich mit knirschenden Gelenken auf die äußerste Kante, ganz Witwe des Regierungsrats, vornehm bis in die Zehenspitzen, die in Schweiß gebadet waren, genauso wie der übrige Körper. Aber sie wußte, noch mehr Schande ertrug sie nicht, der Schandfleck des Toten hatte sie für immer gezeichnet.

Neben ihr saß eine junge Frau, die mit weit aufgerissenen Augen dorthin starrte, wo niemand sonst Zugang fand. Wie schön sie ist, dachte Elvira Jakobi, die sich sofort in die Unbekannte verliebt hatte. Dieses Gefühl war so neu für sie, daß sie vor Aufregung am liebsten getanzt hätte, doch das verboten die geschrumpften Muskeln. Statt dessen wischte sie sich die Hände an dem Nachthemd trocken und legte sie ängstlich auf die der Frau. Eiskalt waren die, wie gut, daß ihre so warm waren. Sie begann, sie vorsichtig zu massieren, merkte nicht, wie sie der Fremden zulächelte, dabei ihren zahnlosen Mund preisgab, glaubte, die Frau, die ihre Enkeltochter sein könnte, wäre ihr einziger Sohn nicht ermordet worden, sei vor etwas anderem erschrocken. Elvira Jakobi nützte die geistige Anwesenheit, stellte sich vor, fragte nach dem Namen. Camilla Sandner wußte nicht, warum sie dieser alten Frau antwortete. Etwas an ihr rührte sie, vielleicht dieses kaum verständliche Nuscheln. Wie lächerlich sie aussieht, mit diesem zahnlosen Grinsen, den Pausbacken, die einem Baby zustanden, den gelblichen Augen, deren Blau längst verblaßt war, dachte Camilla, die partout nicht sagen wollte, warum sie hier war. Doch ihre verbundenen Handgelenke waren nicht zu übersehen.

Elvira Jakobi entschied, daß Camilla genauso ein Opfer sei wie sie. Ohne Familie, neu in dieser Stadt, entwurzelt, heimatlos, wahrscheinlich eines dieser Flüchtlingsmädchen, ein Name täuschte sie nicht, sie roch das Fremde an der Schönen, sog diesen südlichen Duft gierig ein. Nur das Flinserl in dem linken Nasenflügel, das sie erst jetzt zu sehen bekommen hatte, störte sie. Die Stelle hatte sich entzündet, eiterte bereits: »Wenn etwas schon Flinserl heißt, ist nichts Gutes davon zu erwarten, daran hätten Sie denken sollen, Camilla. All diese häßlichen Wörter, die mit diesem Zungenbrecherlaut beginnen, Fluch oder Flanell, ganz und gar desaströs, oder denken Sie an die Flöhe, welch unappetitliche Mitbewohner, und erst Ihre eigenen Flausen, die Ihnen ein eiterndes drittes Nasenloch bescherten. Mein Hausarzt soll sich das anschauen. Er ist Spezialist für unheilbare Erscheinungen.«

Am nächsten Morgen wurde Elvira Jakobi entlassen. Sie ging zu ihrem Zahnarzt in der Piaristengasse und ließ sich ihren Gaumen untersuchen, bevor sie sich ihr Gebiß wieder einsetzte, das sie in einem Glas entdeckt hatte. Sie wußte ja, es war ein Fehler, den achten Bezirk zu verlassen. Hier war ihr noch nie etwas Unangenehmes passiert, während im ersten nur alle darauf zu lauern schienen, ihr Prügel verpassen zu können. Anschließend ging sie zum Friseur, zog ihr schwarzes Kostüm an und besuchte Regierungsrat Rechbauer, den Nachfolger ihres Gatten im Innenministerium. Seine Frage, ob sie nicht lieber im Café mitsammen plaudern sollten, bejahte sie mit einem bescheidenen Kopfnicken. Insgeheim hatte sie diese Frage erwartet. Es wäre zu schade gewesen, wenn sie nur seinetwegen so viel Geld beim Friseur ausgegeben hätte. Kaum hatte sie bestellt, legte sie ein Kuvert gut sichtbar für ihn auf das Tischerl. Seine zusammengekniffenen Lippen waren Balsam für sie. Sie dankte ihrem verstorbenen Gatten für sein wohlüberlegtes Erbe, während sie das Kuvert wieder einsteckte. Einmal hatte er all seine Dossiers vernichten wollen, doch sie hatte sie rechtzeitig in Sicherheit gebracht. Der ehrenwerte Regierungsrat Rechbauer schmiedete umsonst Rachepläne: »Das sind nur Kopien, Herr Regierungsrat. Die Originale liegen bei meinem Anwalt. Sollte mir etwas passieren, passiert vielen etwas.« Sie war sehr stolz auf sich.

»Aber um Himmels Willen, gnädige Frau, in Ihrem Alter kann man jederzeit sterben!«

»Sind Sie nicht so vorlaut, Sie Grünschnabel. Meine Mutter ist siebenundneunzig und in allem mein Vorbild. Vielleicht wäre ein Sherry jetzt passend?«

Er bestellte einen trockenen Sherry für sie und einen doppelten Scotch für sich.

Vielleicht hätte sie auch Scotch bestellen sollen. Scotch wirkte vielleicht moderner. Aber sie mochte keinen Scotch, sie mochte nur trockenen Sherry.

»Es ist nur eine Kleinigkeit. Ich möchte, daß Camilla Sandner aus Steinhof entlassen wird. Morgen.«

»Sie überschätzen mich.«

»Das täte mir leid für Sie, wenn dem wirklich so wäre.«

Auch ihr Abgang war perfekt, fand sie. Doch was sie bis morgen machen sollte, war ihr, kaum hörte sie die Caféhaustür hinter sich zufallen, ein Rätsel. Plötzlich dehnte sich die Zeit endlos vor ihr aus, glich einer dieser geraden Straßen, die netzartig die USA durchzogen, nur für Autos gemacht, nicht für Fußgänger wie sie. Sie entschied sich, ihren Anwalt aufzusuchen. Er sollte von dem Zahnarzt oder von Steinhof oder am besten von beiden Schadenersatz wegen drei Wochen Freiheitsberaubung fordern. Ja, diese Idee war gut, beschleunigte ihre Schritte. Nur schade, daß sie sich nicht mehr ganz gerade halten konnte. Manchmal sah sie sich kurz in einer Auslage: eine kleine, gepflegte, weißhaarige Frau, aber mit gekrümmtem Rükken. Vor so einer Gestalt hatte niemand Angst, außer vielleicht Regierungsrat Rechbauer, der für seinen Sohn einen Meineid geleistet hatte, damit das Früchterl nicht getan haben konnte, was es getan hatte: alkoholisiert eine alte Frau wie sie überfahren und dann Fahrerflucht begehen. Angeblich war das Bubi zu dieser Zeit mit dem Papi in ein Schachspiel vertieft. Das Auto hatten sie erst am Morgen als gestohlen gemeldet. Natürlich, während des Schachspiels oder im Bett hätten sie es nicht vermißt. Nur gut, daß der Richter vom Bubi kein Beispiel seines Schachkönnens verlangt hatte. Der wußte nicht einmal, wie man die Figuren aufstellt. Aber zufällig hatte ihr Verstorbener davon erfahren und ein Blick in den Kalender hatte ihm gesagt, daß sein Vorzimmermann an diesem Abend mit ihm bis nach Mitternacht beim Kanzler war. Er hatte kein Wort darüber verloren, nur wieder eines seiner kleinen Dossiers angelegt.

Ihr Anwalt haßte Zahnärzte, das wußte Elvira Jakobi. Sie hatten ihn nicht nur ein Vermögen gekostet, sondern waren allesamt unfähig, ihn von seinen Fisteln und Nervenentzündungen zu heilen. Allesamt. Er würde mit dem nötigen Engagement an diese Sache herangehen, daran gab es für sie keinen Zweifel.

Vor der Kapuzinergruft wurde ihr schlecht. Sie wußte, es kam von dem Medikamentenentzug, den sie sich zumutete. Aber sie wollte nicht wie in den letzten drei Wochen ständig mit einem benebelten Kopf herumlaufen. Wenigstens bis zum Tirolerhof sollte sie es noch schaffen, nicht hier auf der Straße zusammenklappen. Mühsam quälte sie sich Schritt für Schritt voran, wartete, bis ein Passant ihr die Tür aufmachte. Der Ober kannte sie, half ihr zu einem freien Eckplatz und brachte ihr ohne zu fragen ein Glas Wasser. Ihre Hand zitterte so stark, daß sie es nicht halten konnte. Er stellte sich unauffällig vor sie und führte es an ihre Lippen. Sie spürte die Schweißperlen auf der Oberlippe, in den Achseln. Nichts war ihr ekelhafter, als verschwitzt zu wirken. Trotzdem mußte sie hier sitzen bleiben und den Schweiß über sich ergehen lassen. Nur nicht wieder in einem Käfig landen, nur das nicht.

Dorothea kam auf sie zugeflattert, blieb abrupt vor ihr stehen. Dieses spindeldürre Geschöpf wirkte immer, als würde es fliegen. Irgendwie vulgär, fand Elvira Jakobi. Doch jetzt war sie froh, ihre Freundin bei sich zu haben. Die energische Dorothea würde es nicht zulassen, daß man sie wieder einlieferte.

»Du trinkst jetzt einen Kognak, das ist gut für den Kreislauf«, entschied Dorothea, und schon erschien der Ober mit zwei großen Kognaks und einer Gemüsesuppe.

»Hast du die bestellt?« Pikiert rümpfte Dorothea das dürre Näschen.

Früher ist sie schön gewesen, doch jetzt ähnelt sie von Jahr zu Jahr mehr einer Spinne, dachte Elvira Jakobi, während sie die für eine alte Dame viel zu langen Fingernägel der Freundin auf ihrem Rücken spürte. Dieses täglich manikürte Horn drang sogar durch den teuren Kostümstoff, Abdrücke würden zurückbleiben, Todesfinger, Sohnesfinger. Sie hatte ihren Sohn zwingen müssen, täglich Klavier zu spielen. Jedes Kind mußte dazu gezwungen werden, bis sein Gehör und seine Fertigkeiten so weit ausgebildet waren, daß es selbst Spaß an der Musik fand. Bei manchen dauerte es ein paar Jahre, bei anderen ereignete sich dieser Qualitätssprung nie. Leider hatte ihr Sohn das Übungsstadium nie verlassen. Aber er hatte sich geirrt, wenn er glaubte, diese Stunden seien nur für ihn eine Qual gewesen. Für sie, ihr musikalisches Wesen, waren sie noch fürchterlicher. Jeder Taktfehler, jeder falsche Ton hatte ihr Blut zum Stocken gebracht. Danach hatten sie regelmäßig beide eiskalte Finger. Bis sie seine in der Hand hielt. Sie nicht mehr loslassen wollte. Ihr Mann sie von dem Sarg mit Gewalt wegziehen mußte. Der Sarg in der AUA-Maschine verschwand. Sie ihren Sohn als Gepäckstück nach Wien brachten. Seitdem hatte sie die USA nie wieder betreten. Dieses Land, in dem ihr Sohn ermordet wurde, das nicht fähig war, seinen Mörder zu finden.

»Er war ein guter Bub, nur leider furchtbar unmusikalisch.«

»Natürlich war er ein guter Bub.« Dorothea wußte, von wem Elvira redete. Immer wieder fiel plötzlich dieser Satz. Ein Stereotyp, wie so viele Sätze zwischen ihnen. Manchmal sind wir wie ein altes Ehepaar, dachte Dorothea. Wir wissen, wovon die andere redet, wir kennen die wunden Punkte, die wir nicht berühren dürfen.

Unberührbar der Tod des Sohnes, den sie nie geboren hatte. Der mit ihr gelebt hatte, bis ihr die Schimäre zu anstrengend geworden war und sie ihn sterben ließ in der Fremde.

Ihr eigener Tod ließ verdammt lange auf sich warten. Dorothea hätte nichts einzuwenden gegen ihn. So und so lebte sie nur noch stückweise. Dieses Stück durfte sie mit Elvira teilen, dieses mußte sie vor ihr geheim halten. Dieses Stück konnte sie ihrer Tochter erzählen, aber von diesem durfte sie nichts erfahren. Dieses Stück war für die Friseurin geeignet und dieses für den Arzt. Und so teilte sie sich in immer kleinere Stücke auf und hatte Mühe, das Puzzle in Ordnung zu halten. Eigentlich zu anstrengend für eine Einundsiebzigjährige. Nur für Elvira schien nie etwas zu anstrengend zu sein. Sie hatte eine Nierenoperation hinter sich, einen Gehirnschlag ohne Folgen überstanden, eine Gelbsucht, zwei Autounfälle, eine Lungenentzündung, und das alles im Alter zwischen dreiundsechzig und siebzig und stand jedes Mal jünger als zuvor vom Krankenbett auf. Welch ein Kampfgeist wohnte in dieser kleinen, erst in den letzten Jahren bucklig gewordenen Frau, daß sie, nach drei Wochen Psychiatrie, als erstes zum Friseur ging und in das weiße Haar einen bläulichen Ton hineinfärben ließ?

»Geht es dir besser?«

»Gut, daß du da bist.«

»Ich bin doch immer um diese Zeit hier.«

»Willst du damit sagen, daß ich verkalke?«

»Es geht dir also wieder gut. Freut mich. Ich erwarte nicht viel Dank, aber zumindest könntest du sagen, daß es nett war von mir, mich um deine Mutter zu kümmern und dafür zu sorgen, daß du diesen gräßlichen Ort verlassen kannst.«

»Warum hat es so lange gedauert, bis du mich herausgeholt hast? Hast du mich inzwischen vergessen? Wohl einen neuen Liebhaber?«

Dorothea sah sie so perplex an, daß selbst Elvira lachen mußte. Nein, dieses Problem war für sie beide abgehakt. Was Dorothea manchmal bedauerte. Ein distinguierter Gentleman an ihrer Seite wäre ihr manchmal lieber als Elvira. Besonders in der Oper. Elvira schlief seit einigen Jahren bereits während des ersten Aktes ein. Trotzdem dachte sie nicht daran, ihr Abonnement zu kündigen. Eine Regierungsratswitwe ist sich das schuldig, hatte sie behauptet und Dorothea angezischt, sie solle sie eben wecken, das sei wohl nicht zu viel verlangt.

»Du hast noch immer diesen verhangenen Blick. Lächerlich. Schau sie dir an, wie sie da sitzen. Wenn sie auch nur annähernd so alt sind wie wir, brauchen sie mindestens zwei Krankenschwestern rund um die Uhr. Und selbst wenn sie deutlich jünger sind, können sie nicht ohne Stock gehen.«

Dorothea nahm die Aufforderung ernst und sah sich jeden Mann im Tirolerhof an.

»Komm, lenk nicht ab. Ich will wissen, warum ich drei Wochen da drinnen war!«

»Weil ich nicht wußte, wo du warst. Und, was ist nun mit einem kleinen Dankeschön.«

»Ich dachte, wir hätten uns geschworen, uns umeinander zu kümmern.«

»Erstens habe ich mich um deine Mutter gekümmert, zweitens, warum hast du denen nicht gesagt, daß sie mich anrufen sollen.«

»Niemals!«

»Was soll das heißen?«

»Hör auf mit deinem unschuldigen Getue. Glaubst du, ich bitte Irrenärzte um etwas!«

»Und daran bin ich wohl schuld.«

»Für dich wäre es ein Leichtes gewesen, mich aufzuspüren. Nach drei Wochen hast du es schließlich auch geschafft.«

»Ich habe alle Krankenhäuser angerufen. Aber Steinhof ist mir leider nicht eingefallen.«

»Vielleicht schreist du noch lauter! Die hätten mich umbringen können, so langsam, wie du denkst. Was heißt hätten. Fast haben sie es ja getan. Oder ich soll es für sie tun. Dieser Medikamentenentzug geht mir ganz schön an die Nieren.«

»Übertreib nicht, du hast nur noch eine.«

»Würdest du mir eine Lüge zutrauen?«

Dorothea war gewarnt. Sie sah in das pausbäckige, dezent geschminkte Gesicht der Freundin und wußte beim besten Willen nicht, was diese von ihr erwartete. Wenn ich ein paar Kilo mehr hätte, würden meine Wangen auch wieder Rouge vertragen. Aber in den tiefen Falten nistete sich das Puder wie

Schmutzstreifen ein. Dorothea schlug mit der Faust auf den Tisch und schrie: »Ja, verdammt noch einmal, ja!«

Keine der beiden kümmerte sich darum, plötzlich im Mittelpunkt zu stehen. Sie hörten nicht einmal, wie der Ober hüstelnd durch den Saal ging und zwischendurch beschwichtigend murmelte: »Aber ich bitte Sie, meine Herrschaften, bitte sehr, seien wir doch etwas charmant.«

Elvira Jakobi nickte ihrer Freundin zufrieden zu.

»Ich wußte immer, daß ich meine Mutter zurecht hasse.«

»Aber Elvira, das darfst du nicht einmal denken.«

»Hör auf mit dem Schwachsinn. Meine Mutter hat meinen Sohn umgebracht.«

Dorothea holte eines ihrer Spitzentaschentücher aus der Handtasche. Elvira grapschte danach, als wäre es Gold. Das war nun das zehnte, das in ihren Besitz wechseln würde, bald hatte sie eine komplette Aussteuer beisammen, was die Taschentücher anbelangte.

»Ich brauche Beweise.«

»Natürlich.«

»Also: Wann und wo habe ich gelogen?«

»Eben jetzt. Dein Sohn starb in den USA, hast du mir erzählt. Und deine Mutter würde nie freiwillig in die USA fahren und schon gar nicht, um ihr einziges Enkelkind zu ermorden.«

»Na und? Wann noch?«

»Bei jedem Grenzübertritt.«

»Lächerlich, das macht doch jeder.«

»Die Taschentücher.«

Elvira errötete. Ihr Erröten war trotz des Rouges sichtbar. Fast wäre Dorothea gerührt gewesen. Rechtzeitig fiel ihr die Geschichte im Restaurant ein: »Du hast mir den heißen Saft auf mein neues Abendkleid gegossen und bist aufgesprungen und hast geschrieen, ich hätte dich verbrannt!«

Dieses Mal glänzten Elviras Augen: »Das war die Rache für deinen ewigen Flirt mit meinem Verstorbenen. Alleinstehende Freundinnen sind sehr gefährlich, trotzdem habe ich mich nie von dir getrennt.«

»Du spinnst ja! Langsam glaube ich, ich hätte dich dort lassen sollen, wo du warst! Ich und alleinstehend! Du warst doch nur eifersüchtig auf meine Begleiter, gegen die dein Arthur wie ein Topflappen wirkte. Abgesehen davon ist mein Göttergatte nur drei Jahre vor deinem verschieden, das bitte ich ebenfalls zu bedenken.«

»Genug, genug. Ich sagte dir doch, daß ich Beweise brauche. Mein Selbstbewußtsein hat in diesen drei Wochen schrecklich gelitten.«

Wieder in ihrer Wohnung in der Piaristengasse kramte sie die Photoalben ihrer Großmutter und Mutter aus der Kommode, stapelte sie auf den Sesseln um den Küchentisch. Sie wußte nicht, wonach sie suchte. Bevor sie noch ein Bild angesehen hatte, war sie eingeschlafen.

Regierungsrat Rechbauer weckte sie. Entschuldigte sich vielmals für die frühe Störung, als er ihre verschlafene Stimme hörte. Sie könne Camilla Sandner in Steinhof abholen.

Dieser Lümmel, sagte sie laut, nachdem sie den Hörer aufgelegt hatte. Was bildet der sich eigentlich ein, eine alte Frau um acht Uhr zu wecken? Weiß er nicht, wie schwer es ist, im Alter zu schlafen? Der Schlaf und der Tod, sie werden eins. Und solange du nicht sterben willst, mußt du dich gegen beide wehren.

Sie wandte das alte Hausmittel ihrer Großmutter an und trank Wasser, bis sie glaubte, ihr Bauch würde platzen. »Raus mit dem ganzen Mist, schwemm ihn einfach raus«, hatte sie gesagt, wenn ihr schlecht war, weil sie alles in sich hineingestopft hatte, den Hunger nicht mehr aushielt, die festgesetzten Essenszeiten, die einem fremden Rhythmus entsprachen, nicht ihrem.

Elvira Jakobi nahm sich vor, sich um ihre Mutter zu kümmern, bevor sie nach Steinhof fuhr. Doch nach dem Kaffee ekelte sie sich vor dem Gestank, der aus dem hintersten Zimmer bis in die Küche drang. Lieber machte sie sich eine zweite Tasse Kaffee, versprühte ein altes Parfum im Gang, überhörte das Stöhnen, bis ihr dieses Weghören auf die Nerven ging, schaltete das Radio ein, drehte es alle paar Minuten lauter.

Endlich hatte sie Zeit für die Photoalben. Erst beim dritten Album fiel ihr auf, daß sie die Menschen auf den Photos nicht mehr erkannte. Manche Bilder nahm sie heraus, las die Namen auf der Rückseite. Doch die Namen und Gesichter blieben getrennt. Entweder sie las den Namen oder sie sah sich das Gesicht an. Verärgert schlug sie das Album zu. Sie hatte die Medikamente in Verdacht, machte noch einmal die Wasserkur. Danach fühlte sie sich so erschöpft, daß sie sich hinlegen mußte. Das Stöhnen ihrer Mutter riß sie aus ihrem leichten Schlaf.

Sie schrie unflätige Worte nach hinten. Worte, die sie nicht einmal Arthur an die quellende Brust geworfen hatte. Die Irritation über diesen Urschwall an primitivsten Schimpfwörtern, der unkontrolliert aus ihr gedrungen war, hielt noch an, als sie an den Schwestern vorbei in Camillas Zimmer eilte. »Camilla wartet beim Direktor auf sie!« hörte sie eine Stimme ganz nah hinter sich.

Abrupt drehte sie sich um: »Was bilden Sie sich ein, mich so zu erschrecken!« fauchte sie zurück, verließ verärgert das Krankenzimmer. Die Schwester fand es nicht der Mühe wert, ihr zu antworten. Zum Glück für Elvira Jakobi, das beschleunigte ihren Puls und sie fühlte sich gleich wohler.

Camilla saß heulend auf einem abgewetzten Ledersessel. Man hatte ihr befohlen, sich anzuziehen, hier zu warten. Worauf, hatte ihr niemand erklärt. Als sie Elvira Jakobi sah, heulte sie noch lauter.

Elvira nahm ihren Flachmann aus der Handtasche und reichte ihn nebst einem von Dorotheas Spitzentaschentüchern der Weinenden. Wie häßlich sie heute aussah mit dem verheulten Gesicht. Und der südliche Duft war verschwunden, war vom Krankenhausgestank überdeckt. Sie hätte sie trotzdem gerne in ihre Arme genommen und getröstet, doch bevor sie sich dazu ermutigen konnte, hörte sie hinter sich die Tür aufgehen.

Jetzt hieß es, die Initiative zu ergreifen: »Was bilden Sie sich eigentlich ein, diese Frau hier allein zu lassen. Wie würden Sie sich fühlen, würde man Sie wortlos immer nur hin und her stupsen.«

»Aber ich bitte Sie ...«

»Nicht mich bitten, entschuldigen Sie sich lieber bei Frau Sandner.«

»Betrieb ist Betrieb. Sie hätte sich das überlegen müssen, bevor sie sich die Pulsadern aufschnitt.«

»Ach, wer hat Ihnen denn geflüstert, daß sie hierher wollte, Sie Tölpel. Geben Sie mir die Papiere.«

Jede Begegnung machte sie munterer. Für Dorothea, überlegte sie, wäre dieser Vormittag tödlich gewesen. Die Arme, ihren hohen Blutdruck wird sie wohl nie wieder los werden.

Sie erklärte Camilla, daß sie mit ihr nach Hause gehen könne und sie für sie sorgen würde.

Camillas gerötete Augen verrieten weder Erstaunen noch Dankbarkeit.

Da Camilla kein Gepäck hatte, nicht einmal Wechselwäsche oder eine Zahnbürste, fuhr sie mit ihr einkaufen, übersah mit gönnerhaftem Eifer die mißtrauischen Blicke Camillas. Als Camilla in ihrem Zimmer allein war, lächelte sie zum ersten Mal. Welch eine schreckliche Altweiberwohnung, vollgestopft mit riesigen Kästen, abgedichteten Fenstern, als hätte Frau Jakobi Angst vor dem Sonnenlicht, mit diesem entsetzlichen Mief, der aus allen Dingen auf sie eindrang, wie ein Monster streckte er seine Arme aus, verfolgte sie bis ins Innerste ihres Körpers. Elvira hatte ihr ein Bad vorbereitet, sie ließ sich in das heiße Wasser gleiten, genoß den altmodischen Lavendelduft. Für Minuten vergaß sie die Frage, was diese Frau von ihr wollte, doch als sie ihre unsicheren Schritte näherkommen hörte, krampfte sich ihr Körper in panischer Angst zusammen.

Alles würde noch einmal neu sein, dachte Elvira Jakobi, während sie den Tisch mit dem feinsten Geschirr deckte und Camillas Unwissenheit zu ihrer eigenen machte. In ihrer Aufregung wußte sie nicht mehr, wo Gabel und Messer zu liegen hatten. Das Stöhnen ihrer Mutter aus dem hintersten Zimmer machte sie nervös. Sie schwankte noch, welche Rolle sie in ihrem neuen Leben spielen sollte. Vielleicht würde sie die Mutter einfach Mutter sein lassen, obwohl sie diese Vorstellung kränkte. Wenigstens einem Menschen gegenüber alles neu erfinden, alles!, redete sie sich zu. Ohnedies blieb genug alter Schutt übrig.

Bei der Erinnerung an ihre Mutter flüchtete sie aus der Wohnung in den gegenüberliegenden Piaristenkeller. Sie hatte Glück, ein Tisch, von dem aus sie einen guten Überblick hatte, wurde eben frei. Sie starrte jeden Gast an, wunderte sich, warum die meisten sofort wegsahen. Nur eine ebenfalls ältere Dame starrte zurück, aber Elvira Jakobi war überzeugt, das liege an deren Weitsichtigkeit, so, wie ihr die Augen fast aus den Höhlen traten, wirkten sie überanstrengt. Grund genug, sich sofort ein wenig wohler zu fühlen, dem Himmel für die ungebrochene Sehkraft zu danken, außer beim Lesen, aber ihre Lesebrille war sehr elegant und gab ihr einen intellektuellen Anschein, weswegen sie die Brille sogar aufsetzte, um die Rechnung zu lesen, obwohl sie auswendig wußte, was ihr Sherry und das Omelett kosteten. Dorothea wollte sie heute nicht sehen, vielleicht wollte sie Dorothea nie wieder sehen. Dieser Gedanke erheiterte sie. Noch eine Veränderung in meinem Leben, dachte sie, und machte sich zum letzten Mal auf den Weg in den Tirolerhof, um von Dorothea ihre Wohnungsschlüssel zurückzufordern. Hätte sie nicht meine Schlüssel gehabt, meine Mutter wäre verhungert in den letzten drei Wochen. Sie spürte, wie sich ihr Gesicht bei dieser verschenkten Möglichkeit verkrampfte und es ihr unmöglich war, diese Grimasse wieder aus ihrem Gesicht zu entfernen. Es blieb verzerrt, bestand darauf, sich auszudrücken, alle Eindrücke, die es bislang hinter seinen Pausbäckchen und vollen Lippen, den paar Falten und unzähligen Fältchen verschwinden hatte lassen, hervorzuholen, und Altersflecken überzogen die Wangen, die einfielen und sich kerbten, während die Augen verblaßten und sich die Stirn furchte, die Oberlider anschwollen und sich wie Sackerln über die Augen hängten, sich die Mundwinkel nach unten zogen, das Kinn nach vorne rückte.

Camilla beruhigte sich, als nichts geschah, niemand die Tür aufriß, niemand ihren Kopf ins Wasser tauchte. Das Badezimmer war nicht absperrbar, sie hätte Elvira zugetraut, daß sie ihr den Rücken, die Haare waschen wollte. Trotzdem war es gut so, in dieser Wohnung würde sie nie allein sein. Sie zog sich die neuen Jeans an, die ihr Elvira mit einem mißbilligenden Kopfschütteln dann doch gekauft hatte, und das grellgrüne T-Shirt, das Elvira geradezu abstoßend gefunden hatte, aber an Camilla dann plötzlich sehr schön fand. Auf dem Gang bemerkte sie den Gestank, der ihr bereits vorhin aufgefallen war, zwischenzeitlich vom Lavendelöl überdeckt worden war. Jetzt hörte sie auch das Stöhnen, ging darauf zu. Eine uralte Frau lag dort in einem fensterlosen Abstellkammerl und aß ihren Kot. Camilla flüchtete zum Waschbecken, übergab sich. Die Haustür war zugesperrt, verriegelt. Ein Eisenriegel trennte sie von ihrem Leben, das ihr angesichts dieser Verwahrlosung ordentlich und behütet vorkam. Was machte es schon aus, wenn sie einsam war. Lieber einsam sein, als so verlassen wie diese alte Frau. Und das Geld würde sie ihrem Chef zurückzahlen, sie hatte es doch nur genommen, um wenigstens in einem schönen Hotel sterben zu können, nicht in ihrer Substandardwohnung, wo sie nicht einmal ihre Arme ins Wasser legen konnte, wodurch die Schnitte weniger schmerzten.

Sie wollte die Polizei anrufen, doch das Telefon war nur eine Attrappe. Lächerlich, jetzt Angst zu bekommen, redete sie sich zu. Ich bin mitten in Wien, es gibt Nachbarn, es gibt Passanten, Elvira Jakobi wird irgendwann zurückkommen. Nur dieses Stöhnen und der Gestank waren unerträglich.

Der Ober im Tirolerhof erkannte Elvira Jakobi ebensowenig wie Dorothea, die sich weigerte, einer Fremden den Schlüssel ihrer Freundin zu geben. Sie dachte angestrengt nach, welches Geheimnis sie mit Dorothea teilte, das die Kraft hatte, ihr den Schlüssel zurückzubringen. Es fiel ihr nichts ein. Sie hatte Geheimnisse vor Dorothea, aber keines war ihnen gemeinsam. Sie wollte aufgeben, als ihr einfiel, daß ihr Dorothea einmal etwas anvertraut hatte, was dieses Damenkränzchen sicher nicht wußte. Es war vor Jahren, bei ihrem letzten Spaziergang im Prater gewesen. Danach waren sie nur noch in den Belvederegarten gegangen, um von diesen Pischern verschont zu bleiben. Fast hinter jedem Baum war an diesem Nachmittag ein Mann gestanden und hatte seelenruhig vor den Augen der Frauen, der Kinder gepischt. Verlegen hatten sie weggesehen, nur um den nächsten Pischer zu erblicken. Zu Hause, nach ein paar Kognaks, hatte ihr Dorothea gestanden, daß ihr Mann das in den letzten Jahren auch mache. Seine Blase sei so schwach geworden, er müsse alle paar Minuten. Elvira Jakobi war sehr blaß geworden bei diesem Geständnis und bedauerte die Freundin zutiefst. Kurze Zeit später entdeckte sie auf der Toilette Windelhosen. Seither hatte sie es so eingerichtet, daß sie Dorothea nur noch im Café traf. Dorothea, die nichts dabei fand, Elviras Mutter zu wickeln, wovor der Tochter immer mehr grauste. Ein bißchen grauste ihr auch vor Dorothea, stellte sie jetzt fest, und verlangte noch einmal energisch ihre Schlüssel.

Dorothea hatte sie beobachtet, sie längst erkannt, ein eigenartiges Erkennen, das sie auf ihrem Stuhl sitzen bleiben ließ, ihre Hände um die Tasse krampfte. Ihr Alterungsprozeß war langsam und mild verlaufen, nicht so umstürzlerisch.

Wie eine Siegestrophäe trug Elvira Jakobi ihre Schlüssel nach Hause. Geradezu schwungvoll ging sie an Camilla, die hinter der Eingangstür kauernd auf sie gewartet hatte, vorbei, nahm zielsicher das richtige Photoalbum in die Hand, blätterte kurz darin, riß ungeduldig das Porträtphoto eines jungen Mann heraus, starrte es an.

Siegfried Winkelbauer, der Sommergast der Großmutter, Sohn irgendeines Gauleiters, der sein Kind lieber der frischen Luft als den Bomben aussetzte. Ein überzeugter Kindernazi, was hatte er ihr nicht für langweilige Vorträge über die Zusammensetzung des deutschen Blutes gehalten. In seinen Augen war sie reinrassig, wie die Zuchthengste des Grafen. Es hatte ihr imponiert. Für einen Menschen etwas Besonderes sein, herauszuragen aus der Mädchenschar, auserwählt werden von dieser deutschen Hühnerbrust, die beim kleinsten Stoß in sich zusammenfiel. Er hatte ihr den Schmuck seiner Mutter versprochen, wenn sie ihn einen Blick zwischen ihre rassigen Beine werfen lassen würde. Die Schmuckschatulle war größer als ihre Schultasche. Alles echt, hatte er behauptet, als sie spitz bemerkte, Glaskugeln würden sie nicht beeindrucken. Sie hatte ihm nicht geglaubt. Doch im nächsten Sommer war sie selbst verwandelt, bekam er auch ohne Schmuck, was er wollte. Sie erinnerte sich, daß es ein verregneter Sommer war, was gut war. In den Heustadln fühlte sie sich sicherer als inmitten eines Feldes. Dann wurde sie schwanger. Niemand hatte ihr gesagt, daß ein Mädchen schwanger werden kann. Schwanger waren nur Mütter. Mütter waren alt. Nicht fünfzehn. Siegfried hatte es bemerkt, nicht sie. Er wunderte sich, daß sie sich nie verweigerte. Er nie Blut sah, trotz des täglichen Zusammenseins. Sie heulte. Er redete. Keine Stricknadeln, war alles, was sie verlangte. All diese Stricknadeltoten. Nein, keine Pfuschereien, etwas Ordentliches, ein richtiger Arzt, versprach er ihr.

Unauffällig drängte sie Camilla in das Zimmer ihrer Mutter, sperrte hinter ihr die Tür zu. Sie mußte nur etwas gegen Camillas Schreie tun, die waren unerträglich wie das Lachen des Sommergastes. Lachend war er bald darauf abgereist. Sie wollte sich auf diese häßliche Fratze stürzen, doch ihre Mutter hatte sie festgehalten, während sie ihr die Stricknadel einführte. Und jetzt hält sie mich in dieser stinkenden Wohnung fest, nicht zum Aushalten, ich bin zu alt, um eine Uralte zu pflegen, das mußt du einsehen, Camilla, hörst du mich. Sie konnte nur krächzen, mit diesem selbstgestrickten Schal um den Hals, der sich nicht abnehmen ließ, sich nur fester um sie schlang. Erst in der Piaristengasse fiel ihr auf, daß alle so einen Strick um den Hals trugen, nach Luft rangen, nur noch eigenartige Laute auspreßten, die immer schauerlicher klangen, eine Klanglawine auslösend, klick, klick, strick, strick …

Caspar Einem

Einige Gedanken zur Fremdheit aus der Sicht des Innenministers

fremd: … *Ableitung von dem im Nhd untergegangenen gemeingerm Adverb *fram »vorwärts, weiter; von -weg« und bedeutete ursprünglich »entfernt«, dann »unbekannt, unvertraut«. (*DUDEN*, Herkunftswörterbuch)*

fremd: … *nicht bekannt oder vertraut; wird auf etwas bezogen, was man nicht kennt oder auf jmd, dem man noch niemals begegnet ist; … vorwiegend eine Feststellung, die das Gefühl trifft in bezug auf jmdn oder etwas. (*DUDEN*, Synonymwörterbuch)*

Warum der Innenminister für Fremdheit zuständig ist

Natürlich könnte ich mir's leicht machen und einfach darauf hinweisen, daß Verfassung und Bundesministeriengesetz diese Zuständigkeit so und nicht anders festgelegt haben. Deshalb ist der Bundesminister für Inneres für Fremdheiten zuständig.

Aber es geht auch anders.

Der Innenminister ist mit anderen Worten auch der Minister für die (innere) Sicherheit. Und diese sog. innere Sicherheit hat zumindest zwei Seiten: Sie ist im Objektbereich beschreibbar und sie ist ein Gefühl: Hier am Grad der Gefährdung durch unterschiedliche Gefahren, üblicherweise Kriminalität, Verkehrsgefahren, bis zu gewissem Grade auch Umweltgefahren beschrieben, da durch den Grad der Ängste vor derartigen Gefahren oder einfach vor bestimmten Menschen.

Nun ist – wen wollte das wundern – die Zuständigkeitsregelung der einschlägigen Gesetze keineswegs vollständig mit diesem Erklärungsansatz in Deckung. Denn natürlich gibt es eine ganze Reihe von Gefahren, für die es keinerlei Zuständigkeit des Innenministers und vorzugsweise der Polizei gibt, genauso wie es eine große Zahl von Ängsten gibt, für deren Bearbeitung andere zuständig sind. Die Angst vor Krankheit, vor Arbeitsplatzverlust, vor wirtschaftlicher Not, vor Einsamkeit usw.

Aber es scheint, daß nicht wenige Ängste, für deren Eindämmung niemand so recht Verantwortung übertragen bekommen hat, ihren Ausgang in das Feld finden, in dem die Polizei und der Innenminister tätig sind. So ist etwa der tägliche Schauderbericht im Lokalteil der Tageszeitung viel weniger eine Information über Geschehnisse der Welt, als ein Ventil für schwer bearbeitbare, kaum einzugestehende Ängste – etwa die zahlreich auftretenden Ängste vor Einsamkeit, vor dem Alter, vor Krankheit, vor dem eigenen Versagen usw. – mit dem unschätzbaren Vorteil: über diese Vorfälle läßt sich mit anderen, ja sogar wildfremden Personen reden, in Kontakt treten, solidarisch fühlen ... Und damit wird der Ruf nach mehr Polizei oder die Feststellung, daß immer mehr Unsicherheit sich verbreite, zum Thema der Politik der inneren Sicherheit, durchaus im doppelten Wortsinn.

Verfremdung als Methode

Der tägliche Bericht im Lokalteil lebt davon, daß das Leben konkret dargestellt und doch insoweit verfremdet erscheint, als die Geschichten in eine abstrakte Welt, die nicht die selbst erlebte ist, gestellt werden.

Wenn der im ganzen Ort bekannte ehemalige Staatsmeister im Rangeln wieder mal zuviel Schnaps erwischt hat und mit anderen in Streit geraten ist und seinen Gegner beim Raufen schwer verletzt hat, dann führt das bei denen, die ihn kennen, zu einem Kopfschütteln und zur Frage, wann denn der H. endlich g'scheit werden wird. Und wenn dieselbe Geschichte in der Zeitung steht: Der mehrfach wegen Gewalttaten vorbestrafte 37jährige H. hat wieder zugeschlagen und den XY ohne ersichtliches Motiv angegriffen und schwer verletzt ..., dann fragt man sich, wann endlich mit solchem Gesindel aufgeräumt wird, hart durchgegriffen ...

Die Differenz der Stellungnahme ist wesentlich durch Verfremdung bestimmt: so konkret der Bericht, so fremd, verfremdet die Züge der Person und umso größer die Angst – Befremden über die scheinbar motivlose Gewalt. Oder anders: Diejenigen, die die Person kennen, wissen sie einzuschätzen und kennen auch andere Eigenschaften und andere Situationen.

Sowohl der Bericht im Lokalteil lebt von der Fremdheit als auch die konkrete Intervention ist davon bestimmt, ob etwa der einschreitende Gendarm H. kennt oder nicht.

Umgehen mit Fremdheit

Es zählt zu den typischen Interventionsfällen der Exekutive – von Polizei und Gendarmerie –, zu derartigen Situationen gerufen zu werden, um etwa Schlägereien zu beenden. Und eine der spannenden Fragen ist, wie in derartigen Fällen interveniert werden soll bzw. wie dabei am ehesten Erfolg zu erzielen ist. Und gleich hinter dieser Frage verbirgt sich die zweite, für die Organisation dieser Art von polizeilicher Erstintervention außerordentlich bedeutsame Frage: Und wie kann sichergestellt werden, daß die »einschreitenden Beamten« sich in Anbetracht der Fremdheit der Schläger selbst nicht fürchten?

Das ist zugleich das Feld, in dem auch eine Reihe anderer Berufe tätig sind, auf die es einen Blick zu werfen lohnt: Die Fremdheiten unterscheiden sich wohl auch danach, ob sie bloßes Unbekanntsein der Personen oder Befremdlichkeit des Verhaltens bis hin zur gänzlichen Unerklärbarkeit des beobachteten Verhaltens sind.

Es mag dabei um psychotisches Verhalten gehen und um Interventionen durch Ärzte oder Sozialarbeiter oder um alkohol- oder drogenbedingt veränderte Verhaltensweisen, um Spannungszustände zwischen Jugendgruppen oder Ehepartnern usw.

Eine Berufsgruppe, die jedenfalls große Chancen hat, zu all diesen Fällen gerufen werden zu können, ist die Polizei – als

Erstintervention. Die Situation ist typischerweise durch Fremdheit gekennzeichnet, vielfach auch durch Befremdlichkeit. Ohne auf Details einzugehen – hier liegt ein weites Handlungsfeld vor dem Innenminister. Denn während Psychiater oder Sozialarbeiter in der Regel nur einen Ausschnitt – den, für den sie besonders ausgebildet sind – zu sehen bekommen, ist der Ausschnitt des Polizisten nicht vorherbestimmt. Und während die genannten Professionen berufsspezifische Hilfen zur Verarbeitung ihrer Ängste haben, ist dieser Aspekt in der Exekutive heute noch weitgehend unbearbeitet. Einzelne Ansätze sind erkennbar: Polizeieinheiten, deren Einsatzgebiet im Schwerpunkt der Umgang mit besonders befremdlichen Situationen ist, haben nicht nur eine bessere, vielfach auch martialischere Ausstattung, sondern tw. auch eine besondere Ausbildung für solche Einsätze; Streifen werden heute üblicherweise zu zweit durchgeführt usw.

Das, worum es dabei geht, ist Mittel zu finden, die helfen, mit Fremdheit umzugehen, Fremdheit, die Befremden oder Ängste hervorruft. Und die Funktion, die Polizei so erfüllen soll, ist Vertrauen zu schaffen, daß da wer ist – gewissermaßen zwischen der Bevölkerung und der Fremdheit –, der sich nicht fürchtet und damit umzugehen versteht. Das ist ein wesentlicher Beitrag zum Sicherheitsgefühl: Es sind welche da, die sich um die befremdlichen Menschen oder Phänomene des Alltags kümmern.

Zugleich ist das aber auch ein Ansatz des ausgrenzenden Umgangs mit Fremdheit, mit dem und den Fremden. In diesem Ansatz muß die Polizei damit fertig werden – im eigentlichen Wortsinn. Deshalb muß sie es ertragen (lernen).

Angst oder Neugier?

Freilich fürchten wir uns nicht alle gleichmäßig. Ich behaupte, daß ein wesentlicher Grund dafür in der Kindheit gelegt wird. Einerseits hängt's davon ab, ob das Kind das Glück gehabt hat,

Vertrauen zu erlernen – zu erfahren und dadurch zu erlernen. Und andererseits, ob kindliche Neugier bestraft, durch Drohung mit dem »schwarzen Mann« o. ä. begrenzt oder durch angemessene Begleitung beschützt, aber gefördert wurde. Wer früh die Welt als schön und entdeckenswert erfahren hat, der fürchtet sich auch später nicht so leicht, weil er gelernt hat, Fremdheit durch Neugier zu überwinden, Unbekanntes kennenzulernen, ursprünglich Fremdes durch Annäherung schließlich für sich zu gewinnen und zu integrieren. Damit ist auch der Prozeß der gelungenen Persönlichkeitsentwicklung beschrieben.

Während das Kind im besten Falle anhand des Umgangs mit seinen Eltern lernen kann, daß im Fall von plötzlichen Ängsten jemand da ist, dem es die Hand geben, dessen Hand es nehmen kann, um sich nicht fürchten zu müssen, ist das gesellschaftlich eine der Funktionen der Polizei: Sie ist nötigenfalls da, um die Hand zu reichen, damit man sich nicht zu fürchten braucht. So gesehen ist sie auch ein Mittel, Offenheit und Neugier zuzulassen. Das Vertrauen darauf, daß jemand da ist, der sich nicht fürchtet und mit dem befremdlich Unbekannten umzugehen versteht, als Basis für innere Sicherheit.

Und das ist zugleich der Grund, warum die Polizei lernen muß, sich selbst nicht zu fürchten. Neugier, Bereitschaft, sich mit den fremden Phänomenen dieser Welt auseinanderzusetzen, sich auf Fremdheit einzulassen, um damit umgehen zu können, sind eines. Und das andere ist eine Führungskonzeption, die für den einzelnen sicherstellt, daß er nicht in Risikosituationen geschickt wird, die tatsächlich zu gefährlich sind: Schutz vor Gefahr als Basis für Vertrauen, für die innere Sicherheit.

Fremdenpolitik

Auch sie im Zuständigkeitsbereich des Innenministers angesiedelt, hat zwei Optionen: Abgrenzung zwischen Fremden (Fremdem) und Eigenen oder Integration. Abgrenzung hat dabei eine ähnliche Funktion wie der tägliche Gruselbericht von der Lokalseite: Dort sind welche, die anders sind und denen daher beliebige Eigenschaften, vorzugsweise solche zum Gruseln, zugeschrieben werden können und die deshalb auch ausgegrenzt und fremd bleiben müssen. »Auf die sind wir nix neugierig!«

Die Alternative heißt Integration. Und das ist ein zweiseitiger Prozeß: zumindest muß er den zu integrierenden Fremden erlauben, die Grenzen der Ausschließung zu überschreiten, und er setzt ein Mindestmaß an Bereitschaft voraus, zu sehen, zu hören, zu entdecken, um wen es sich handelt, was diese Fremden mitbringen, wer sie sind. »Da bin ich aber neugierig drauf!« wäre das Gegenstück zur Ausschließung.

Freilich ist die Bereitschaft zur Integration nicht zuletzt durch die Frage des eigenen Selbstbewußtseins entscheidend mitbestimmt – und die Möglichkeit zur Integration durch die Sprachschwierigkeiten erschwert.

Wenn zahlreiche Österreicher ihren Urlaub in der Türkei verbringen, stoßen sie zwar auch auf Türken und auf Sprachprobleme. Aber das Bewußtsein, zahlender Urlauber zu sein – vielfach durch das Bewußtsein, in einer Reisegruppe und daher nicht allein zu sein, unterstützt –, stärkt das Selbstbewußtsein, die innere Sicherheit und erlaubt so sogar ein gewisses Interesse für die vorgefundene Kultur, für Land und Leute.

Daheim kann die Situation ganz anders und auch schlechter sein: die Ängste und Alltagssorgen, etwa um den eigenen Arbeitsplatz, um die wirtschaftliche Sicherheit, Einsamkeit, Zurückbleiben hinter den eigenen Wünschen und Träumen usw. können das eigene Selbstbewußtsein arg in Mitleidenschaft ziehen. Und weg ist eine der Voraussetzungen, sich auf das Abenteuer der Entdeckung von Fremden/Fremdem einzulassen. Mit diesem Fehlen der je persönlichen inneren Sicherheit aber wird auch die öffentliche Diskussion um die innere Sicherheit verändert. Sie ist umso gefühlsbetonter und gehässiger, je unsicherer sich eine große Zahl von Menschen fühlt.

Und diese Unsicherheit läßt sich durchaus hinaus projizieren und erlaubt dann keine Fremdheiten mehr.

Das Fremdeste Überhaupt

Das fremdeste Überhaupt ist der Vater. Ist Vater mein Vater ist wirklich mein Vater. Vater ist, was sich in meiner Mutter schmarotzend eingenistet hat, war ich als schleimige Zellmasse (Schleimpatzen), eingedrungen, angesaugt. Vielleicht ist alles, das ich mache, dazu angetan, daß ich mich darin wiedererkenne. Vielleicht ist alles, das ich mache, dazu angetan, daß ich mich darin nicht wiedererkenne. Vater *trave* (die Gräser, die Kräuter), auch Krautfleisch, dieses Durcheinander, für dessen Zubereitung es Rezepte gibt. *Beatitudo.* Seligkeit der Vollständigkeit, diese vollständige Seligkeit der Nahrungsaufnahme und Mahlzeitenzubereitung für andere. Gründerväter und Nährmütter. Konzerne gründen, Gesellschaftspräsident sein, Unterstandsmäzenin werden. Den Unterstandslosen Uterus und Unterstand gewähren.

Sinnlich gewiß und konkret: meine Mutter. Allgemeine und abstrakte Rechtssicherheit schafft der Name des Vaters. Im Allgemeinen bin ich eine Fremde. Vater ist mein Name. Vater ist ein Name. Ohne Vater keine Namen. Im Namen von jemand oder etwas sprechen, im Namen des Vaters sprechen. Ich aber ist eine Andere, ich ist wahrscheinlich eine Eigensinnige, eine Eigentümliche, eine Idiotin. Spreche ich für mich, spreche ich wie eine Andere. Spreche ich für jemand, spreche ich nicht mehr eigensinnig. Dann sind die Interessen meiner Schutzbefohlenen die Grenzen dessen, das ich sagen darf. Spreche ich nicht für jemanden im Namen von jemand oder etwas, spreche ich wie eine Eigentümliche. Spreche ich im Namen von, im Namen des Staates, der Nation, der Gruppe, spreche ich im Namen des Vaters und also nicht wie eine Idiotin. Dann sind die Grenzen dessen, das ich sagen darf, die Grenzen meiner Welt.

Wir sind Wir, und die anderen sind die Anderen. Die anderen sind die Anderen mit ihrem Totem Vater, dem Teufel. Der Alte Vater wollte alle, wie er es sich in seinem Sessel ausgedacht hat, jungen Frauen in seiner Gruppe vögeln. Daraufhin haben ihn die jungen Männer, die wenigstens je eine Frau haben wollten, heimgedreht, wie die Wienerinnen und Wiener sagen, haben ihn zerstückelt und das Vatergulasch gegessen.

Der Gründervater gründet die Institution und nährt sie. Jede Institution ist ein Greuel, Gründervater und Nährmutter zugleich, ein vollkommenes Wunder. Spreche ich im Namen der Institution, spreche ich mit der Machtvollkommenheit des Gründervaters und der Nährmutter. Ich wahre das Amtsgeheimnis, das Dienstgeheimnis, das Geheimnis des Elternschlafzimmers, in dem Nährmutter und Gründervater ihre monströse, ewig dauernde Heilige Hochzeit halten. Ich spreche in Namen von. Ich spreche für im Namen von. Namenlose Freude. Namenloser Schrecken. Ich spreche vernünftig. Ich bin zu Hause bei Mutter und Vater. Ich spreche fremd. Ich spreche wahnsinnig. Die Dichter sagen: Ich ist eine Andere, die Fremdlingin unter den Menschen. Geschäfte von innen nach außen. Von außen nach innen.

Die brave Juristin bewegt sich im Allgemeinen und wendet es im besonderen an. Sie schreibt einen Brief. EINSCHREIBEN. An eine Supermarkt Warenhandels-Aktiengesellschaft in Wiener Neudorf. Betrifft: Frau Milica MILJEVIC. Sehr geehrte Damen und Herren, Frau Miljevic hat die Kammer für Arbeiter und Angestellte für Wien beauftragt, in folgender Angelegenheit tätig zu werden: Frau Miljevic teilte uns heute mit, daß sie seit 13. Juni 94 als Kassierin in Ihrer Firma (Filiale Wien 21) beschäftigt ist. Das Arbeitsverhältnis ist bis 11. September 94 befristet. Am 7. September 94 teilte Frau Miljevic ihrer vorgesetzten Kassierin Frau Kramer unter Vorlage einer ärztlichen Bestätigung mit, daß sie schwanger ist (errechneter Geburtstermin: 1. März 95; Beginn der Achtwochenfrist vor dem errechneten Geburtstermin: 4. Jänner 95). Frau Kramer legte diese Bestätigung dem Filialleiter Hrn Jovanovic vor, der der Arbeitnehmerin mitteilte, daß Samstag, der 10. September 94, ihr letzter Arbeitstag sei. Die Arbeiterkammer Wien hält fest, daß bei der Begründung des Arbeitsverhältnisses keinerlei Rede davon war, daß Frau Miljevic in Vertretung für eine/n bestimmte/n Arbeitnehmer/in aufgenommen wurde. Der Hinweis im Dienstzettel ist diesbezüglich in seiner Allgemeinheit nicht zutreffend. Es liegt daher auch keine sachliche Rechtfertigung vor, die die Nichtanwendung der Bestimmungen des Mutterschutzgesetzes über befristete Arbeitsverhältnisse begründen könnte. Es treten daher die Rechtsfolgen des § 10 a Absatz 1 MSchG ein: das befristete Dienstverhältnis bleibt bis zum Beginn der Achtwochenfrist vor dem errechneten Geburtstermin bzw dem Beginn des absoluten Beschäftigungsverbotes am 4. Jänner 95 aufrecht und wird der Ablauf der Befristung bis zu diesem Datum gehemmt. Ausdrücklich hingewiesen wird auf die Arbeitsbereitschaft der Arbeitnehmerin. Die Kammer für Arbeiter und Angestellte für Wien ersucht um eine schriftliche Stellungnahme bis spätestens 23. 9. 94. Eine Durchschrift des Schreibens ergeht zur Information an den zuständigen Betriebsrat, Kollegen Prohaska. Mit freundlichen Grüßen. Innerhalb von zehn Tagen kann die brave Juristin den Akt als positiv erledigt ablegen.

Die brave Juristin schreibt einen Brief an ein Korbstudio in Ottakring. Sehr geehrte Damen und Herren, Frau Maria Frunzeanu hat die Kammer für Arbeiter und Angestellte für Wien beauftragt, in folgender Angelegenheit tätig zu werden: Frau Frunzeanu teilte uns mit, daß sie seit Oktober 94 als Lagerarbeiterin in Ihrer Firma beschäftigt ist; im Dezember 94 machte die Arbeitnehmerin unter Vorlage einer ärztlichen Bestätigung Mitteilung vom Vorliegen einer Schwangerschaft (errechneter Geburtstermin 15. August 95). Weiters teilte uns Frau Frunzeanu mit, daß ihr wiederholt vom Lagerleiter Herrn Löbl Arbeiten aufgetragen wurden, deren Zulässigkeit im Hinblick auf die Beschäftigungsverbote des Mutterschutzgesetzes allem Anschein nach nicht gegeben ist; so mußte sie ca 14 Kübel mit ca 10 Liter Inhalt nacheinander vom Erdgeschoß in den ersten Stock hin- und hertragen, um die ihr aufgetragenen Wascharbeiten verrichten zu können; auch wurden ihr Arbeiten in bestimmten Körperhaltungen zB Knien aufgetragen, um Pikkerln vom Boden zu entfernen. Am 25. Jänner 95 wurde Frau Frunzeanu mit der Entlassung gedroht, wenn sie diesen Arbeitsanweisungen nicht nachkomme, am 26. Jänner 95 erhielt sie ein Schreiben von Ihnen mit der Mitteilung, daß die ihr aufgetragenen Arbeiten keinesfalls einem Beschäftigungsverbot unterlägen. Die Arbeiterkammer Wien erlaubt sich dazu festzuhalten, daß die Entlassung einer schwangeren Arbeitnehmerin grundsätzlich nur mit Zustimmung des Gerichts möglich ist. Weiters erlauben wir uns festzuhalten, daß die Arbeitnehmerin nur nach Maßgabe des Arbeitsvertrages und der Beschäftigungsverbote des Mutterschutzgesetzes zur Arbeitsleistung verpflichtet ist. Da deren Vorliegen im Einzelfall strittig sein kann, wird vorgeschlagen, diesbezüglich die Arbeitsinspektion heranzuziehen bzw erlauben wir uns, dieses Schreiben der Mutterschutzreferentin im zuständigen Arbeitsinspektorat für den 3. Aufsichtsbezirk zur Kenntnis zu bringen. Frau Frunzeanu, die sich seit gestern in einem ordnungsgemäß gemeldeten Krankenstand befindet, ist im Rahmen der bestehenden Vereinbarung und nach Maßgabe der Beschäftigungsverbote des Mutterschutzgesetzes arbeitsbereit. Wir ersuchen Sie um eine kurze schriftliche Stellungnahme bis 3. 2. 95. Mit freundlichen Grüßen. Die Firma ruft an und bestreitet, Frau Frunzeanu jemals solche Anweisungen gegeben zu haben. Es sei unerhört, daß die Arbeitnehmerin so etwas behaupte. Hingegen sei sie faul und drücke sich vor der Arbeit, seit sie schwanger ist. Selbstverständlich halte man sich an das Mutterschutzgesetz, auch bei Ausländerinnen. Die brave Juristin teilt diese Stellungnahme Frau Frunzeanu mit. Frau Frunzeanu bleibt im Krankenstand und wird aufgrund eines amtsärztlichen Zeugnisses der Arbeitsinspektion von der Arbeit freigestellt. Anfang März legt die brave Juristin eine Aktennotiz an: Anruf Frau Frunzeanu

– Ende der Schwangerschaft. Frau Frunzeanu kam am 16. Februar 95 ins Spital und wurde am Montag, den 20. Februar 95, kürettiert. Die Schwangerschaft ist somit beendet. Nach Mitteilung des behandelnden Arztes war die Schwangerschaft seit 4 oder 5 Wochen gestört, er erkundigte sich, welche Arbeiten sie gemacht habe. Die Freistellung erfolgte seiner Ansicht nach zu spät. Die Arbeitnehmerin ist dzt im Krankenstand und teilte dem Arbeitgeber telefonisch mit, daß sie das Kind verloren hat und die Schwangerschaft nach Ansicht des Arztes durch die Art der Arbeit gestört war. Der Arbeitgeber habe daraufhin nur gelacht. Die Frage der ANin, ob es richtig sei, daß er sie in Hinkunft wohl nicht mehr brauchen werde, bejahte er, das heißt, sie geht davon aus, daß eine Kündigung erfolgen wird. Frau Frunzeanu wurde darauf hingewiesen, daß ein direkter Kausalzusammenhang zwischen Arbeitsbelastung und Schwangerschaftsstörung nur sehr schwer beweisbar ist; sie ist an einer gerichtlichen Auseinandersetzung nicht interessiert und dankt der Referentin für ihren Einsatz. Auf ihren Wunsch übernimmt die Arbeiterkammer die Verständigung des Arbeitsinspektorates. Die brave Juristin ist einen Monat lang bedrückt. Hat sie genug getan?

Die brave Juristin schreibt eine Rezension über eine fünfbändige Geschichte der Frauen. Das 19. Jahrhundert beginne in dieser Darstellung mit der Französischen und Amerikanischen Revolution; die rechtliche Ungleichheit der Frauen werde zu einer Art Leitmotiv, das an den Themen fehlende Rechtssubjektivität, Wahlrecht, Zugang zur Bildung, und Arbeit entwickelt werde. Die Darstellung des 19. Jahrhunderts ende mit der Darstellung von Reisen und Auswanderung. Joan W. Scott stelle in ihrem Beitrag über die *Die Arbeiterin* vertraute Sichtweisen der Trennung von Ganzem Haus und industrieller Erwerbsarbeit in Frage und beziehe dabei die Geschlechterordnung in der Geschichte der Gewerkschaften ebenso ein wie die Wissenschaftsgeschichte der Nationalökonomie. Cécile Daphin weise in ihrem Beitrag über *Die Alleinstehende Frau* nach, wie irreführend das überlieferte Bild der Arbeiterin als Frau und

Mutter ist, indem sie ausführlich auf die Geschichte der sog. Industrieklöster eingeht. In der Darstellung des 20. Jahrhunderts werde in einem Schwerpunkt die Entwicklung von Sozialpolitik und politischer Partizipation im Zusammenhang mit dem Anwachsen des Nationalismus nach dem Ersten Weltkrieg und nationalistischer Politik in der Zwischenkriegszeit dargestellt; haben sich im 20. Jahrhundert Diskriminierung und geschlechtsspezifische Arbeitsteilung geändert, oder überwiegen Kontinuitäten? Der Beitrag von Gisela Bock, die weibliche Armut, Mutterschaft und Rechte von Müttern im Zusammenhang mit der Entstehung des Wohlfahrtsstaates von 1890 bis 1950 umfassend thematisiere, kennzeichne die Fragestellung, wobei die Autorin ausführlich auf das nationalsozialistische Deutschland eingehe. Ein abschließender Schwerpunkt greife Entwicklungen wie Fortpflanzungstechnologie und Bioethik auf.

Die brave Juristin schickt einen Brief an die Ehefrau des führenden sozialdemokratischen Mitglieds der Bundesregierung nicht ab. Sehr geehrte gnädige Frau, ich kann Ihnen sicherlich *nicht* zustimmen, was Ihre öffentlich geäußerten Ansichten über Wenigverdienerinnen und Alleinerzieherinnen betrifft. Sie bezeichnen diese als verantwortungslose junge Frauen, die für ein paar tausend Schilling im Monat arbeiten gehen, abends ihre Kinder zu Hause lassen und dann zum Heurigen gehen. Ich bin dreiundvierzig Jahre alt und erlaube mir, Ihre Äußerungen persönlich, von Frau zu Frau, zu nehmen. Herabgesetzt fühle ich mich und meine Lebenserfahrung durch ihre apodiktischen Äußerungen über die Vereinbarkeit von Beruf und Privatleben. Ich weigere mich, die diskriminierende Perspektive eines exklusiven Entscheidungszwanges – entweder Beruf oder Kinder – für mich und auch für andere Frauen zu akzeptieren. Zu Beginn meiner Berufslaufbahn als Juristin haben mir männliche Entscheidungsträger in Bewerbungsgesprächen, da ich offensichtlich eine Frau im gebärfähigem Alter war, unverschämte Fragen über mein Privatleben und die Planung meiner Reproduktonskarriere stellen dürfen, ohne daß ich – Mitte der siebziger Jahre – im öffentlichen Dienst eine rechtliche Handhabe gegen diesen insinuierten Zwangszölibat hatte. Durch Ihre Äußerungen heißen Sie indirekt noch immer bestehende frauendiskriminierende Praktiken im Staatsdienst und in der Privatwirtschaft gut, wie zB Schwangerschaftstests, die manche Handelsketten von arbeitssuchenden Bewerberinnen verlangen. Durchaus mißfallen mir auch Ihre öffentlich geäußerten, unterschwellig homophoben Gehässigkeiten gegen Politikerinnen, die ihr Leben dem Kampf gegen die Diskriminierung anderer Frauen gewidmet haben. Als geschmacklos empfinde ich außerdem, daß Sie über Ihren Ehemann öffentlich als grundsätzlich zu pädagogisierendes und disziplinierendes Gattungswesen teddybärähnlichen Geschlechts sprechen. Ich werde einen Blumenstrauß an die Gewerkschafterinnen schicken, die gegen Ihre Äußerungen protestiert haben.

Die brave Juristin steht vor einer Auslage eines Supermarkts, der sich »Pflanzen-Gau« nennt. Pflanzen und Töpfe sind eng in Regale geschlichtet, in dichten Reihen. Nachts schauen die Pflanzen im Neonlicht giftgrün und künstlich aus. Gleich morgen, das nächste Mal, wenn ich hier vorbeikomme, denkt die brave Juristin, werde ich möglichst viele Pflanzen mit nach Hause nehmen. Kaufen. Ich könnte, denkt die brave Juristin weiter, die Pflanzen allerdings *befreien*, so wie eine Figur aus einem vom Leben abgeschriebenen Roman von Eva Demski, illegal, einfach mitnehmen. Der Pflanzenbefreier von Eva Demski ist naturgemäß vorbestraft. Vorbestraft geht für die brave Juristin nicht. Auch uneingeschränkter Pflanzenkauf geht nicht. Wohnung und Büro wären bald übervoll von Pflanzen in Töpfen. Alle Kolleginnen und Kollegen der braven Juristin haben Pflanzen in ihren Büros und pflegen sie sorgsam, liebevoll. Jedenfalls sollte die brave Juristin im Pflanzen-Gau nicht viel, am besten gar nichts kaufen, weil das eine Ausbeuterfirma ist. Arbeitskräfte laufend gesucht, ein handgeschriebener Zettel in der Auslage. Hier arbeiten fast nur Frauen, und naturgemäß zu Mindestlöhnen. Ohne ihren Namen zu nennen, erzählt der braven Juristin eine dieser Frauen in der telefonischen Arbeitsrechtsberatung, daß sie nicht so blöd sie wie viele andere. Diese anderen würden nämlich das Angebot annehmen, das ihnen der Pflanzen-Gau nach drei Jahren Tätigkeit macht, sobald sie einen Anspruch auf Abfertigung haben. Das Angebot ist ein Kredit, den die Firma gewährt. Die Höhe des angebotenen Kredites entspricht der Abfertigungssumme. Fast alle unterschreiben den Kreditvertrag, den man ihnen hinhält, sagt die Frau am Telefon; sie will wissen, ob sie etwas gegen so einen Vertrag machen könnte, wenn sie ihn nun doch unterschrieben hätte. Sie spricht ein rasches Wienerisch, unter den vielen anderen, die unterschreiben, werden wohl genug *Ausländerinnen* sein, wie man seit Ende der achtziger Jahre immer öfter und seit Beginn der neunziger Jahre fast ausschließlich sagt, wohingegen in den sechziger und auch noch in den siebziger Jahren die meisten Leute so wie in der Nazizeit *Fremdarbeiter,* in den siebziger und achtziger Jahren dann allerdings immer öfter *Gastarbeiter* gesagt hatten. Eine andere Frau, die im Pflanzensupermarkt arbeitet, erkundigt sich bei der braven Juristin am Telefon nach dem gesetzlichen Schutz für schwangere Frauen: sie muß Paletten mit Pflanzen heben, zehn Stunden am Tag arbeiten und bestimmte Pflanzen mit Chemikalien, die ihr giftig erscheinen, behandeln. Die brave Juristin hat schon für drei Frauen beim Pflanzensupermarkt interveniert; zwei von diesen Frauen waren *Ausländerinnen*, dahinter ist, wie ansteckend Sprachgebrauch ist, die Erinnerung der braven Juristin unklar, ob beide aus der Türkei kamen oder eine von ihnen aus Ägypten, ob sie Kopftücher trugen und ob sie jedesmal mit ihren Ehemännern in die Arbeitsrechtsberatung kamen. Für eine von ihnen hat die brave Juristin jedenfalls den Rechtsschutz der Arbeiterkammer erwirkt, die Argumentation ausgearbeitet, den Fall vor Gericht gebracht; die Klägerin hat in zweiter Instanz gewonnen. *Die Klägerin war bei der Beklagten ab 14. 4. 94 für 3 Monate befristet als Ladnerin beschäftigt. Ihr Bruttomonatslohn betrug S 10.380,—. Am 9. 5. 94 meldete sie ihre Schwangerschaft. Die Beklagte nahm diese zur Kenntnis und gab den Beginn der Wochenhilfe mit 21. 9. 94 bekannt. Am 13. 7. 94 wurde der Klägerin mitgeteilt, daß sie ab 14. 7. 94 nicht mehr zu arbeiten brauche. Das Entgelt erhielt die Klägerin bis 13. 7. 94. Die Beklagte ist bereits vor Jahren dazu übergegangen, fast ausschließlich ungelerntes Verkaufspersonal aufzunehmen und zunächst befristete Dienstverhältnisse abzuschließen. Die Ausbildung läuft prinzipiell so ab, daß die Mitarbeiter zunächst eine Woche in der Hauptfiliale, danach eine Woche in einer Filiale zum Einsatz kommen. In den Filialen steht den neuen Mitarbeitern die erste Verkäuferin zur »Nachschulung« zur Verfügung, die sie in der Praxis zu unterstützen und Wissensmängel zu beseitigen hat. Eine theoretische Weiterbildung und Schulung in Form von Kursen oder Seminaren findet nicht mehr statt, wohl aber sind während der dreimonatigen Phase alle 14 Tage Tests vorgesehen.* Der Erwerb einer besonderen Qualifikation für diese Tätigkeit, der ein befristetes Probearbeitsverhältnis über die gesetzlich oder kollektivvertraglich vorgesehene Dauer hinaus notwendig mache, so das Urteil weiter, sei also nicht gegeben. Nur für diesen Fall aber sehe der am 1. 1. 93 in Kraft getretene § 10 a des Mutterschutzgesetzes vor, daß die Beendigung des Dienstverhältnisses zum Zeitpunkt der vereinbarten Befristung sachlich gerechtfertigt sei. Da die Tätigkeit der Regalbetreuerin bzw Ladnerin im Pflanzensupermarkt jedoch keine solche qualifizierte Tätigkeit sei, trete der Ablauf der Befristung erst mit dem Beginn des absoluten Beschäftigungsverbotes acht Wochen vor dem errechneten Entbindungstermin ein. Nach dem Vorliegen des Urteils in der zweiten Instanz hat der Rechtsanwalt des Pflanzen-Gau drauf verzichtet, den Fall bis vor den Obersten Gerichtshof weiterzutreiben. Die brave Juristin und ihre Kollegen, die den Fall vor Gericht vertreten haben, freuen sich, weil das Urteil Auswirkungen für viele Arbeitnehmerinnen im Pflanzen-Gau und im Handel überhaupt haben wird.

Der braven Juristin ist das Mutterschutzgesetz, mit dem sie täglich umgeht, unheimlich. Sie hat einen Blick in eine Gesetzesausgabe aus dem Jahr 1941 geworfen. Die wichtigsten Bestimmungen sind fast wortgleich mit dem heutigen Gesetz; einige Fristen sind kürzer gewesen, absolutes Beschäftigungsverbot erst sechs Wochen vor dem errechneten Entbindungstermin.

Oder waren es vier? Für *fremdrassige* Frauen haben die Schutzbestimmungen nicht oder nur eingeschränkt gegolten. Das ist zu Beginn der fünfziger Jahre dann aus dem Gesetzestext verschwunden. Was aber hat vor 1941 in Österreich gegolten? Haben die Nazis den Mutterschutz erfunden? Hat Lanz-Liebenfels eine Broschüre namens *Mutterland* herausgegeben? Die brave Juristin nimmt sich vor, dies und Verwandtes bei nächster Gelegenheit zu recherchieren und wird sicherlich vor lauter Arbeit nicht dazukommen.

Die brave Juristin spricht mit ihren Kolleginnen über ihre Fälle; sie sprechen über mangelnde Handlungsmöglichkeiten, die einer mangelnden Handlungsfähigkeit, ja, gewissermaßen einer Unmündigkeit gleichkommen. Die Supermärkte und das Korbstudio hatten Beschäftigungsbewilligungen für ihre *Ausländerinnen*. Die Beschäftigungsbewilligung ist an das Arbeitsverhältnis gebunden. Bei kündigungsgeschützten Arbeitnehmerinnen verlängert sich der Ablauf der Beschäftigungsbewilligung bis zum Ablauf des Kündigungsschutzes, regelmäßig also bis nach dem Karenzurlaub. Befristete Arbeitsverhältnisse dauern aber höchstens bis zum Beginn der Achtwochenfrist, zum Beispiel, undsoweiter. Am schlimmsten sind die Fälle, in denen es keine Beschäftigungsbewilligung gibt. Wer als *Ausländerin* ohne Beschäftigungsbewilligung arbeitet, macht sich nach den *Ausländergesetzen* abschiebbar. Einmal und dann nicht mehr wieder hat die brave Juristin versucht, für einen Mutterschutzfall bei den Mitgliedern des zuständigen Vermittlungsausschusses beim Arbeitsamt, einem Vertreter der Handelskammer und einem Vertreter der Gewerkschaften, wegen einer Beschäftigungsbewilligung zu intervenieren. Eine Kollegin der braven Juristin hingegen gibt nicht auf und interveniert immer wieder bei allen das *Fremdenrecht* vollziehenden Stellen.

Die brave Juristin flüchtet vor dem alltäglichen Widerspruch zwischen Anspruch und Wirklichkeit, Allgemeinem und Besonderem, der im Durchwursteln, wie die Wienerinnen und Wiener sagen, aufgehoben wird. Neuerdings geht sie samstags ins Kaffeehaus frühstücken und liest die Zeitungen. Raucher,

Trinker, und Dicke und Sünder, so steht es im März 1996 in den Schlagzeilen, sollen den Arzt selbst zahlen; das sei der christlichsoziale Geheimplan zur Gesundheitsreform. Im Amtsblatt ist im Kleingedruckten der Hinweis auf eine Entschließung des Herrn Bundespräsidenten zu lesen; dieser ernennt auf Vorschlag des Bundeskanzlers gemäß Artikel 70 Abs 1 in Verbindung mit Art 78 Abs 1 des Bundesverfassungs-Gesetzes eine neue Ministerin für Allgemeine Frauenfragen als Bundesministerin ohne Portefeuille. Der Vizekanzler und Außenminister ist der Meinung, daß der Einreiseantrag von Felix Habsburg-Lothringen der Antrag eines Bürgers der Europäischen Union ist, der die Freizügigkeit der Gemeinschafts- oder Unionsbürger in Anspruch nimmt und einen Paß der Europäischen Union hat. Am Abend geht die brave Juristin zu einem kleinen Fest und bleibt lange vor einer Auslage in der Wollzeile mit Juxartikeln stehen: die gelbliche Maske »Quark« (ist die Quantentheorie auf historische Prozesse anwendbar?), eine Reihe von Wunden: *Slit Throat*, Brandwunden, Stirnwunden, aus denen Finger kommen, der Knochenbruch, der auf den Unterarm appliziert werden kann, die Künste auf Horror spezialisierter Maskenbildner und Maskenbildnerinnen für jede Frau und jeden Mann. In einem Monitor läuft eine Vorführung von Faschingskostümen, lange fließende Roben aus glänzenden Stoffen, mindestens halbmeterhohe Kunststoffgebilde, die riesige Köpfe und Gesichter nachbilden, Fremde aus dem Weltraum im Wohnzimmer, glitzernde Masken.

Die brave Juristin wird an einem Samstag im April in einen Arbeitskreis über Transsexualität geschickt, der einheitliche Rechtsregeln auf europäischer Ebene durchsetzen will. In der Literatur über Transsexualität bis 1995 sind tausend bis eintausendfünfhundert Fälle der operativen Geschlechtsumwandlung von Männern in Frauen und vierhundert bis fünfhundertsechzig Fälle der Geschlechtsumwandlung von Frauen in Männer ausgewertet worden, sagt ein deutscher Psychiater; in Nachuntersuchungen einer operativen Geschlechtsumwandlung wird der Effekt der Geschlechtsumwandlung häufiger, nämlich in 66 Prozent der Fälle, positiv als negativ eingeschätzt; bei der Umwandlung von Frauen in Männer häufiger als umgekehrt, und zwar unabhängig davon, ob die Autoren der Untersuchung Geschlechtsumwandlung grundsätzlich gutheißen oder nicht. Ein wesentlicher Wirkfaktor sei die Aussicht auf juristische Anerkennung während der Erprobung des neuen Geschlechts im Alltag. In Holland, sagt eine Psychotherapeutin, wird die Geschlechtsumwandlung Jugendlicher, die grundsätzlich ab 16 Jahren möglich ist, sorgfältig an einem Zentrum unter anderem durch Nachfragen, ob es sich um Fälle echter Transsexualität handelt, bei Familien und Schule vorbereitet. Was den Einfluß kultureller Faktoren betrifft, merkt ein österreichischer Psychoanalytiker an, so haben vor 1989 gar keine und seit 1989 plötzlich sehr viele Frauen in der ehemaligen UdSSR eine Geschlechtsumwandlung angestrebt. Und man dürfte auch nicht die unter Psychotherapeuten weitverbreitete Homophobie vergessen. Am Nachmittag sehen die Teilnehmerinnen und Teilnehmer des Arbeitskreises viele Diapositive, auf denen gelungene und nicht gelungene Operationen gezeigt werden; die vorführenden Chirurgen erläutern Details und Komplikationen. Es geht dabei ausschließlich um die operative Umwandlung von Frauen in Männer, die immer häufiger wird; Schwierigkeiten macht vor allem die chirurgische Gestaltung der Harnröhre in der Penoidkonstruktion. Die Chirurgen führen nicht ohne Stolz und Rührung vor, wie die von ihnen Operierten urinieren: gelassen im Stehen; die Hand umschließt das Penoid, auf dem Haare wachsen, wenn Haut und Fleisch aus dem Unterarm für die Konstruktion verwendet wurde. Die brave Juristin schaut während der Dia-Vorführung oft zu den Fenstern mit den heruntergelassenen gelben Rollos.

Die brave Juristin trifft sich mit der engagierten Rechtsanwältin. Der Verfassungsgerichtshof hat den Bescheid aufgehoben, mit dem die Aufenthaltsbewilligung von Anica Z., die vor drei Jahren aus Bosnien gekommen ist, nicht verlängert wurde. Der Verfassungsgerichtshofbeschwerde sind komplizierte Konstruktionen vorausgegangen, um den Aufenthalt von Anica zu legalisieren; weitere werden folgen müssen. Es sei auch mit den besten Beziehungen aussichtslos, sagt die engagierte Rechtsanwältin, eine Beschäftigungsbewilligung zu bekommen. Die braven Juristinnen erläutern das ihnen bekannte Ausmaß illegaler Beschäftigung von *Ausländerinnen* sowohl in ausbeuterischen als auch in fortschrittlichen Haushalten. Dann tauschen sie Erinnerungen an eine gemeinsam ausgearbeitete Klage nach dem Gleichbehandlungsgesetz aus und sprechen über ihre Kolleginnen und Kollegen.

Wenn du einen Knäuel nicht entwirren kannst, schrieb W., so ist das Gescheiteste, was du tun kannst, das einzusehen; und das Anständigste, es zuzugestehen. Er meinte den Antisemitismus. Was man tun soll, das Übel zu heilen, schrieb er, ist *nicht* klar. Was man *nicht* tun darf, sei hingegen von Fall zu Fall klar. Eine seiner vielen vermischten und reichlich verwischten, ja geradezu dunklen Bemerkungen.

V.

Dann wirst du spüren, wie salzig
das fremde Brot schmeckt und wie hart es ist,
die fremden Treppen auf und abzusteigen.

Tu proverai come sa di sale, lo pane altrui
e com'è duro calle, lo scendere e il salir per l'altrui scale.

W A L T E R   K A P P A C H E R

Tage und Nächte im Valdarno

Nach dem zweiten Hupsignal kam er zu sich. Der Dieselmotor grammelte im Leerlauf, er nahm den Rucksack und stieg vorne aus; kaum hatte er, der einzige Fahrgast, den ersten Fuß auf die Straße gesetzt, der Rucksack behinderte ihn beim Aussteigen, setzte der Bus sich in Bewegung. Das Kriegerdenkmal – keine offizielle Haltestelle – war mit frischen Blumensträußen geschmückt, links davon sah er den schmalen Einstieg, den Beginn des Fußwegs, der durch den Wald hinauf nach Cacchiano führt und den er noch nie gegangen war. Wie er befürchtet hatte, begann es jetzt zu dunkeln. Seit Verona, als der Schaffner ins Abteil gekommen war: »Sciopero!«, sie müßten alle aussteigen, dieser Zug fahre nicht weiter, war an seiner Reise nichts mehr planmäßig verlaufen, aber er hatte versucht es leicht zu nehmen, das Herumstehen auf Bahnhöfen, den dreimaligen Zugwechsel, dann endlich das stundenlange Warten in Arezzo; zu Mittag hatte er in Cacchiano ankommen wollen. Als er nun den Rucksack zurechtrückte und den Gurt festschnallte, fürchtete er sich plötzlich vor dem Aufstieg durch den finsteren Wald. Wenn er vom Weg, diesem meist nur im Spätherbst begangenen Jägersteig abkam, würde er sich im Gestrüpp verirren und im Wald nächtigen müssen und fürchterlich frieren. Hatte er nicht von Cacchiano aus einmal versucht, den Verlauf dieses Pfades zu erkunden und war nach ein paar hundert Metern im undurchdringlichen Gestrüpp nicht mehr weitergekommen? Bevor er in den Wald hineinging, orientierte er sich: Dort oben zwischen den beiden Hügelkuppen mußte Cacchiano liegen.

Ob es ihm gelang, während des Aufstiegs die Richtung beizubehalten? Er wußte nicht, wie der Weg verlief, auch nicht, wie lange er unterwegs sein würde, bis, wenn er Glück hatte, irgendwann die rückseitige Hausmauer plötzlich vor ihm aufragen würde. Er ärgerte sich, auf die Taschenlampe vergessen zu haben. Das Rascheln, das Knistern, hatte sein Tritt es verursacht?

Sieben Jahre, seit dem Waldbrand – weil sie jeden Frühsommer einen breiten Streifen rund ums Haus gemäht und gerodet hatten, blieb das Haus so gut wie verschont – war er nicht mehr in Cacchiano gewesen; auch Luigi hatte ihm am Telefon nicht sagen können, in welchem Zustand das Haus sei. Es diente wie früher, bevor sein Schwager es erworben hatte, den Jägern bei Schlechtwetter als Unterstand. Es sei sicher alles zugewachsen mit Dornen, hatte Luigi gesagt. Er helfe ihm beim Roden, er sei jetzt in Pension. Schon vor Jahren hatte Luigi den Schwager Heinrich gewarnt, wenn das Dach nicht renoviert werde, falle es in sich zusammen. Während er zügig voranschritt – er hätte nicht gedacht, daß das Auge sich so an die Dunkelheit gewöhnte, noch konnte er den Weg sehen, in den Weg hereinwachsende Äste, deren Zweige zurückpeitschten –, stellte er sich die Ankunft beim Haus vor. Die Tür nicht abgesperrt, das hatten sie sein lassen, nachdem sie sie bei ihren Ankünften meistens aufgebrochen vorgefunden hatten. Im Haus befand sich nichts Wertvolles, höchstens die am Balken in der Küche hängenden Pfannen und Töpfe und der Campingkocher. Die Einrichtung aus Regalen, ein paar Matratzen, Bettwäsche, Klapptische, Klappstühle, Liegestühle. Es hatte nie etwas gefehlt, auch kein Werkzeug in dem südseitig gelegenen Stall, den Heinrich als eine Art Werkstatt eingerichtet hatte. *Gewohnt* wurde ohnehin auf der Wiese vor dem Haus. Jetzt, Mitte September, konnte es abends kühl werden, er würde im Wald Holz klauben und den Kamin heizen. Ihm fiel auf, daß kein Vogel im Wald zu hören war. Es war noch nicht spät – halb acht vielleicht –, aber die Sonne ging sogar im Sommer bereits um sieben hinter dem Hügelzug im Westen unter, und rasch wurde es dann finster. Als er nach einem quer auf dem Weg liegenden Ast griff, zuckte er mit der Hand zurück: War es eine Schlange, eine von den riesigen Nattern, die es hier gab, und die, wie sie im Dorf erzählten, auch nachts unterwegs waren? Ein Stoß mit dem Fuß bewies, ein trockener Ast, er kürzte ihn, indem er ihn mit dem Fuß knickte – jetzt hatte er einen Stock in der richtigen Länge, sofort fühlte er sich sicherer. Hier im Wald waren Wildschweine, so wie auch im ungerodeten Gelände ums Haus. Sie waren scheu, flüchteten vor Menschen, außer es handelte sich um eine Sau mit Frischlingen, der man zu nahe kam. In Cello hatten sie öfter erzählt, wie ein Eber einem Pilzesammler aus Arezzo mit seinen Hauern den Oberschenkel aufriß. Wenn er den großen Bach, den Rio Orenaccio erreichte, aus dem sie ihr Wasser zum Kochen geholt und wo sie in einem großen Topf Käse und Schinken gekühlt hatten, und in dessen eiskaltem Wasser sie im Sommer gebadet hatten, war er gerettet, dann nur noch hundert, hundertfünfzig Meter zum Haus hinauf, die letzten fünfzig im Freien, die ansteigenden Terrassen mit den Olivenbäumen, bis gegen den Nachthimmel die Silhouette der hohen Rückseite des Hauses wahrnehmbar sein würde. Ob er eine Kerze und Streichhölzer finden würde?

Auf einmal ging es nicht mehr weiter: In welche Richtung er die Hände auch ausstreckte, undurchdringliches Gestrüpp, Spinnweben im Gesicht. Es hat keinen Sinn, dachte er, umkehren! Im Autobus hatte er überlegt, gleich weiter bis Florenz, der Endstation zu fahren, ein Zimmer in einer Pension zu nehmen und morgen wieder im Zug nach Arezzo ... Zurück also, zur Straße hinunter, nach Fibocchi wandern, vielleicht fuhr noch ein Bus nach Arezzo. Zuerst den Pullover anziehen, es begann ihn zu frieren, er setzte den Rucksack ab. Für eine Weile schloß er dann die Augen. Von sehr ferne war Hundegebell zu hören. Ein paar Schritte zurück und er war wieder auf dem Weg. Jener andere Weg fiel ihm ein, von Cacchiano nach Cello, der Abkürzungsweg, unterhalb des steinigen Güterwegs, der Autozufahrt nach Cacchiano – niemals wäre es ihm eingefallen, ihn nachts zu gehen. Bei jedem Gang nach Cello hatte er auf diesem alten Weg die Baumschere in der Hand gehabt, hereinhängende Ginster- und andere Zweige abgeschnitten. Auf dem freien, sonnenbeschienenen Stück, wo man noch die gefügten Steinquader der alten Straße Cello–Fibocchi erkennen konnte, nahm er meistens ein paar größere Steine in die Hand und warf sie vor sich her. Wieder das Hundegebell. Wenn es nicht aus Cello kam, dann vom Hof Gianfrancos, an der Paßstraße – die Richtung, in der er ging, schien zu stimmen. Er begann eine Passage aus den Duineser Elegien zu rezitieren: »Wer, wenn ich schriee, hörte mich denn aus der Engel Ordnungen …« Wieder roch er leichten Brandgeruch, er dachte, ein Bauer in Cello hat auf den Terrassen gemähtes Gras und Gesträuch verbrannt. Tagsüber war das Feuermachen verboten, und ihm fielen seine Feuer ein, riesige Haufen von Dornenranken und gemähten Gräsern und Kräutern, und wie einmal im Sommer um sechs in der Früh das Feuer beinah außer Kontrolle geraten war, auf die Terrassen oberhalb der Hauswiese übergegriffen hatte; mit einer Schaufel hatte er die um sich züngelnden Flammen gerade noch ausdämpfen können.

Er kam ins Freie, nur noch Macchia, die an den Hosenbeinen kratzte, links die Umrisse der Hügelkette im Westen, ein letzter, verdämmernder rötlicher Himmelsstreifen, darüber der Abendstern. Der Weg ging hart am Rand eines Abhanges, dort unten der Einschnitt des Rio Orenaccio. Jetzt glaubte er daran, daß er zum Haus finden würde. Es ging abwärts, geröllig, aber er sah den Verlauf des Weges; er hoffte, der Bach führe wenig Wasser, er fände und fühle die größeren Steine darin, ohne mit den neuen Schuhen hineinzupatschen. Als vor ihm etwas heftig aufflatterte, schreckte er zusammen, ein Fasan wahrscheinlich, gleichzeitig ließ etwas ihn stolpern – Wurzelwerk quer über den Pfad oder ein herausragender, festsitzender Stein –, er geriet, auch wegen des schweren Rucksacks, außer Tritt, Dornen aus den Macchia-Büschen verfingen sich in seinen Hosen. Er stellte sich vor, wie er morgen, wenn er L. anrief, alle die Mißlichkeiten der Anreise noch übertreiben würde, und er dachte an seine Mutter, derentwegen er seine Reise ins Valdarno um drei Wochen hatte verschieben müssen, da sie es, 85jährig, in dem Seniorenheim, in dem er nach monatelangen Bemühungen für sie, die dies seit langem wünschte, ein Zimmer bekommen hatte, nicht aushielt und er die Übersiedlung wieder rückgängig machen mußte. Der Weg verlief jetzt in einer Biegung nach rechts, immer steiler hinunter zum Bach; als er aufblickte, sah er über der Silhouette der Hügelkette im Westen die Mondsichel. Bei Vollmond hätte ich viel besser sehen können, dachte er, andererseits schlief er gerade in Cacchiano bei Vollmond schlecht; manchmal war er die halbe Nacht wach gelegen und hatte den ihm fremden Geräuschen rund ums Haus nachgelauscht, schmatzende Tierlaute von den Susinenbäumen her, Wildschweine oder Dachse, manchmal war eine Nachtigall zu hören oder das markdurchdringende Geschrei einer Rehgeiß nach ihrem verlorenen Kitz. In Cello hatten sie von Wölfen erzählt, die sich manchmal von den Abruzzen herauf verirrten. Ihm fiel ein, Luigi hatte auch gesagt, es gebe keine Bar mehr in Cello und der Lebensmittelhändler komme mit seinem Lieferwagen nicht mehr ins Dorf. Zum Einkaufen würde er nach Fibocchi wandern müssen. Der kürzeste Weg war dieser durch den Wald – bei Tageslicht schreckte der Gang ihn nicht. Er würde Luigi bitten, ihn einmal mitzunehmen im Auto, um einen Vorrat an Mineralwasser, Erdäpfeln und anderen schwergewichtigen Lebensmitteln anlegen zu können und vor allem eine Gasflasche herzutransportieren. Wie würde das alte Steinhaus aussehen? Je tiefer er hinunterstieg, desto finsterer wurde es, es ging wieder in einen Wald hinein, allerdings nicht mehr in einen Urwald, wie am Beginn des Aufstiegs, dieser Wald schien bewirtschaftet zu sein. Pfad vermochte er keinen mehr wahrzunehmen, dafür hörte er das Rauschen des Baches. Nirgendwo in seinem Leben hatte er mehr gefroren als in Cacchiano, im ersten Spätsommer, als es noch zu wenig Decken im Haus gab und vor allem die Fenster fehlten. Warum, so dachte er, erschien ihm die Welt, sobald es finster wurde, so feindlich? Es war nicht bloß, daß er wenig oder nichts sah, sich nicht orientieren konnte, es war, als ob Mächte – tagsüber vom Sonnenlicht gebannt –

wirksam wurden, Abgründe an Ängsten taten sich auf, von denen man nichts geahnt hatte. Er bildete sich ein, den Bach zu riechen, er mußte schon nahe sein, und er dachte (mehrmals hatte er sich unterwegs geschneuzt), der Bahngestank, der Autobusgestank, der Gestank der verrauchten Bar in Fibocchi, der Benzingestank (die Autobushaltestelle befand sich neben der Tankstelle) hat meine Nase verlassen, das heftige Atmen beim Aufstieg hat sie gereinigt. Jenseits des Baches, der sehr wenig Wasser führte, drang plötzlich süßlicher, ekelhafter Aasgeruch in seine Nase. Bis hierher war er aus der anderen Richtung, vom Haus herunter schon gekommen: kaum vorstellbar, daß er in diesem Bach gebadet, daß man darin hatte untertauchen können. Auf den Weg achtete er jetzt nicht mehr, stieg den Hang hinauf, durch hohe Gräser und Büsche, und dann stand er – wieder im Freien – auf der ersten Terrasse, strich mit der Hand über die schrundige Rinde eines Olivenbaums. Als er die nächste Terrasse erklimmen wollte, geriet er in ein Dornengestrüpp, mühsam befreite er das Hosenbein daraus. Der schwarze Fleck dort oben, war das bereits das Haus? Er ging vorsichtig – den Stock hatte er lange schon fallen lassen – auf der Terrasse nach rechts und tastete nach dem Weg. Noch fünfzig Meter vielleicht. Die durcheinander liegenden großen Felsblöcke links vom steilen unebenen Weg erahnte er mehr, als daß er sie sah. Nachdem Heinrich hier an einem Sommertag gleich mehrere *riesige* Sandvipern gesehen hatte, hatten er und seine Familie Cacchiano die nächsten zwei Jahre gemieden. Er stieß mit dem Fuß gegen einen Stock, der war brauchbar, das Geranke der Brombeersträucher würde im Umkreis des Hauses zunehmen. Kein Laut, als er durch dürres schilfiges Gras an der Hausmauer entlang ging, kein Getropfe aus der Brunnenröhre in den betonierten Trog. Auf der Vorderseite war es etwas heller, die Umrisse der Hügelkette im Westen deutlicher. Vor der schiefen Steintreppe setzte er den Rucksack ab. Der Große Bär über den Ausläufern des Pratomagno-Gebirges noch blaß, später würde es ein herrlicher Sternenhimmel werden. Banges Gefühl, als er oben am Treppenabsatz die angelehnte Doppeltür aufstieß, rauhe Blätter streiften seine Stirn. Beim Eintreten spürte er eine Spinnwebe an der rechten Wange. Könnte bedeuten, daß längere Zeit hier niemand eingetreten war, dachte er. Noch nie war er in der Nacht in Cacchiano angekommen, wohl aber nachts, meistens mit Taschenlampe, aus Cello, von einer Essenseinladung, bei Luigi, bei Ferruccio oder den Rossis zurückgekehrt. Als erstes tastete er sich mit dem Stock in den vier Räumen zu den Fenstern, stieß die Läden auf, es roch muffig, nach Kalkstaub und Mäusedreck, in der Küche nach Asche. Den Tisch im großen Eingangszimmer gab es noch, darauf stellte er den Rucksack. In der Küche tastete er mit der Hand die schmale hölzerne Konsole oben am Kamin ab, dort hatte er früher immer Streichhölzer gelegt. Er spürte Körner, wahrscheinlich Mäusekot, einen Flaschenkorken, Draht. Die oberste Decke auf dem Bettgestell im kleinen Zimmer war feucht, es schien hereingeregnet zu haben. Er mochte nicht mehr nach den Matratzen suchen oder nach der Truhe, in der Bettwäsche aufbewahrt wurde; nachdem er drei der vier Fenster wieder geschlossen und einen Stuhl an die Eingangstür gerückt hatte, legte er eine dicke Decke aufs Drahtgeflecht, in zwei weitere wickelte er sich (hoffentlich hatten sich keine Skorpione zwischen ihnen heimisch gemacht) und drehte sich zur Wand. Heftiges Geflatter vor der Fensteröffnung schräg über seinem Kopf, dann herinnen im Raum, eine Fledermaus, gleich darauf eine zweite. Erstaunlich, wie schnell sie das offene Fenster geortet hatten. Früher hausten sie nachts im hinteren, türlosen Stall. Eine Stechmücke surrte über ihm, er zog sich die unangenehm riechende Decke über den Kopf. Vom Fenster herein kam das Gelärme der Grillen und Zikaden.

II

Unter einem Wust von Decken, Tischtüchern, Vorhangstoffen zum zweiten Mal erwacht, den von tiefen Rissen durchzogenen Balken über sich. Es mußte ein mächtiger Baum gewesen sein, Kastanie oder Buche. Die Dachsparren aus Kanthölzern, dazwischen die flachen Ziegel, die Auflage für die Dachziegel, schon vor zehn Jahren so mürbe, daß man auf dem Dach oben beim Abdecken einbrach, trat man darauf. Ein frischer Lufthauch vom Fenster her, er erinnerte sich, daß er gegen sechs Uhr aufgestanden war, frierend, aber glücklich, weil die Umrisse der Kammer zu erkennen waren, sogar die Truhe im Eck; im Vorzimmer war es noch heller, ein Schimmer vom Küchenfenster her durch den türlosen Durchgang zur Küche. Die wakkelige Steintreppe hinunter, durchs feuchte hohe Gras zur Eiche, um sein Wasser zu lassen. Er hatte diese Eiche gesetzt, umgepflanzt, sie einige Male beim Mähen verletzt – nun war sie zehn Meter hoch, aber – erschrocken hatte er sich umgesehen – wie die Olivenbäume nur noch ein Skelett, was das Feuer übrig gelassen hatte. Wieder oben am Absatz der Stiege hatte er auf den Gegenhang bei Cello geschaut, er erhellte sich bereits goldfarben, während die Hügel davor, zwei sich kreuzende, bewaldete Halbkugeln – wie die Olivenbäume auf der Wiese vor dem Haus – noch im Finstern lagen; das hohe Gras glänzte in einem dunklen Türkis.

Er drehte sich auf dem durchhängenden Lager herum. Jetzt war es Viertel nach Acht, die Sonne ging über dem Hügel im Osten auf, und von der Küche herein erhellte ein Streifen Licht in der Breite des Fensters das Vorzimmer und durch die offene Tür auch den Ziegelboden der Schlafkammer, als wär' ihm ein goldener Teppich gelegt, der ihn zum Aufstehen animieren solle.

Beim Öffnen des Fensters im großen Zimmer – die drei Stufen vom Vorzimmer hinunter kaum noch als Stufen zu erkennen, die Ziegel zerbröselt – sah er einen kleinen Skorpion auf der Kalkwand. Auf dem Fenstersims eine Menge toter Fliegen, eingesponnen in verstaubte Spinnweben. Mitten im Raum ein vertrockneter Kothaufen, daneben einige Kerne von Susinen oder Zwetschgen. Unter dem Fenster drei verstaubte leere Korbflaschen. Der Brunnen draußen, überwachsen von hohem Gras, von der Fensteröffnung aus kaum zu sehen. In Gummistiefeln, einen Topf in der Hand – die Pfannen und Töpfe hingen alle noch auf dem Dachbalken in der niedrigen Küche – ging er durchs feuchte Gras zum Brunnen, bange, ob es Wasser gebe für einen Tee. Als er den Hahn aufdrehte, zischte es zuerst, sprühte, dann kam braunes Wasser; nachdem er es eine Zeitlang rinnen lassen hatte, klärte es sich. Zu trinken traute er sich nicht, spülte bloß den trockenen Mund aus und wusch die vom Staub der Kammer juckenden Augen. Warum hatte er nicht vorher nachgeschaut, ob Gas im Haus war? Der zweiflammige Campingkocher lehnte im Karton verpackt am Kamin, die Gasflasche, wie er sich hätte denken können, leer; auch in der Werkstatt (die Tür unten angesengt, verkohlt) nichts, aber wenigstens lehnte da die Sense an der Wand, fand er einen Wetzstein in dem verstaubten Durcheinander von Werkzeug, Nägeln und Krimskrams auf dem Tisch. Zum ersten Mal zweifelte er, ob es klug war, ohne Auto hierherzukommen. Mit der stumpfen Sense mähte er erst einmal einen Fleck vor der Haustreppe frei, packte die in Fibocchi gekaufte Salami und das hart gewordene Weißbrot aus dem Rucksack, trug einen Stuhl hinunter vor das Haus. Eine Leine mußte er zwischen zwei Olivenbäumen spannen, die von Mäusen angefressenen Decken und die Leintücher und Polster aus der Truhe in die Sonne hängen, die Matratzen, die im großen Zimmer an der Wand lehnten, hinaus schaffen, eine Liste der nötigsten Sachen anfertigen. Es würde Tage dauern, ehe er zum Zeichnen kam. Die Küche mußte ausgeräumt werden, das Regal geputzt, alles Geschirr und Besteck abgewaschen, die Böden naß gewischt, der groß gewordene Feigenbaum neben der Eingangstreppe beschnitten (seine Äste behinderten bereits das Betreten des Hauses), er mußte aufs Dach steigen und nachschauen, ob starke Winde oder Tiere nicht einige Ziegel verschoben hatten.

Er erinnerte sich an Ankünfte mit dem Auto, vor zehn, fünfzehn Jahren: Er war – wegen des Gepäcks – die schmale, mit Gräsern und Gesträuch zugewachsene Zufahrt, die zuerst steil hinunter abfällt, mit dem Wagen gefahren, immer ängstlich, Steinbrocken hätten sich vom Hang, von den Steinmauern gelöst, lägen, überwuchert von hohen Gräsern, am Weg, beschädigten das Motorgehäuse; ohnehin setzte der Wagen mehrmals auf, Regen hatte im Lauf der Jahre die beiden Fahrrinnen immer mehr ausgewaschen, der teilweise felsige Mittelteil wurde dadurch immer höher. Herunten beim Haus war er meistens einen Bogen durchs hohe Gras gefahren und hatte vor der Treppe gehalten. Auf der Motorhaube, auf den Scheibenwischern, sogar auf dem Dach befanden sich Heuschrecken, Grashüpfer, Schmetterlinge und andere Insekten, an den Zierleisten hatten sich Gräser und Zweige gespießt. Steif war er jedesmal aus dem Wagen gestiegen und hatte zuerst einmal tief geatmet, die würzige Luft genossen.

Mit der Sense mähte er an der Hausmauer entlang den Zugang zum Brunnen frei, überall stieß er mit der Spitze gegen Steine oder im tiefen Gras liegende, vom Dach gefallene, zerbrochene Ziegel; mit der Sichel schnitt er die Gräser am Brunnentrog und rodete oberhalb des Brunnens die betonierte Ablagefläche, wo die Familie seiner Schwester immer ihre Zahnputzgläser samt Zahnbürsten und Seifenbehälter stehen gehabt hatte. Das Gefühl, hier zuhause zu sein, stellte sich diesmal noch nicht ein. Ob es an der langen Abwesenheit lag? Er rechnete zurück, es mußte sieben Jahre her sein, daß er das letzte Mal hier gewesen war. Ob die abgestorbenen Olivenbäume noch gespenstischer aussehen würden, wenn das hohe Gras bis zum Ende der Wiese gemäht war, wo das Grundstück dann in Terrassen zum Bach hinunter abfiel? Die Eiche jedenfalls würde er umschneiden, er ertrug es nicht, sie anzuschauen. Mein Wohnzimmer hier, dachte er, ist immer diese Wiese gewesen, außer dem Kochen und Schlafen hatte er im Freien gelebt. Wer sollte solch ein in der Einöde gelegenes altes Bauernhaus kaufen? Er müßte das Zehnfache des Kaufpreises investieren; er hatte gesehen, daß die aus Steinen gefügte Hausmauer über der Werkstatt Risse bekommen hatte, vielleicht ein Erdbeben. Irgendwann würde alles zusammenfallen und die Brombeersträucher würden es überwuchern. Sie hatten dieses Haus nie als ein *Eigentum* angesehen – nicht nur deshalb, weil der Kaufpreis lächerlich gering gewesen war. Das Anwesen hatte zwei alten Damen aus Cesena gehört, die gar nicht wußten, daß sie es – unter anderen Besitztümern – besaßen. Pietro, ihr Cousin, den Heinrich bei einer Landwirtschaftsmesse in Bologna kennenlernte, hatte den Kauf vermittelt. Er selbst hatte sich in Cacchiano und unter den Bewohnern von Cello mehr zuhause gefühlt als daheim, vor allem, als er nach und nach immer besser italienisch zu sprechen lernte.

Beim Rasieren sah er zwei hauchdünne schwarze Schlangenhäute am Rand des betonierten Troges. Das Ablagebrett zum Trocknen von Geschirr befand sich immer noch in der Küche, es lehnte seitlich am Kamin. Er legte es außen auf die noch vorhandenen, links und rechts unter dem Fenster aus der Mauer ragenden kurzen Balken. Als er es mit einem feuchten Schwammtuch reinigen wollte, stand eine Eidechse darauf, ein langer Wurm hing ihr aus dem Maul, bis zur Hälfte hatte sie ihn schon verschlungen; sie äugte ihn an, als wolle sie ihm ihren Fang präsentieren. Ein paar Meter von der Treppe ein großer, zusammengesackter Heuhaufen, den er abtragen und vor dem Verbrennen weiter weg vom Haus aufschichten, vorher aber zum Trocknen auslegen mußte; im Innern war der Haufen wahrscheinlich feucht und faulig. Wer mochte hier im Frühjahr gemäht haben?

Zwei Stunden später saß er inmitten all der aus dem Haus geschafften Sachen auf einem Klappstuhl und schaute auf den fernen Gegenhang bei Cello. Wie oft hatte er früher versucht, ihn zu zeichnen; er hatte sich vorgestellt, sich nach den ersten Tagen des Einrichtens, Einlebens jeden Tag mit dem Zeichenblock davor zu setzen. Eine Schneise mit Strommasten ging jetzt schräg den locker bewaldeten, vielfältig strukturierten Hang herunter. Terrassen mit Olivenbäumen oder Weingärten waren auf den ersten Blick keine zu erkennen. Auf halber Höhe die von Cacchiano aus unsichtbare Straße; ein rotes Auto fuhr jetzt in Richtung San Giustino vorbei. Ein leichter Wind ging: Aber in den Olivenbäumen zitterten keine Blätter, die Kronen neigten sich nicht mehr hin und her, starr die Gerippe, in angesengten Spitzen endend. Ein Flugzeug flog in großer Höhe, von Süden kommend, über die Hügelkette im Osten, das Düsengedröhn hinter sich herziehend. Er hatte sich unbehaglich gefühlt, als er hinter einer der Matratzen, die an der Wand lehnten, ein Gewehr fand und hatte es gleich hinuntergetragen und in den hintersten Winkel der Werkstatt gestellt. Die Zaunpflöcke am Wiesenrand links vom Haus waren morsch, man konnte sich nicht mehr an den von Luigi aus Eichenstämmen gefertigten Zaun lehnen und hinunterschauen auf die völlig zugewachsenen Terrassen, auf den Taleinschnitt, wo, weit drunten, der Rio Orenaccio floß, auf die weit entfernten, gerade noch sichtbaren Stützen der Autobahn, dazwischen das Arnotal.

Auf dem Weg hinauf zur Straße an vielen Stellen große Steinbrocken, die Wurzeln der auf den Terrassen wachsenden Eichen hatten die kunstvoll gefügten Mauern gesprengt; an einer Stelle ein Eichenstamm quer über den Weg, mit dem Auto war ein Herunterfahren zum Haus jedenfalls nicht mehr möglich. Ob es in Cello noch jemanden gab, der sich darauf verstand, solche mörtellose Steinmauern aufzurichten? Mit dem leeren Rucksack am Buckel (falls Luigi zufällig noch am Vormittag hinunter fuhr ins Tal), nach Cello. Auf den sich hochziehenden Terrassen, die als Terrassen gar nicht mehr erkennbar waren, war die Schneise des Feuers noch zu erkennen, verkohlte Eichenstämme, die aus dem üppigen Gestrüpp ragten, reife Brombeeren, so groß wie Murmeln. Überall die Skelette der Olivenbäume, völlig umwachsen, erwürgt von Brombeergerank und hohem Unkraut. Da und dort sprossen aus den offen liegenden Wurzeln der Oliven junge Triebe. Auf der Straße oben, dem steinigen, stellenweise sandigen Güterweg, der in vielen Kurven sich den steilen Ausläufern des Pratomagno-Gebirges anpaßt, stellte sich, mehr als unten beim alten Haus, plötzlich ein Gefühl der Vertrautheit ein. Zuerst wie immer ein Verschnaufen nach dem steilen Aufstieg zur Straße. Es war heiß geworden. Wie oft war er hier auf diesem Weg nach Cello gegangen, hatte am Brunnen den Wasserbehälter untergestellt, in Cello dann zum Lebensmittelhändler, der aus dem Lieferwagen heraus seine Waren verkaufte, Besuche bei Luigi, bei Ferruccio, Fortunata und den Bianchis. Nach der ersten Kurve sah er eine schwarze Katze am Straßenrand, geduckt schaute sie ihm entgegen, flitzte dann wie in panischem Schrecken die Böschung hinunter. Die Sträucher und Gräser am Straßenrand dürr, von der Sommerhitze versengt, vom Straßenstaub wie angeschneit. An einer Stelle, nach dem steilen Aufgang zu dem schon lange verlassenen Haus des Nachbarn, war die Straße auf einem sandigen Abschnitt fünf Meter bis zur Mitte abgesackt in den tiefen Graben; keinerlei Warntafeln davor: Er stellte sich vor, mit dem Auto nachts anzukommen und – todmüde und unkonzentriert von der zehnstündigen Autobahnfahrt – in die Schlucht zu stürzen. Wahrscheinlich war die Fahrbahnhälfte schon im Frühjahr während heftiger Regenfälle abgerutscht. Ein Auto näherte sich von hinten, von Fibocchi kommend, ein schwarzer Audi mit einem Kennzeichen aus Arezzo, er geriet in die Staubwolke, die der Wagen aufwirbelte und hinter sich herzog. Beim Bona-Brunnen erfrischte er sich: endlich trinken! Das Wasser schmeckte immer noch so gut wie früher, es floß, der Jahreszeit entsprechend, nur in einem dünnen Rinnsal aus der Eisenröhre. Wie oft hatte er hier einen Behälter untergestellt; auf dem Rückweg von Cello dann meistens schwer schleppend, zehn Liter Trinkwasser, Teewasser, hatte er in der Mittagshitze seine Taschen und den Kanister immer wieder abstellen und rasten müssen. Der steile Weg jetzt abwärts – nach ein paar Kurven ebenen Wegs ging er dann unten wieder steil hinauf, nach Cello – war geschottert worden. Linkerhand ging der Blick hinüber zu den Olivenhainen der Bianchis, gepflegte Terrassen. Irgendwo tuckerte ein unsichtbarer Traktor, einer jener wahrscheinlich, die aussahen wie Kindertraktoren, mit denen sie auch auf den Terrassen fahren konnten. Er ging den zugewachsenen Abkürzungsweg nach Cello hinauf, eine dunkelgrüne Schlange schnellte zur Seite ins Dickicht; bald roch er den Gestank von Hühnerscheiße: die abseits des Wohnhauses gelegenen primitiven Ställe der Bianchis, ein Hund kläffte – ob es noch jener in einen Verschlag gesperrte, angekettete war? Oben auf dem schotterigen Plateau mußte er verschnaufen, das Klettern hatte seinen Puls zum Hämmern gebracht. Der Hintereingang von Cello, der hohe Gartenzaun, dahinter das langgezogene Haus der Bianchis, düster die der Straße zugewandte Seite, keine Fenster, bloß vergitterte Luken; den Bianchis gehörte auch das langgezogene unbewohnte Haus auf der anderen Seite der Straße. Er traute sich nicht, die Klingel der Bianchis zu drücken – zuerst zu Luigi. Die gepflasterte schmale Straße (Bianchi konnte gerade noch mit dem 500er Fiat durchfahren zu seinem Haus) zwischen den hohen alten Steinhäusern, sonnenlos und kühl, menschenleer auch die Piazza am anderen Dorfende. Einige Katzen auf dem Pflasterweg zur Kirche hinauf leckten ihr Fell; am Treppenabsatz eines der Häuser bellte ein weißer Spitz. Die schräge Mauer entlang der Steintreppe zu Luigi hinauf bröckelte ab. Kein Schlüssel steckte außen im Schloß, nichts rührte sich nach dem Klopfen. Er konnte weggefahren sein oder auf seinen Terrassen, Wein- und Obstgärten auf den steilen Hängen oberhalb von Cello arbeiten. Draußen bei der Dorfeinfahrt sah er seinen roten Fiat-Uno beim Müllcontainer stehen; er würde sich auf die eiserne Bank vor dem Haus von Ferruccio setzen und warten. Zwei Landrover näherten sich, überholten ihn, fuhren auf die Piazza herein. Männer in Jagddreß, umgeschnallte Patronengürtel, zwei öffneten den Fond eines der Wagen, hängten sich Gewehre um, hoben eine mit den Beinen an eine Stange gebundene blutverschmierte Wildsau heraus, ihre Zurufe verrieten sie als Schweizer, einer sperrte einen ebenerdig gelegenen Raum, eine *cantina* im Haus von Ferruccio auf, sie schleppten die Sau und ein paar Fasane da hinein, der vierte filmte mit einer Kamera vom Treppenabsatz aus. Aus einem Fenster des gegenüberliegenden Hauses rief ein Mann, norddeutscher Akzent, »Waidmanns-Heil!« Einer der Landrover stieß dann zurück, schrammte die Mauerecke des Ferruccio-Hauses, fuhr hinaus zum Abstellplatz. Von der Kirche herunter kam jetzt, am Stock mühselig sich fortbewegend, der alte ... wie hieß er bloß? Marini? Er grüßte ihn, Marini erkannte ihn nicht, musterte ihn kurz und setzte sich neben ihn auf die Bank. Die weißen Haare kurz geschoren, rötliches hageres Gesicht, die Füße in Pantoffeln. Die Kirchenglocke bimmelte dreimal. Er versuchte ein Gespräch; als er merkte, Marini verstand ihn nicht, brachte er überhaupt nichts mehr heraus. Er erinnerte sich, ihn, vor vielen Jahren, während einem seiner ersten Aufenthalte in Cacchiano beim Bona-Brunnen getroffen zu haben, Marini hatte zwei Flaschen fürs Abendessen abgefüllt, ihn eingeladen, einmal zu kommen und seinen Wein zu kosten. Ihm fielen die Namen der früheren Bewohner von Cello nicht ein und er konnte keinen einfachen Satz bilden, obwohl er auf dem Weg nach Cello geübt hatte, seine Gedanken ins Italienische zu übersetzen.

Er sagte, er hätte keinen Hunger, hätte spät gefrühstückt. Vor der tiefgefrorenen Lasagne, die Luigi aus dem Kühlschrank zog, grauste ihn; Luigi goß ihm Weißwein aus einer Tetrapak-Pakkung ein. Als sie ins Haus eingetreten waren, hatte Luigi sofort den Fernseher eingeschaltet, eine schwachsinnige amerikanische Sendung, Familienserie, immer wieder mit Hintergrundgelächter eines unsichtbaren Publikums; kaum war zu hören, daß von der Piazza herauf jemand rief. Luigi öffnete die Tür zur Loggia am Treppenabsatz, trat hinaus.

Immer noch genierte er sich, Luigi (als dieser vorhin auf die Piazza hereintretend und sich der Eisenbank nähernd, »Ah, Alfredo!« rief) nicht gleich erkannt zu haben, wieder keinen italienischen Satz sprechen zu können. Luigis graue Bartstoppeln, sein kantiges, asketisch wirkendes Gesicht. Das sei der alte Rossi gewesen, sagte Luigi, wieder hereintretend und am Elektroherd hantierend. Die meisten Häuser hier in Cello hätten den Besitzer gewechselt, Ernesto, der frühere Padrone, sei vor einem Jahr gestorben. Jetzt gehöre fast ganz Cello einer Kaufhauskette, und die kündigten nach und nach allen Mietern. Die Häuser würden renoviert und über eine internationale Agentur an reiche Leute in Florenz, Zürich oder Frankfurt verkauft. Nur der Marini sei geblieben mit seiner Alten, das Haus gehöre ihnen. Zum Glück habe auch er, Luigi, sein Haus dem Ernesto vor zwanzig Jahren abgekauft; aber es sei baufällig, das Dach desolat ... Vor zwei Jahren sei der Ferruccio gestorben, ihm sei das alles erspart geblieben. Den 80jährigen Rossi hätten sie ins Altersheim in Fibocchi umquartiert, und Rossi, ohne seinen Garten, ohne seinen Hund, seine Hühner und Hasen, wandere jede Woche ein, zweimal von Fibocchi herauf; dann sitze er auf der Bank da unten und wisse nichts mit sich anzufangen, bis der Wagen des Altersheimes komme und ihn abhole. Immer wieder entwische er ihnen. Was er zu seiner Küche sage? Seit acht Jahren hätten sie jetzt Strom in Cello. Die Stromleitung solle bis nach Fibocchi verlegt werden, zwischen Cacchiano und Fibocchi solle eine Feriensiedlung entstehen. Ihr könnt jetzt billig Strom in Cacchiano einleiten lassen, sagte er, und, vielleicht, wenn die Trasse der geplanten neuen Straße über eure Parzellen führt, kriegt der Heinrich noch einen Haufen Geld ... Ob wir was dagegen hätten, wenn er noch einige der abgebrannten Olivenbäume umsägte, Olivenstämme seien das beste Brennholz. Er fragte Luigi, ob er heute oder morgen hinunterfahre nach San Giustino oder Fibocchi und ob er mitfahren könnte, für einen ersten größeren Einkauf, vor allem bräuchte er auch eine Gasflasche; er wüßte nicht, wie er die leere hinaufschleppen solle zum Auto-Abstellplatz. Und ob er das Telefon benutzen dürfe, er wolle seine Mutter anrufen; auch sie habe es im Altersheim nicht ausgehalten, wohne wieder bei ihm. Luigi kramte zum Abschied unter der Abwasch nach einem Plastiksack, gab ihm von den Zucchini, Paradeisern, Zwiebeln, die er aus seinem Garten mitgebracht hatte, einige mit.

III

Die kleine Maus, die er in der Früh beim Abtragen des halb verfaulten Haufens mit der Heugabel verletzt hatte, piepste, als er sich, außer dem Rucksack schwere Kunststoff-Tragtaschen in beiden Händen, dem Haus näherte, ging auf ihn los, als wolle sie ihn anspringen, als er sich zu ihr bückte. Sie blutete am rechten vorderen Beinchen, das linke hintere zog sie nach. Die Sonne erreichte bald den Horizont der Hügelkette im Westen. In der Küche packte er das Eingekaufte aus. Auf einem kleinen Teller stellte er der Maus Milch hin, schob sie mit einem Zweig zum Teller. Sie knabberte am Tellerrand. Dann sah er zwei Erdlöcher; anscheinend hatten Mäuse im Schutz des verrottenen Heuhaufens einen Bau errichtet. Seit er ihr Piepsen imitierte, ließ sie ihn näherkommen. Er hob sie am Schwänzchens auf und legte sie zum Mausloch. Aufgeregt schnüffelte sie, piepste, kroch ein Stück in das Loch hinein, dann wieder heraus. Ahnte sie, daß sie zu schwach sei, um den wahrscheinlich engen Gang hineinzuschlüpfen? Irgendwann wird eine Ringelnatter dich finden und fressen, und ärgerte sich, so viel Zeit mit dem Tier vertan zu haben, bald würde es dunkel werden, er hatte noch viel zu tun, vor allem, die aufgehängten Decken und Tücher ins Haus zu tragen, das Bett zu richten, etwas zu essen. Einen ganzen Leib Pecorino hatte er im Rucksack und einen Strutzen frisches Brot und wie konnte er die eingekauften Lebensmittel nachts vor den Mäusen und den Ameisen in Sicherheit bringen?

Während sich an den Höhenzügen im Westen und im Osten die Schatten höherschoben, lag der Gegenhang, der jetzt aussah, als hätte er stellenweise die Räude, noch voll im Sonnenlicht. Könnte man den rechten Höhenzug ein wenig weiter nach Osten verschieben, so würde man Cello von hier aus sehen, einige der mittelalterlichen Hausmauern, den Glockenturm der höhergelegenen Kirche, das Haus von Pepe, hoch über den Terrassen hinter Cello, auf einem Plateau, das kaum größer war als der Grundriß des Hauses, dieses Hauses, das er gerne besessen hätte. Pepe, der, wie jeder in Cello wußte, auf Jahrmärkten mit Drogen handelte; paß auf, hatte Luigi einmal gesagt, irgendwann wird er verhaftet und eingesperrt und das Haus versteigert, billig zu haben …

Noch einmal, beim Hineintragen der Sachen, die Maus, sie schnüffelte beim Mausloch herum, gesträubtes Fell; auf ihrem Rücken zwei Fliegen, Ameisen umkreisten sie. Manchmal fiel sie um, dann stützte sie sich beim Aufstehen mit der Schnauze ab. Die Erde im Maul schien ihr nichts auszumachen, sie roch – wenn er sich zu ihr hinhockte, um sie zu beobachten, immer stärker nach Maus. Die ungefähr zwanzig Kilo schwere Gasflasche lag im Gestrüpp versteckt oben beim Autoabstellplatz, er überlegte, wie er sie morgen herunterbringe zum Haus; sie drehend, Meter für Meter. In der Früh würde es wieder keinen Tee oder Kaffee geben. Im Haus wurde es schon dunkel, und er dachte, wie es wäre, jetzt einen Lichtschalter aufzudrehen, sich warm zu duschen, im Fernsehen die Nachrichten anzuhören und später einen Film anzuschauen oder Musik zu hören. Die Schatten schoben sich immer höher die Hänge hinauf, als weideten sie sie ab. Aber er hatte Wein, zwei Flaschen, schwer genug hatte er die Sachen den zugewachsenen Weg herunter geschleppt. Ob er jetzt in der Küche noch einen Korkenzieher fand? Der Himmel beinahe wolkenlos, im Westen war der Abendstern sichtbar geworden. Schwalben kreisten über der Wiese, über den abgestorbenen Olivenbäumen, flogen auf und stießen im Sturzflug herunter, während die Hänge und Hügelkuppen immer mehr in ein tiefes Schwarz versanken, einige der verdorrten dünnen Äste der Olivenbäume ragten über den Horizont der schwarzen Hügel hinaus. Im Westen der Himmel noch hell, durchzogen von nebelartigen Streifen. Einer der Olivenbäume in der zweiten Reihe schien nicht vom Feuer versengt; die über die tiefschwarzen Hügelkuppen hinaus, in den bleichen Himmel ragenden Äste trugen Blätter.

Mit zwölf, dreizehn Jahren hatte ihn der Sternenhimmel angezogen, er hatte alles wissen wollen über die Sterne und das, was hinter den Sternen war; da niemand in seiner Umgebung ihm etwas erklären konnte, beschloß er, Astronom zu werden – bis in der kälteren Jahreszeit das nächtliche Sitzen im Garten nicht mehr möglich war.

Beim Hineingehen ins Haus sah er neben dem steinernen Türstock Ameisen hinaufkrabbeln, eine nicht abreißende Kolonne, die von einem Bau irgendwo in der Wiese aufbrach bis hinauf zum Dach des Hauses. Wieder ärgerte er sich, keine Taschenlampe mitgenommen und in San Giustino keine bekommen zu haben, er hätte gerne die Wände des Schlafzimmers abgeleuchtet nach großen Spinnen, Skorpionen, den zehn Zentimeter langen goldbraunen Tausendfüßlern, ehe er sich ins Bett legte; auch nach Schlangen, seit er am frühen Nachmittag vor dem Haus sitzend eine die Hausmauer hinaufkriechen und in einer Spalte zwischen Mauersteinen verschwinden gesehen hatte; der Verputz im Hausinnern war abgebröckelt, stellenweise die nackten Steine und ihre Zwischenräume sichtbar. Eine Fledermaus flatterte vor dem Küchenfenster herum.

Auf dem Stuhl sitzend in den Himmel zu schauen war ihm zu unbequem geworden, das Genick schmerzte, er hatte die zweite Matratze aus dem Vorzimmer die Steinstufen wieder hinuntergezogen, eine Steppdecke und eine löcherige Wolldecke. Jetzt hatte er den mittlerweile dunklen, wolkenlosen Himmel, in dem die Sterne blinkten, über sich. In der finstern Küche hatte er nach einem Geschirrtuch getastet, damit verscheuchte er sich nähernde Stechmücken. Zuerst waren es Arktur und Wega, die sichtbar geworden waren, dann nach und nach die Sterne des Großen Bären, des Schwans. Er erinnerte sich an einen Sommer hier, sternklare Nächte, in denen er bis weit nach Mitternacht heraußen gesessen oder gelegen war, damals hatte er in dem Firmament über sich lesen können wie in der Landkarte seines Heimatlandes, jeder Abschnitt, wohin er sein Auge richtete, jedes Sternbild war ihm vertraut gewesen. Alles vergessen. Die paar Sternbilder am Himmelsgewölbe, die er noch bezeichnen, an denen er sich orientieren konnte, waren jedem interessierten Kind bekannt. Jetzt, da er in einem kleinen ausgemähten Flecken auf der Matratze lag, erschienen ihm die Gräser und Halme der Wiese sehr hoch. An manchen Stellen schienen sie trotz der Dunkelheit unmerklich zu leuchten.

Hatte das rhythmische Zirpen der Grillen, das Ratschen der Zikaden ihn eingeschläfert? Als er aufwachte – etwas hatte entsetzlich geschrieen – waren die Sterne noch deutlicher über ihm zu sehen, die Milchstraße, halb verdeckt von der Hügelkette im Osten, drum herum winzige Sterne, wie Nadelstiche in einer schwarzen Folie, vor das Zentrum der Galaxie gehängt. Der Große Bär war nicht zu sehen. Er nahm sich vor, nicht mehr auf die Sternbilder, die ohnehin durch den stärker sichtbaren Hintergrund, größere und kleinere Sterne, die aus der Tiefe des Raums leuchteten, nicht mehr so deutlich zu sehen waren, zu achten, sondern einfach diese Sternennebel, die Dunstschleier aus Millionen von Sternen auf sich wirken zu lassen, und ihm wurde bewußt, daß alle die näheren und ferneren Sterne immer zu sehen wären, würde nicht das Licht der Sonne sie überstrahlen und er stellte sich eine Welt ohne Sonne vor, in der dann auf der Erde ewige Finsternis und Schwärze herrschte, andererseits immerwährende Präsenz des Sternenhimmels … Manchmal lenkte eine über den Himmel ziehende und verglühende Sternschnuppe seinen ihre gekrümmte Bahn verfolgenden Blick in eine andere Region des Himmels, und er erinnerte sich, früher einmal gewünscht zu haben, nach Südafrika oder Australien zu reisen, um am Südhimmel das Kreuz des Südens erblicken zu können. Einerseits erweckte das Sternengeflimmer über ihm beinahe den Eindruck von etwas Lebendigem, jedenfalls in Bewegung Befindlichem – abgesehen von dem Wissen, daß die Milchstraße mit einer Geschwindigkeit von zwanzigtausend Kilometern in der Stunde durch den unvorstellbaren Raum rast – andererseits schien ihm plötzlich der Blick in die Tiefe des Weltraums zu erweisen, daß dort kein Leben sei, alles tot, vielleicht in Eis eingebackene Mikroorganismen, diese unsere Welt die einzige belebte, er auf seinem Aussichtspunkt der einzige Mensch gegenüber diesen unvorstellbaren Abgründen von Raum und Zeit, und plötzlich der Gedanke des Nicht-mehr-Seins, der absoluten Vernichtung seiner selbst, der winzigen Zeitspanne eines Lebens und dann ewig schwarze Nacht. Ihn schauderte, er tastete mit der Hand nach dem Weinglas auf dem stoppeligen Boden.

Die Landschaft, die Hügelkuppen, die Baumskelette waren völlig mit der Schwärze des Himmels verschwommen. Erst als er eine Weile Richtung Norden geschaut hatte, wo er sich den Paß La Crocina dachte, traten – fast ahnte er sie mehr, als daß er sie sah – Konturen hervor, das Halbrund des Gegenhangs bei Cello, der Hügelzug im Westen.

Warum konnte er nicht mehr wie früher stundenlang in den Sternenhimmel schauen, wobei sich seine Stimmung gehoben hatte, manchmal ins Euphorische gesteigert, die Gewißheit, alles sei gut, irgend eine göttliche Macht hinter der Erscheinung?

IV

Gleißendes Neonlicht, eine pompöse Theke, keine einfachen Holzstühle mehr, statt dessen rosarote Sitzgarnituren, Lederimitation – die Bar in San Giustino war kaum wiederzuerkennen. Er trank mit Luigi im Stehen einen Kaffee. Nein, sagte er, auf der Bank habe er nichts zu tun, er meide die Banken in der Toskana, jedesmal ein Anlaß, sich wie ein Idiot zu fühlen! Die lassen dich endlos warten, auch wenn du allein am Schalter stehst, und dann Formulare, Fotokopien, Reisepaß, nur weil du tausend Schilling wechseln willst! Er nehme immer genügend Bargeld mit. »Mach deine Einkäufe«, sagte Luigi, »ich lese inzwischen hier die Zeitung.«

Wie Luigi gesagt hatte, den Feinkostladen vom Graziano gab es nicht mehr, statt dessen eine Filiale von Spar, ein Supermarkt wie hunderttausend andere. Das kleine Paradies, wie er früher diesen Laden genannt hatte, in dem alles, was man kaufte, höchste Qualität hatte, in dem schon das Anschauen der vielen Käsesorten, Schinken, Salami, der handgemachten frischen Teigwaren, der Vorspeisen ein Vergnügen war, existierte nicht mehr. Er nahm einen der Einkaufswagen und sah sich in der Regalgasse um. Der Graziano habe über seine Verhältnisse gelebt, hatte Luigi gesagt, Reisen um die ganze Welt und immer der neueste BMW. Bi-Emme-Wu, hatte Luigi gesagt, alle wollen Bi-Emme-Wu fahren oder Audi oder Mercedes. Die Bank habe schließlich verlangt, daß Graziano einen Vertrag mit Spar abschließe. Die hochschwangere Frau von Graziano unfreundlich hinter der Theke: »Dica, dica!«, ohnehin hatte sie ihn warten lassen, einheimische Frauen vorgelassen; er hatte sich gewundert, daß es jetzt hier holländischen Käse gab, deutschen Emmentaler, dafür bloß zwei Sorten von Pecorino, Preßschinken. Vielleicht, so dachte er, nahm Luigi ihn einmal mit nach Arezzo, das kleine Geschäft am Corso, wo er den besten Schinken seines Lebens gekauft hatte.

Vor ihm, vor der Kasse drei junge Hausfrauen aus dem Ort mit ihrem Eingekauften, hinter ihm einige ältere. Er hörte sie murmeln, sie sprachen über ihn, sie hätten es eilig, der Tedesco mit seinem übervollen Einkaufswagen, überall wo man hinkomme diese Touristen ... Wäre er mit dem eigenen Auto hier, hätte er sie vorgelassen, aber Luigi wartete in der Bar, und ihm fiel wieder ein, was Luigi während der Fahrt herunter ins Dorf geredet hatte, von »Itler«, der sei der größte Politiker des Jahrhunderts ... Er hatte zuerst gedacht, falsch verstanden zu haben: Luigi, der früher so stolz darauf gewesen war, Mitglied des PCI zu sein.

Vor der Bar standen zwei Autos, ein Fiat Tipo und ein Alfa, beide mit laufendem Motor, qualmenden Auspuffrohren. Drinnen schaute er sich nach Luigi um. Am Tresen standen Männer, die einen Espresso tranken und rauchten. Er stellte sich vor, mit den beiden schweren Tragtaschen die acht Kilometer den Berg hinaufsteigen zu müssen, überlegte, ob Luigi vielleicht am Parkplatz auf ihn warte; wahrscheinlich war der aber etwas einkaufen und würde bald erscheinen. Die Barfrau beachtete ihn nicht, als er sich an den Tresen stellte, um auch einen Espresso zu bestellen, sie wusch Kaffeegeschirr ab und reagierte auch nicht, als er »un Espresso per favore!« rief. Zwei Männer, die sich über Berlusconi unterhalten hatten, drehten sich nach ihm um.

R I C H A R D   W E I N E R

Die behexte Stadt

Alle vier Straßen der Bezirksstadt verliefen in die vier Himmelsrichtungen, in Felder und Gemüsegärten hinaus – unweit dahinter, in einem mächtigen Halbkreis, Wälder wie Mauern – und plötzlich endeten sie, als seien sie scharf abgeschnitten. In der Verlängerung weder Häuschen und Hütten noch Gartenlauben. Es sah aus, als entwiche der Stadtkern, der einer Schmiedeesse glich, durch diese Straßen, von dort aus, wo der Marktplatz mit dem Rathaus, dem Hotel und der Bezirkssparkasse lag, als stieße er dann heftig gegen die entferntesten Vorsprünge seiner Identität, indem er sich krampfhaft am letzten ebenerdigen Häuschen festkrallte, aus lauter Angst, das Bewußtsein zu verlieren.

Die Stadtmitte, diese Esse, war weiß und still, eine Esse der Trägheit einer Bezirksstadt an einem Sommernachmittag. Es war mitten im Sommer. Unmittelbar über dem Zentrum des Platzes schwebte eine ellipsenförmige weiße Wolke, die als Materie so greifbar schien, daß man deutlich erkennen konnte, welch verblüffende Entfernung zwischen ihr und dem blauen Himmelszelt lag. Die Wolke gehörte zur Stadt; das Blau allerdings nicht. Ein schrägstehender Neptun thronte auf dem Brunnen, und es schien, als hinge die weiße Wolke nur dort oben, um auf Neptuns Dreizack herabzufallen und sich von ihm aufspießen zu lassen.

Der Platz war nicht menschenleer. Doch die wenigen Gestalten, die langsam – alle in der Diagonale – über ihn hinwegschlenderten, bewiesen weit mehr als eine Menschenleere, daß das Leben der Stadt in diesem Augenblick auf die vier vorspringenden Straßen zustrebte, wodurch in ihrer Mitte ein geisttötendes Vakuum entstand. Und diese Migration der Stadt konnte man an der Unberechenbarkeit erkennen, die die Gangart dieser Menschen charakterisierte.

Es kam durchaus vor, daß zwei einander vor dem Brunnen begegneten, stehenblieben und ein Wort wechselten, doch aus der Art und Weise, wie sie dabei gestikulierten – sie streckten die Hände seitwärts aus und in die Höhe, wonach jeder wieder seines Weges ging –, konnte man mit Sicherheit schließen, daß sie überhaupt nicht redeten, sondern sich nur langweilten und über ihren Vitalitätsverlust verzweifelt waren.

Die Jalousien der Läden waren halb heruntergelassen, also war der Platz einäugig, und auch dieses eine Auge war noch halb geschlossen. – Zwischen den buckligen Pflastersteinen dorrten Humusklümpchen: neulich war mit einem Spaten das Gras gejätet worden, das sich, als wollte es das städtische Aussehen dieses Platzes beleidigen, in die Fugen geschlichen hatte.

Die geöffneten Fenster in den Stockwerken gähnten vor Finsternis, die geschlossenen glänzten bleiern. Der offene Raum schnaufte wie ein schlafender Dickwanst, und selbst wenn in irgendeiner Wohnung Geschirr klapperte oder eine Uhr schlug, blieb sich alles gleich: der Schläfer ließ sich nicht stören und herrschte unabänderlich.

Plötzlich stand wie ein Blitz aus heiterem Himmel ein Sportwagen vor dem Hotel. Aus heiterem Himmel, denn das Sausen, das dessen Ankunft hätte verraten können, war vom unhörbaren Schnauben des Schläfers verschluckt worden, noch bevor es an jemandes Ohr dringen konnte, und die warnende Hupe, der nicht so schnell etwas standhalten konnte, hatte keinen Anlaß, in die menschenleeren Straßen hineinzuheulen. Der Wagen stand also Hals über Kopf da, und seine niedrige, längliche, graue Karosserie – sie stand da, als hielte sie wachsam Ausschau – brach beinahe ein unter dem Kontrast, den sie zwischen ihrem eigenen Elan und der Schlaffheit der Umgebung vermutete.

Ein Mann stieg aus. Und ehe noch der Portier und Hausdiener aus dem Hoteltor getreten war, rückte das Automobil weg, nachdem es sich durch ein kurzes Aufbäumen seiner muskulösen Räder auf diese unheimlich schnelle Kriechbewegung vorbereitet hatte, eigentlich genau so, wie wenn eine große Heuschrecke einen weiten, sehr flachen Sprung macht. – Und schon war der Wagen in die entgegengesetzte Richtung, aus der er gekommen war, verschwunden.

Das Gesicht des Mannes, der ausgestiegen war, glich weder dem eines Sportlers noch dem eines Romantikers – was nicht als Antithese gemeint ist. Es war ein aufmerksames, jedoch nicht neugieriges Gesicht, aufgeweckt, aber nicht voreilig, energisch, jedoch nicht barsch, nicht furchtsam und auch nicht provozierend. Insgesamt drückte seine Erscheinung, ungeachtet der außergewöhnlichen Aufmachung, den Wunsch aus, keine Aufmerksamkeit zu erregen.

Der Mann trat zum Portier, der sogleich die Haltung eines Menschen einnahm, der zu gern einen Eindruck von Ehrerbietung erwecken würde, wüßte dies nicht die unübersehbare Neugier zu verhindern.

»Haben Sie ein Zimmer?«

»Bitte! Bitte! Geruhen Sie sich länger hier aufzuhalten?«

»Haben Sie ein Zimmer?«

»Ja, bitte. Geruhen Sie von weit her zu kommen?«

»Ich bleibe eine Nacht.«

»Gepäck, bitte?«

»Ich zahle im voraus.«

Beide verschwanden im Tor. Der Platz vergaß den ungewohnten Besuch. Und doch atmete er etwas leiser. Neptun hielt seinen Dreizack vergebens. Die Wolke hatte sich aus der Vertikalen weggeschlichen. – Und niemand kam gelaufen, weder diagonal noch an den Seiten entlang.

Der Fremde trat auf den Platz. Der Portier folgte ihm nicht. Seine Neugier aber kauerte auf dem Prellstein neben dem Tor und zerbrach sich den Kopf.

Der Fremde ging die Häuser entlang. Er trat anders auf als die Menschen, die wir anfangs gesehen haben: er ging, als erwartete er mit unerschütterlicher Geduld jemanden, der, selbst wenn er sich erst nach Jahrhunderten zur Verabredung einfände, niemals zu spät kommen könnte. – Ein Schritt wie der andere, ohne Unterbrechung, ohne Zögern, einer nach dem andern, gleitend und unbeirrt. Ein etwas ungeduldiger Schritt, ein Schritt der Muße, nicht aber des Müßiggangs oder der Langeweile. – Als er die Längsseite des Platzes abgeschritten hatte, schlug auch er die Diagonale ein und blieb vor dem Brunnen stehen. In genau der arithmetischen Mitte dieses Raumes. Er stand aufrecht. Und in dieser Aufgerichtetheit lag nichts Gezwungenes, nichts Gewolltes, nichts Gewaltsames. Es war die Haltung eines Wesens, dessen natürlichste Erfahrung es ist, daß der Mensch ein Lebewesen ist, das sich ein für allemal auf die hinteren Extremitäten gestellt hat, und dessen Kennzeichen die Fähigkeit ist, den Kopf aufrecht zu tragen. Die Beine standen dabei stramm wie bei einem Soldaten, dem Achtungsstellung befohlen war, doch die wunderbare Vertikale der Arme (in der Rechten hielt er eine Kappe) zerstörte die Reminiszenz an einen Imperativ sklavischen Willens, sobald diese Vertikale Aufmerksamkeit erregte, was auf den ersten Blick geschah. Ach, die Vertikale der Arme! Sie verkörperte eine wachsame, selbstbewußte Ruhe, die vom abfälligen Wort »Müßiggang« nicht tangiert wurde. Sie verkörperte den edlen Aufbruch aller Sinne hin zum Erlebnis, allen Intellekts hin zur Kritik. Sie verkörperte einen stillen, aber klaren Monolog der Seele, die sich preisgab, frei von Kleinlichkeit und Feigheit, um zu verachten, ohne zu ignorieren. Mehr als alles andere sprach sie von einem Fremden, der ging und ging, der nie befriedigt sein würde und seinen Kopf nie hängen ließe, selbst wenn er wüßte, daß es keine Befriedigung gab.

Er stand da, weil er unwillkürlich stehengeblieben war, dennoch aber als wunderbare Dekoration eines glühenden Zentrums, die nach eingehenden Beratungen über die Zweckmäßigkeit der Komposition mit Prunk hierher beordert worden war.

Es schien, als hätten sich Giebel und Erker, Gesimse, der Brunnen mit dem Neptun, das Verhältnis der glasverkleideten

Flächen der Häuser zu den zugemauerten, der Grundriß des Platzes wie auch seine Perspektive plötzlich zu einer energischen, wenngleich mit den Augen nicht wahrnehmbaren Korrektur ihrer oberflächlichen Zufälligkeit aufgebäumt, als hätten sie intuitiv eine Beziehung zur lebendigen Vertikale in der Mitte des Platzes gefunden. Der erstarrte Haufen der Mauern wurde auf einmal durch Licht und Luft aufgelockert. Als hätte sich ein Nimbus ausgebreitet, in dem die Gegenstände sich lustvoll zu ihrer verborgenen Schönheit bekannten. Die Ungleichheit der Höhen bildete eine völlig reine klangliche Kadenz, und das Kunterbunte der Hausverputze erstarrte fasziniert in dauerhafter Harmonie. Fülle. Der Platz hatte sich einen Befehl erteilt, dem selbst die unterirdischen Pulsadern gehorchten, durch die das Leben der Stadt bislang abgeflossen war. Es entstand eine rückläufige Strömung, die Hitze disziplinierte sich.

Auf dem Gesicht des Fremden lag kein Hochmut: nur eine Art Selbstverständlichkeit, der man sich nicht widersetzen konnte.

In einem Fenster erschien ein Kopf, dann ein Oberkörper. Er beugte sich vor und spähte über die Dächer der gegenüberliegenden Häuser. Unmittelbar darauf wandten sich die leeren Augen dem Fremden zu, da sie – wie hätte es anders sein können – von ihm fasziniert waren, und fast gleichzeitig zog sich der Kopf zwischen die Schultern und schob sich nach vorn. Währenddessen stand der Fremde, ohne seine Position auch nur im geringsten zu verändern, da wie ein Gegenstand, allerdings ein ungemein beseelter und zwingender Gegenstand, dem sich alles fügig zuwandte. Obwohl durch Kleidung, Haltung und Gesichtsausdruck offensichtlich war, daß er dominierte, drängte er sich weder mit der geringsten Gebärde noch mit der belanglosesten Bewegung auf, und die Stadt wie auch die Blicke strömten auf so natürliche Weise auf ihn zu, wie stehendes Wasser sich in einen Wildbach stürzt, sobald die Schleusen geöffnet sind.

Das Gesicht im Fenster verschwand nach kurzem, doch nur für einen Augenblick. Unmittelbar danach erschienen dort zwei, die, dicht aneinandergeschmiegt, leidenschaftlich miteinander flüsterten. Und dann schwang sich der Ruf »Aninkaaa!« durch die Luft. – Als wäre ein Seil von jenem Fenster zum gegenüberliegenden gespannt, und als glitte der Ruf wie flüssiges Wachs an diesem Seil hinüber. Als er angekommen war, tauchte gegenüber ein neues Gesicht auf, dessen Augen nun schon mühelos und direkt den Weg zum Fremden fanden. Ansonsten blieb es ringsum weiterhin menschenleer. Der Mittagsruf nach Aninka erschallte vermutlich öfters; er war ein vereinbartes Zeichen, das dem Platz wohl bekannt war, er ließ sich dadurch ebensowenig aus der Fassung bringen wie durch seine sommerliche Ermattung, obwohl es sich nicht um eine beliebige Mattheit handelte, nicht um die gewöhnliche Sommerlethargie, sondern um etwas, das einer Krankheit ähnlich war, deren Angriff selbst ein Wesen kaum standgehalten hätte, das um ein Quentchen weniger apathisch gewesen wäre als der Platz dieser Bezirksstadt.

Also ließ der Fremde sich von drei Augenpaaren beobachten. Ich sage, *er ließ sich beobachten*, und es war tatsächlich so, denn in Wahrheit tat er nichts dazu, und von den vier Personen, die nun auf der Bühne stehen, war *er* der passive, obwohl man in seiner Passivität mehr Aktivität entdecken konnte als in der rührigen Aufregung der Beobachter.

An einer Ecke tauchte ein Einwohner auf. Er blieb stehen. Vielleicht hatte das veränderte Aussehen des Platzes, den er so oft überquerte, ihn verblüfft. Denn es war offensichtlich, daß er überrascht innehielt. Erst dann bemerkte er den Grund der Veränderung, den fremdartigen und dennoch hierher gehörenden Gegenstand, und er bewegte sich auf ihn zu. Erstaunlicherweise ging er schneller als die anderen Passanten, sein Gang zeugte von *Geduld*, Geduld und Wachsamkeit. Der Platz wurde zum Resonanzboden seiner Schritte; zuvor hatte man nicht einen Laut vernommen. Der scharf skandierte Ton hatte Lichtcharakter und erweckte einen nachhaltigen Eindruck von Sommer und Mittag. Als er ihn erreicht hatte, wich er in einem kleinen Bogen aus und ging weiter, ohne sich umzuschauen. Seine

Gangart hatte aber etwas Neues und war so auffällig, daß sämtliche Häuser es bemerkten. Schaut, in den Fenstern, in einem nach dem andern, erscheinen Silhouetten; zunächst verschwommen, gewinnen sie zusehends die Schärfe einer Radierung; entstanden vor dem dunklen Hintergrund der Zimmer, verleihen sie den Fenstern Haltbarkeit und Inhaltsschwere, und mit ihren scharfen Umrissen erinnern sie an Arabesken, die das Ganze umranken und schmaler erscheinen lassen.

Und wieder konnte man sehen, daß sich Verwunderung verbreitete, als sie den Fremden erblickten, doch war diese Verwunderung nicht von Dauer. So schnell, wie sie aufgekommen war, verschwand sie auch wieder – und ihr Platz wurde von Neugier eingenommen, obwohl dies nicht das treffende Wort ist. Ein Gefühl, wie wir es beim Anblick von etwas Bekanntem sofort empfinden, und plötzlich ahnen, es ist um eine unerklärliche, unbenennbare, zugleich aber auch unbestreitbar neue Phase reicher.

Auf einmal richteten sich in den Fenstern rings umher alle Personen auf, deren Köpfe bis dahin auf den verschränkten Unterarmen geruht hatten, Falsifikaten nicht unähnlich, die nach dem Fremden gegossen schienen, und der Blick wanderte von einem Fenster zum andern. Der Fremde drängte sich in das Bewußtsein der Stadt ein, und er war hier als etwas Unbequemes, Unabwendbares. Alles trug einen Ausdruck der Erwartung, und diese Erwartung war wiederum von gleichem Charakter wie die Gangart des Fremden, als er weiterschritt, und ebenso wie die des Stadtbewohners, der kurz zuvor hier über den Platz gegangen war: dem Charakter der Geduld, der Gemächlichkeit.

Der Fremde und die Stadt standen sich Aug in Auge gegenüber, sie in erheblichem Aufwand an Phantasie und Verstand, er untätig in seinem geheimnisvollen Gleichgewicht.

Die Beziehung, die zwischen den beiden Protagonisten entstand, war sonderbar: Die Zuschauer spürten eine ihnen bislang völlig unbekannte Spannung, der Fremde jedoch schien sie nicht nur nicht zu teilen, allem Anschein nach war er davon nicht einmal passiv berührt, und obwohl auch er sich in der Zone der Sympathie befand, hatte er – das war offensichtlich – seine Freiheit und Offenheit bewahrt. Doch da geschah etwas Unerwartetes. Ein junger Mann betrat den Platz. Ein Student, der seine Ferien in der Stadt verbrachte. Von hier gebürtig. Aber man begegnete ihm mit Haß, weil er sich allen entfremdet hatte. Er kam nur selten. Studierte im Ausland. Er war von dieser Stadt so gründlich abgesprungen, daß an eine Verkittung nicht mehr zu denken war. Sie hatten den Eindruck, er grollte ihnen: Denn, so sagten sie, es sei ihnen nicht gelungen, in den geheimsten Winkeln seines Lebens herumzuschnüffeln, obwohl sie alle Anstrengungen unternommen hätten. Tatsächlich kam es zu keinem gegenseitigen Verständnis, weil er das, was sie geheimste Winkel nannten, als belangloses Beiwerk des menschlichen Schicksals betrachtete, das ohne jegliche Bedeutung sei. Sein Studium, seine Arbeit, seine Bestrebungen im Leben waren kein Geheimnis, ein Geheimnis waren und blieben jedoch seine persönlichen Freunde, seine Besitzverhältnisse, seine Reisen und seine Flirts, seine gesellschaftliche Stellung und seine Liebesgeschichten. Da ihnen all das fremd war, glaubten sie, daß er ihnen sein Leben, auf das sie sich ein Recht anmaßten, vorenthielt. Er schwieg, und gleich wie er sich weigerte, ihre neugierigen Fragen zu beantworten – dies verstand er in einer Weise, die auch den Zudringlichsten mit einem Schlag entwaffnete –, stellte er keine Fragen nach Dingen, die sie nicht gern beantwortet hätten – und selbst das tat er auf eine Art, die sie reizte. – Sie hielten ihn also für einen Abtrünnigen, der sein Zuhause verleugnete und nicht ausstehen mochte, er kehrte jedoch immer wieder in diese Stadt zurück, die ihn so sehr haßte – und der Grund für seine ständige Wiederkehr war einfach: Es zog ihn hierher, er wußte schon gar nicht mehr warum, konnte sich einfach nicht widersetzen.

Er trat also auf den Platz, und er nahm die Veränderung, die eingetreten war, sofort wahr. *Verwunderung* zeigte sich auf seinem Gesicht, Verwunderung über die Menschen in den Fenstern und über den Fremden, der die Ursache all dessen war.

Doch die Verwunderung verschwand nicht sofort wieder aus seinen Zügen – wie dies bei den andern der Fall war; keineswegs, er trug sie unbeschadet über den freien Platz, sie lag unabgenützt und gierig auf seinem Gesicht, Winden, Worten und Sensationen ausgesetzt, er trug sie wie einen Reichtum, den er zur Schau stellte, wie ein wunderbares Abenteuer. Und er unterschied sich zudem von den andern dadurch, daß er den Rhythmus seiner Schritte nicht änderte, als er das Seltsame erblickte. Er kam federnden Schritts, in einem Rhythmus, der Ungeduld und Zielbewußtsein verriet, er kam, als hätte er Anlauf genommen – und ging auch noch so, nachdem ihn die Verwunderung eingeholt hatte. Als erwarte er unterwegs stets und überall etwas, das ihn erregte, als peitschte er sich zum Höhepunkt einer Gefühlsregung auf, als liefe er der Verwunderung *nach*, als sei die Verwunderung sein Ziel. Offenen Herzens gäbe er sich ihr hin, wenn er ihr begegnete, doch den Schritt oder die Richtung zu ändern – dazu gab es keinen Grund! Und so ging er direkt auf den Fremden zu, an ihm vorbei; *er sah sich um* und verschwand. –

Hundert, ja noch mehr Augen rügten ihn wegen seiner Andersartigkeit, sie rügten ihn mit Blicken stiller Gehässigkeit – jener Gehässigkeit, die sie ihm vorwarfen – und mit jener gereizten Selbstgefälligkeit aufgeregter Menschen, die jemandem feindlich gesinnt sind, der sich ihrer Gruppe entzogen hat. Eigentlich hätten sie ihm jedoch dankbar sein sollen, daß er durch diese scheinbare Provokation ihre Aufmerksamkeit abgelenkt und sie so aus einer Lage befreit hatte, die allzu peinlich war.

Da schritt der Fremde aus. Frei von dem Bann der auf ihn gerichteten Blicke bog er in eine Straße ein, die in die Felder führte. Er ging wieder wie einer, der im Gehen geduldig auf einen Gefährten wartet, mit dem er verabredet ist und der bestimmt nicht zu spät kommen wird – und als er hinter einer Krümmung verschwand und durch die Felder auf den Wald zuging, lenkte er alle ihn verfolgenden Blicke auf die Stelle, die er hinter sich hatte, und er ließ in der Stadt wirbelnde Unruhe zurück, die Unruhe eines hungrigen Magens, dem man einen verlockenden Bissen vor den Augen weggerissen hat. Wirbelnde Unruhe! Es setzte ein Hinüberlaufen und Stehenbleiben ein; die Leute verließen unter billigen Vorwänden die Häuser; nachfragend und mitteilend, suchend und spähend stachelten sie unter dem Druck des Außergewöhnlichen ihre Vorstellungskraft an, um sie in eine Spannung zu versetzen, in der sie sich räkelten wie träge Hunde in der Sonne. Zuerst handelte jeder auf eigene Faust: bald schon organisierte sich die Neugier jedoch in einer allgemeinen Anstrengung, den Fremden einzuschätzen, einzugliedern, zuzuordnen. Das Hotel wirkte wie Löschpapier. Es saugte die mühselig zusammengesuchten Vermutungen über den Vorfall an, und diese Vermutungen verschwammen zu einem formlosen Klecks, kaum stießen sie auf die harte Realität der Hoteleintragung. – *František Kres, Rodez,* stand im Gästebuch.

Nicht einmal der älteste Bürger konnte sich daran erinnern, daß jemals eine Familie dieses Namens in der Stadt gewohnt hätte. Weder in der Stadt noch in der Umgebung. Und ein ähnliches Gesicht hatte hier auch noch nie jemand gesehen. Sonderbarer als der Personenname war jedoch der Ortsname, der als Wohnsitz angegeben war. Da František Kres tschechisch sprach – und, wollte man aus seinen wenigen Worten schließen, hervorragend tschechisch – war es schwierig, sich über die Stadt Rodez zu einigen. Die Gebildetsten nannten zur Auswahl: die Schweiz, Frankreich oder Spanien. Aber erst ein Konversationslexikon, das dem Direktor der Winterwirtschaftsschule gehörte, fällte die Entscheidung: Frankreich. Da nun die Existenz der Stadt bewiesen war, wurde der Fall erst recht rätselhaft. Sie hätten es nämlich lieber gesehen, wenn Rodez ein Phantasiebegriff gewesen wäre, denn eine Idee an sich ist bequemer und nicht so qualvoll wie eine umfassend bewiesene Realität.

Natürlich wäre es einfach gewesen, den Personen- wie auch den Ortsnamen für erlogen zu erklären, doch spürten alle, daß sie, falls sie sich für Betrug und Mystifikation entschieden, nur sich selbst bestehlen würden. Ganz abgesehen davon, daß eine

Degradierung des Fremden weder dessen geheimnisvolles Automobil noch dessen merkwürdige Ausstattung aus der Welt schaffen konnte, auch nicht dessen Schritt und Haltung und schon gar nicht jene so vielsagende Vertikale seiner Arme. Alle begriffen, daß sein Wesen *ungewöhnlich* und nicht exotisch war. Und sie begriffen auch, wenn sie sich von der einzigen mitgeteilten Wirklichkeit, die er ihnen hinterlassen hatte – der Eintragung ins Gästebuch – lossagten, dann hätten sie diese Erscheinung aus der Welt einer noch so nebulösen Wirklichkeit gedrängt. In dem Moment, da sie sich gesagt hätten, daß der Fremde nicht František Kres aus Rodez sei, der für sie zwar bestimmt nur eine Hekabe, aber immerhin *wenigstens* eine Hekabe war, in dem Moment wäre der Fremde zu einer phantastischen Erscheinung herangewachsen, nicht mehr erregend, sondern erschreckend. Sie aber hatten nicht die Absicht, den angenehmen Kitzel der Neugier gegen den Druck von etwas unabsehbar und unvorstellbar Geheimnisvollem einzutauschen. Und so blieb ihnen nichts als diese Tintenspur, die nicht weniger, aber auch nicht mehr besagte, als daß es diesen Fremden *gab*. Und daß er František Kres aus Rodez war.

Die Stadt durchlebte peinliche Qualen. Um so peinlicher, als der Fremde, der im Wald verschwunden war, sie aus ihrer Faszination entlassen hatte, ohne daß es ihnen vergönnt gewesen wäre, unverzüglich wieder in die verdorbene Laschheit ihrer Gewohnheiten zurückzukehren.

Sie erinnerten sich an die Augenblicke, als sie sich ins Leere hinein gelangweilt hatten; vor allem aber entsannen sie sich des Augenblicks, da sie dermaßen von jenem vertikalen Gegenstand mitten auf dem Platz beherrscht waren, daß sie sich weder auflehnen noch über mögliche Folgen nachdenken konnten, als sie bemerkten, wie sich etwas in der Struktur ihres eigenen Innern und ihrer Stadt verschob, es war eine geradezu verblüffende Verschiebung, war sie doch durch einen scheinbar so geringfügigen Anlaß hervorgerufen worden. Vorher hatten sie durch eine Zone brennenden Vorwitzes gehen müssen, um das Ausmaß dieser Wohltat zu erkennen. Jetzt hingegen gärte der Segen in ihrem Innern, infiziert durch ihre Natürlichkeit, und diese Gärung war weiß Gott nicht angenehm.

Langsam wurde es Abend. Die Straßen, durch die das Leben und das Wesen der Stadt abgeflossen waren, saugten nun die leicht ozonhaltige Luft der Felder ein und nährten damit jeden Winkel, und in immer kompakteren Teilchen brachten sie, wie mit einem Paternoster, jene zurück, die der Stadt tagsüber untreu gewesen waren. Heute war es jedoch nicht wie sonst, wenn die duftende Atmosphäre des Vorabends die Alltäglichkeit verzauberte und mit Wohlgefallen sich streitende Gegner anstachelte, wodurch sie einen Ersatz für die Träume und Scharmützel der Leidenschaft schuf. Die zurückkehrenden Abtrünnigen fanden eine lispelnde, leicht brodelnde Gärung vor, in die sie hineingezogen wurden, und zwar ohne die Möglichkeit, den Grund dafür zu begreifen. Sie wurden Hals über Kopf hineingezogen und zusammen mit den anderen herumgeschleudert, noch verwirrter als letztere und wehmütig ratlos.

Die Stadt rief den Fremden, damit er ihr Richtung weise und Rat erteile.

Doch der Fremde spazierte – ahnungslos und unerreichbar – in den Wäldern herum, und auf der entgegengesetzten Seite wanderte in anderen Wäldern der Student, mit einem Schritt, dessen Ziel Verwunderung war. Er war friedlich gestimmt – und hatte den Fremden längst vergessen.

Und in dem Abend, der sich herabgesenkt hatte, dehnte die Stadt sich aus, müde und mit einem Kopf voller Verirrung und Angst vor unruhigen Träumen. –

Der Tisch der Honoratioren stand unter Lithographien, Porträts von Karel Havlíček und František Palacký, und er war schon geraume Zeit bis auf den letzten Platz besetzt.

Als der Fremde eintrat, richtete der Wirt sich auf, der eben gerade vornübergeneigt und mit eingezogenem Kopf einer Schar von Gästen etwas erklärt und gemutmaßt hatte. Jetzt stand er ein Weilchen verlegen da, die Lippen zusammengepreßt wie ein Mensch, der den Mund gerade hinter einem vorlauten Satz geschlossen und keinen glücklichen Einfall mehr hat, ihn wieder rückgängig zu machen.

Während er mit dem Fuß eine Acht nach der andern beschrieb, begleitete er den Fremden, der sich an einen freien Tisch setzte.

Großes Verstummen. – Der Fremde sah vor sich hin und ließ die Blicke an sich abprallen, ohne ihnen auszuweichen.

»Sie haben geruht zu spazieren! Frischen zweifellos alte Erinnerungen auf.« –

»Ich kenne die Gegend hier nicht.«

»Soso. Also Tourist. Reisen ist schön.«

»Ja, sehen ist schön.«

Das Gesicht des Wirts nahm einen dümmlichen und enttäuschten Ausdruck an; wem es beliebte, der mochte darin auch die Suche nach Sinn erkennen – nach dem wahren, wahren Sinn des Satzes, den der Fremde ausgesprochen hatte.

Der Gast bestellte. Der Wirt begab sich zu den Notabilitäten, mit einer Grimasse aus Pfiffigkeit, Dummheit, Enttäuschung und Spott.

Man muß gestehen, daß die Stadt sich trotz aller Verwirrung den ganzen Nachmittag über gewappnet hatte. Gewappnet gegen die Verführung des Fremden. Sie hatte sich gewappnet, damit an ihm nicht Sympathie, nur allenfalls Neugierde haftenblieb. Und bei der Gärung hatte sie zu sich selbst gefunden: Sie war neugierig daraus hervorgegangen und hatte beschlossen, mit Verachtung zu strafen, falls ihrer Neugierde verweigert würde, was ihr gebührte. Die Stadt war erfolgreich. Vergessen waren die nachmittäglichen Augenblicke, es gab sie nicht mehr. Und nur im Dunkeln mochte es noch scheinen, als bildete die Ungleichheit der Höhen über dem Platz eine klangliche Kadenz, als erstarrte das Kunterbunt der Hausverputze in ausdauernder Harmonie.

Der Fremde hatte fertiggegessen. Er ließ die Blicke an sich abprallen, ohne ihnen auszuweichen. Und obwohl der Tisch ihn halb verdeckte, war es möglich, die Ansprache seiner Arme zu verfolgen; sie redeten wie am Nachmittag, als er die Stadt verführt hatte, ein neuer Rattenfänger von Hameln, der nicht einmal eine Flöte brauchte. – Den Kopf an die Wand gelehnt, saß er da. Er tat nichts, als dazusitzen. Und er drückte das Wohlbehagen eines Menschen aus, der zu warten verstand, warten durfte.

Der Redakteur des Ortsblattes brauchte eine gewisse Zeit, bis er sich dem Tisch des Fremden zuwandte. Den schleichenden Angriff tarnte er mit einer gründlichen Besichtigung der Schulvereinsdiplome.

»Unsere Gesellschaft erlaubt sich, den Herrn einzuladen, an unserem Tisch Platz zu nehmen. Sie wird sehr geehrt sein.«

»Sie sind sehr liebenswürdig.«

»Unsere Stadt ist eine fortschrittliche Stadt. Wir legen Wert darauf, daß uns nichts von den modernen Strömungen entgeht. Die Gesellschaft Freie Gedanken ...«

»Freie Gedanken! Was ist das?«

Der Redakteur hielt eine qualmende Zigarre vor sich, den Oberkörper vorgeneigt, atmete er den Rauch ein, und er schien nur darauf zu warten, daß jemand auftauchte, den er mit der Zigarre verbrennen könnte.

»Der Herr ist ein Fremder. Hat viel gesehen. Er könnte uns in mancher Hinsicht beraten – was die Kultur angeht und so weiter. Falls Sie Informationen brauchen ...«

Der Fremde zwinkerte leicht mit den Augen.

»Sie irren sich. Ich habe wenig gesehen, gemessen an dem, was es noch zu sehen gäbe. Und alle Ratschläge, die ich erteilen könnte, haben allein für mich Gültigkeit. Keiner kann mich über das einzige informieren, was ich gern gewußt hätte: die wahre Farbe des Himmels. Wenn ich sie je erkenne, werde ich sie nur aus meinem Innern heraus erkennen.«

Hatte er nicht mit leisem, ironischem Lächeln geendet?

Der dritte Angriff. Der Magister. Er kam, als wäre er eifrig mit einem dringlichen Problem beschäftigt.

»Hier in einer Kleinstadt! Erregt jeder Fremde Aufsehen. Gewiß. Der Herr möge es verzeihen. Wir haben aus der Eintragung im Gästebuch erfahren, das ist indiskret, doch sind hier alle sozusagen eine Familie, wir haben also erfahren, daß der Herr Kres – entschuldigen Sie, daß wir den Namen kennen – aus Rodez, aus Frankreich ist. Ich war einmal in Paris. Eine Woche. Aber Rodez ... Ich bin zwar ziemlich weit gereist. Aber Rodez ...«

»Rodez. Ja, Rodez ist eine ganz unbedeutende Stadt. Eine uninteressante Stadt. Und dennoch habe ich dort all das erfahren, was man erfahren muß, um nicht vergeblich zu reisen.«

Der Fremde erhob sich und sagte:

»Mein Herr, danke für die dreifache Einladung. Ich bin ein gewöhnlicher, uninteressanter Mensch, das versichere ich Ihnen. Ich möchte Ihre romantischen Illusionen nicht zerstören, aber ich möchte allein sein.« Und er fügte versöhnlich hinzu: »Ich wäre gern allein.«

Sie hatten sich vorgestellt, all das zu erfahren, was ihre ausgezehrte Neugier begehrte. Und sie waren verwundert, als sie nichts erfuhren. Noch mehr staunten sie allerdings über die Erkenntnis, daß sie trotz seiner Weigerung nicht imstande waren, ihn zu verachten. Einige erinnerten sich daran, als junge Menschen physisch vergleichbar gelitten zu haben, wenn sie unglücklich verliebt waren. In ihrem Konventikel beschlossen sie, daß er verrückt sei; das sagten sie natürlich nur, um ihre Überzeugung zu entkräften, daß er die Oberhand behalten hatte. Vergebens. Sie bereuten ihre vormalige Trägheit; sie bereuten die Verzauberung vom Nachmittag; sie bereuten die gerade gefällte Entscheidung, ihn zu verachten; denn was jetzt war, quälte auf miserable Weise, und zwar die Gewißheit, jenes Wort nicht zu hören, das die heutige Begebenheit entweder irgendwohin in absolute Unzugänglichkeit entrückt oder aber zu possenhafter Banalität herabgewürdigt hätte. Sie tappten zwischen Himmel und Erde, und das Schwindelgefühl, von dem sie erfaßt waren, war widerlich – oh, wie widerlich! – und zwar deshalb, weil es keine Gewißheit darüber gab, ob sie sehr hoch oder nur einen Hupf über der Erde schwebten.

Und wieder geschah etwas Unerwartetes. Der Student trat ein. Nachdem er gegrüßt hatte, setzte er sich zu dem Fremden an den Tisch, obwohl es noch freie Tische gab. Er schaute ihn an mit einem Blick, der besagte: »Und du bist der, den ich schon heute vormittag gesehen habe! Guten Abend«, weiter schenkte er ihm keine Beachtung. Erst als er zu Ende gegessen hatte, wechselten die beiden stummen Gesprächspartner einige Blikke, die nicht erstaunt waren, obwohl es Grund zu Verwunderung gab, denn diese beiden Blicke sagten einander, wie gut sie sich verstanden.

Und schon kurz danach staunte der Tisch der Honoratioren: der Student und der Fremde führten eine angeregte Unterhaltung. Sie unterhielten sich halblaut, wie zwei Menschen, die sich schon lange kannten und einander sympathisch fanden. Sie sprachen zwanglos, und es war offensichtlich, daß sie sich nichts erklärten, einander nicht zu überzeugen suchten und auch nicht stritten, daß ihre Unterhaltung vielmehr einfache Erzählung und Mitteilung war. Und man beneidete sie. Denn diese ruhig flammenden Augen, diese nicht neugierigen, aber wissenden Augen, diese ungeduldigen, aber auch in Zeiten größter Bedrängnis zurückhaltenden Augen, diese unverschleierten, wartenden Augen – ja, sie warteten immer, bis der Gesprächspartner ausgesprochen hatte, um die zweifädige Unterhaltung zu einem Band zusammenzuknüpfen und so zu verflechten, daß die Fäden nicht mehr als solche erkennbar waren, zu verbinden in einem Strom, einem gemeinsamen Strom von Gefühlen und Gedanken zweier sterblicher Wesen.

Als sie sich zum Abschied die Hand reichten, schüttelten sie sie kurz und kräftig. Und der Fremde ging fort, mit langen, geschmeidigen Schritten

Da rotteten sie sich um den Studenten zusammen, denn sie hatten ganz vergessen, wie sehr sie ihn haßten. »Wer ist er? Woher kommt er? Was sucht er hier? Wohin fährt er? Woher kennen Sie sich?« Sie kannten einander nicht. Er wußte weder, wer er war, noch woher er kam, und ebensowenig, was er hier suchte oder wohin er fuhr. – Der Student lachte. Der Student weidete sich an seinen behexten Landsleuten.

»Warum haben Sie denn nicht gefragt?«

Warum sollte er, ein Wanderer, einen anderen Wanderer etwas fragen, wenn man sich auch ohne Fragen so viel zu sagen hatte? Über die Schönheiten der Welt und die menschlichen Freuden; über unwiederholbare Wanderungen und das selige Gefühl, daß es keine Rückkehr gab. Über das Land und die Leute, über deren Elend, Arbeit und Mühe, über das geduldige Warten auf unseren großen Tag, da uns alles offenbar werden wird, ohne daß wir danach gefragt haben!? –

Mit ihnen jedoch war alles Reden vergeblich. Sie kehrten kleinmütig in ihre Häuser zurück, weil es ihnen nicht gelungen war, die eigene Illusion zu zerstören und sie ihren tastenden Händen entglitten war. Und die Stadt träumte einen wirren Traum darüber, wie sich eine weiße Wolke auf den Dreizack des schrägstehenden Neptuns stürzte und dabei in Eissplitter zerbarst.

Im Morgengrauen fuhr ein Sportwagen beim Hotel vor. Der Fremde setzte sich in die niedrige Karosserie, die mit einem abrupten Ruck anfuhr, als hätte eine Heuschrecke einen langen, flachen Sprung gemacht. Und sie verschwanden. – Während der Platz zurückblieb und in seiner Scheckigkeit den gestrigen Tag vergaß, und die vier Straßen allzu kurze Fangarme hatten, um der Stadtmitte zu geben, wovon die Ferne träumte.

FRANZ INNERHOFER

W.

W. ist nicht gleich vom Vater weg in die Stadt gezogen, sondern war, nachdem ihn sein Stiefbruder, ein junger aufstrebender Landunternehmer, der einer Arbeiterfamilie entstammte und zu dem er voller Hoffnung vom Vater geflohen war, abgewiesen und ihm gesagt hatte, daß er ihn nicht in seinem Betrieb beschäftigen könne, auf halbem Wege zwischen der eigentlichen Stadt und dem Wohnort seines Vaters ratlos und verzweifelt bei seiner werktätigen Mutter am Rand einer Kleinstadt gelandet. Er war da, er lebte, aber der gesamte Mensch, der von Kind auf im Betrieb seines Vaters gearbeitet hatte, war durch die Züchtigungen und all die kopflosen Reden, die er hatte über sich ergehen lassen müssen, niedergewertet und trug eine enge, unverstandene und gehaßte Welt in sich. Die verlassene entsetzlich vertraut, die neue schrecklich fremd. Alles, was er von Vater und Stiefmutter gelernt hatte, war dieses blöde katholisch-alpenländische Ertragen von Härten und Hinnehmen von Schmähungen und Erniedrigungen. Eine jämmerlich bezahlte Arbeit in einer kleinen Landfabrik war bald gefunden. Abends und an Feiertagen konnte er bei der Mutter essen, schlafen auch, ebenso versorgte sie ihn mit frischer Wäsche. Da die Mutter nie in ihrem Leben zu etwas anderem Zeit gehabt hatte, als sich das Notwendigste für ihren Unterhalt zu verdienen, konnte sie ihm die Welt, in die sie ihn hineingeboren hatte, nicht erklären. Daß ihm nichts geschenkt werden würde, hatte er selber schon begriffen. Hoffnung und langjähriges Ziel seines Ausbruchs waren auch nicht sie, sondern der Stiefbruder und dessen Unternehmen gewesen. Sie war ihm fremd, denn er hatte sie wie die meisten von einem Elternteil ausgebeuteten Kinder nur selten besuchen dürfen. So suchte er, was ihm als Kind entgangen, unter den Fremden und wurde schon bei der geringsten Freundlichkeit verlegen, verwechselte sofort die Interessen und glaubte, alle Menschen wären ihm auf einmal wohlgesinnt. Das Geld, das er für seine Arbeit bekam, reichte, um seinen Lebensunterhalt bestreiten zu können. Die Hälfte seines Lohnes zahlte er der Mutter für Quartier, Essen und sonstigen Haushaltsaufwand. Für die andere Hälfte hätte er sich ein warmes Wirtshausmittagessen, Vormittagsjause, Arbeitskleidung kaufen und sich nach und nach überhaupt neu einkleiden können. Das Wenige, das er von seinem unfreiwilligen Zuhause zum Anziehen mitgebracht hatte, war abgetragen und zu klein geworden. Um die Mutter nicht allzusehr zu erschrecken, log er, daß er genügend Taschengeld gespart habe und ohne Schwierigkeiten bis zum ersten Zahltag damit auskomme. In Wirklichkeit war ihm nur so viel geblieben, daß er sich nach der Arbeit zwei Bier kaufen konnte. Statt zu Mittag zu essen, ging er im Ort spazieren. Vormittags, während sich die anderen im Aufenthaltsraum stärkten, drückte er sich auf dem hinteren Fabriksgelände herum. Am Zahltag war er so aufgeregt, sein erstes selber verdientes Geld in Empfang nehmen zu sollen, daß ihm gar nicht auffiel, wie mißtrauisch und mürrisch viele andere dies bereits taten. Einige Stunden später hatte er das Geld beim Kartenspielen an Fuhrunternehmer verloren und wollte sich in den Fluß stürzen, wurde aber, als er glaubte, endlich mit sich und der Brücke allein zu sein, von einer Gruppe junger Männer, die, als sie näher kamen, ihn als ihren Arbeitskollegen erkannten, überrascht. Er lachte und sagte, er habe schon geglaubt, Polizisten kämen auf ihn zu. Er müsse jeden Tag zweimal über diese Brücke, aber noch nie habe er es geschafft, sich auf ihr in Ruhe das Wasser abzuschlagen. Sie kamen gerade aus einem Lokal und wollten ihn ins nächste mitnehmen. Mit Ausreden, die sie ihm nicht abnahmen, machte er sich von ihnen los und ließ sie im Glauben, daß er zu seiner Freundin wolle. Auf dem Weg nach Hause fiel noch einmal der ganze innere Redeschwall, der ihn schon nach dem Verlassen des Wirtshauses überfallen hatte, tüchtig über ihn her. Dieser Redeschwall, dem er schon als Kind hatte entrinnen wollen. Es war aber zu finster in ihm, um sich von den Gedanken an sein Mißgeschick, dessen Schuld er sich zur Gänze selber zuschrieb, losreißen zu können. Auch die Landschaft, durch die er in seinen tiefen Verzweiflungen ging, war finster und hatte es nie zu etwas anderem als zu einer rohen und ausgelassenen Heiterkeit gebracht. Die bäuerliche Gemeinschaft, deren Gehöfte zu beiden Seiten des Tales bis zur unteren Waldgrenze hinaufreichten, war gebrochen und durch das ständige Abwandern in Verdruß und Schweigen gestürzt. Unten im Tal und an den Hängen hatten die Bewohner, die sich rasch dem Fremdenverkehr und der mit ihm aufkommenden und vielfach nur mit dem Fremdenverkehr zusammenhängenden Industrie zugewandt hatten, unter viel Verzicht neue Häuser in die Landschaft gebaut und taten es immer noch. Das Leben hatten sie dabei auf den Kopf gestellt.

Sie sprachen nicht über dieses Leben, sondern von der Arbeit, die sie verrichteten, von Dingen, von Leistung und Ausdauer. Daß sich immer wieder welche von ihnen umbrachten und bei Selbstmordversuchen ertappt wurden, merkten sie zwar, lasen es in der Zeitung und sprachen auch davon, wo dieser Mensch zuletzt noch überall gesehen worden war, aber sie empfanden es nicht als Verlust, sondern gingen schnell dazu über, die Lücke, die ein solcher Mensch im Arbeitsprozeß hinterlassen hatte, durch einen anderen zu füllen.

Die Leute, die in der Stadt das Radioprogramm für das Land planten und zusammenstellten, kannten das neue Land von der Durchreise und von Aufenthalten, pflegten aber noch immer eine alte, bäuerliche Landschaft, in der die Menschen mitfühlend und in Geborgenheit lebten. Wenn es diese Rundfunklandschaft gegeben hätte, wäre kein Landbewohner auf die Idee gekommen, aus ihr wegzugehen, geschweige denn in ihr zu bleiben und sich in ihr, ohne eine Auskunft zu hinterlassen, umzubringen.

Eine Weile schwankte W., ob er nicht umkehren und zur Brücke zurückgehen sollte. Er blieb immer wieder stehen. Wenn nicht überall Zäune wären, kam ihm vor, könnte er auf Gedeih und Verderb in irgendeine Richtung davongehen. In der Gleichgültigkeit, in der ein Mensch mit sich nichts mehr anzufangen weiß, torkelte er aber doch in die Richtung des Hauses, in dem seine Mutter wohnte. Er wartete in der Nähe und betrat es schließlich, als ihm schien, daß Warten auch keinen Sinn hätte. Die Mutter, die sich freute, daß er schon so bald gekommen war, setzte ihm das Nachtmahl vor und war neugierig, wie die Bezahlung ausgefallen war. Er konnte es ihr nicht erklären, warum er nicht den Mut gehabt hatte, die Vertraulichkeit abzuweisen, mit der ihn die Fuhrunternehmer, die ihn die Abende zuvor nur mit Blicken beachteten, auf einmal angesprochen hatten, und zu sagen, er spiele nicht Karten und schon gar nicht um so hohe Beträge. So gab es Tränen und Verdruß. Alles, was er tun konnte, um sich den Aufenthalt in der Wohnung erträglicher zu machen, um von der ausweglosen, erdrückenden Stimmung, in der seine und ihre Gedanken befangen waren, abzulenken, war Radiohören und Zeitunglesen. Um den Verdruß nicht zu vermehren, sagte er auch nicht, wie es um ihn stand, sondern schleppte sich über die Brücke in die Fabrik, arbeitete und ging mit knurrendem Magen den Kollegen in den Pausen aus dem Weg.

Er war aufgebrochen, um zu leben, aber die mühsame Arbeit in Gedanken und inneren Monologen, die W. sich im Betrieb und im Haus seines Vaters gemacht hatte, um das, was über seine Person gesagt wurde, und das, was er von sich selber dachte, auseinanderzuhalten, war nach einer halbstündigen Zugfahrt im Haus seines Stiefbruders endgültig zusammengebrochen. Er kam ja nicht zu Sussak, um ihn um Geld anzugehen, sondern brachte sich, sein Leben mit und wollte ihm einen Teil davon verkaufen. Er hatte sich ganz auf Sussak eingestellt und nicht damit gerechnet, daß es ihn in diese Kleinstadt, in der er schnell zum Gefangenen seines früheren Jammers wurde, verschlagen könnte.

Früher hatte er Gegner, mit denen auseinanderzusetzen es sich lohnte. Jetzt hatte er nur noch sich und seine Unzulänglichkeiten. Er sah nur sich und ging nur gegen sich selber vor. Es fehlte ihm nicht an Vorsätzen, sich zu ändern, aber die geringste Vertraulichkeit genügte, um von seinen heimlichen Versprechungen abzukommen. Das wußten die anderen. War doch das gegenseitige Sich-vom-Heimgehen-Abbringen und das Anhängen von Räuschen die hauptsächliche Unterhaltung in den Wirtshäusern.

W. wurde oft rückfällig.

Sein Überleben hing auch nicht von seinem Willen ab, sondern davon, ob immer gerade dann, wenn er sich über das Brükkengeländer in den Fluß stürzen wollte, Leute auf die Brücke zukamen oder im letzten Moment Autoscheinwerfer auftauchten, sodaß er sich später oft ganze Abende in Wirtshäusern kopfschüttelnd nur über diese Zufälle wunderte, und einige Wirtinnen, die ihm kopfschüttelnd zuhörten, wunderten sich auch, vergaßen aber nicht, während er von seinem selbstmordbedrohten In-die-Stadt-Kommen erzählte, ihm zwischendurch das Glas zu füllen, was er spätestens, wenn er das Lokal betrunken verließ, auch merkte.

Kennengelernt hatte ich W. in der Folterknechtstube. Was mir sofort an ihm auffiel, war, daß er mit seiner Person gut umgehen konnte. Was einer meiner früheren Bekannten, um mit seiner vielfältigen Existenz niemanden zu erschrecken, durch Ruhe und mit Hilfe von Betrachtungen und allgemeingültigen Aussagen erreicht hatte, gelang W. durch ständiges Wechseln des Erzählorts, vorausgesetzt, daß sein Begleiter ein interessierter Zuhörer war.

Wirtsleute der älteren Generation, die noch mit einem beschützenden Blick auf ihre Gäste geschaut hätten, seien darauf aufmerksam geworden, daß er, W., in Gefahr sei. Diese Wirtsleute hatten, nachdem er mit Selbstmordgedanken vom Kartenspieltisch aufgestanden und aus dem Wirtshaus gegangen war, gehört und gesehen, daß es den Fuhrunternehmern Spaß machte, einem Wehrlosen den Lohn abzuknöpfen. Die Wirtsleute hatten ihn daraufhin mit Mühe davon abgebracht, weiter mit den Fuhrunternehmern Karten zu spielen. »Dann ist es auch so, daß der Mensch auf dem Land in seiner Freizeit schon lange nicht mehr in Ruhe, sondern mit Gewalt konsumieren muß.« So habe es ihn schließlich unter die freiwilligen Rettungsfahrer verschlagen. Einfach um beschäftigt zu sein.

Der freiwillige Rettungsfahrer ist auf dem Land allein. Im tiefsten Winter muß er allein zu den höchstgelegenen Bauern hinauf. Und das oft in der Nacht. Das ist nicht nur schwierig, sondern kann auch schwere Folgen nach sich ziehen. In vielen Fällen kann man den Hof gar nicht erreichen. Ihr geringes Einkommen hindert die Leute, rechtzeitig Arzt und Rettung zu verständigen. Dann ist es nicht nur so, daß der Rettungsfahrer Schreckliches erlebt, sondern oft auch in schreckliche Situationen gerät. Die wenigsten wissen nämlich, daß er für den Tod eines einzuliefernden Patienten zur Verantwortung gezogen werden kann. »Es ist nicht lustig«, sagte W., »einen Toten im Auto liegen zu haben und dann auch noch hinter dem diensthabenden Arzt herwinseln zu müssen.« Ob ihm der Tote abgenommen werde oder nicht, hänge nämlich vom diensthabenden Arzt ab. Der ganze freiwillige Dienst hänge dann einfach vom Charakter des diensthabenden Arztes ab. Manche Ärzte hielten sich die freiwilligen Rettungsfahrer wie Hunde. Auf verlassenen Bergbauernhöfen sei es oft so gewesen, daß er schon bei der Ankunft gesehen habe, daß es zu spät sei. In einem Fall habe er schon nach fünf Minuten eine tote Bäuerin im Auto gehabt.

W. hätte mich natürlich sofort als Zuhörer mißbrauchen können, tat dies aber nicht, sondern baute sich vielmehr seinen Zuhörer sorgfältig auf, indem er zuerst nur über die Bar, an der ich einem verbitterten Nationalsozialisten den Rückstand der Literatur, insbesondere das völlige Mißachten und Verkennen der Welt der Institutionen, auseinandersetzen wollte, einige Bemerkungen über das Land machte, die mich sofort aufhorchen ließen. Über die Wirtin erfuhr ich dann, aus welcher Gegend er kam. W. erzählte über Widersprüche hinweg und brach seine Geschichte immer wieder ab.

Seine Rettungsgeschichten, die er so erzählte, daß mir vorkam, ich sei selber einer der freiwilligen Fahrer, zeigten ja nicht nur den existenzbedrohenden Charakter der ländlichen Gesundheitspolitik, sondern führten mir erneut in aller Deutlichkeit vor Augen, daß es bei den Bergbauern ganz einfach ums Überleben geht. Sobald ich anfing, W. mit Fragen zu bestürmen, weil ich vor lauter Wut über einen scheinbar unveränderbaren Gesellschaftszustand nicht länger zuhören wollte und konnte, stand er auf, brach seinen Bericht ab und entfernte sich. Er kam dann oft Tage nicht in die Folterknechtstube, wo ich auf ihn wartete.

Seine Geschichten fingen immer leicht an und tänzelten um Vater, Stiefbruder, die Frau des Stiefbruders, Stiefmutter, Kindheitsarbeitslager und Fuhrunternehmer, die alle auf einer weiteren Ebene zusammen mit vielen anderen seinen sentimentalen Zustand mit einem neuerlichen Terror bedrohten. Er sprach langsam und lachte zwischendurch. Unsicher wurde er eigentlich nur, wenn er auf die Zufälle zu sprechen kam, die er sich nicht erklären konnte. Die Brücke z. B., über deren Geländer er sich oft in den Fluß hinunterstürzen wollte.

Im Gegensatz zu anderen meiner Bekannten, die aus ihrem kleinbürgerlichen Kessel nicht herauskamen und verzweifelt nach einem sie erfüllenden Leben suchten, zog er ständig größere Kreise um die Orte seines Schreckens und wurde dabei immer einsamer und sicherer.

Sowohl in der Stadt als auch auf dem Land sei er fast dreißig Jahre lang beinahe umgekommen. Mit Vorsätzen habe er sich von einer Bedrohung in die andere gemartert. Die Angst, wegen eines tot eingelieferten Patienten ein Verfahren angehängt zu bekommen, habe ihn plötzlich wieder an den Kartenspieltisch getrieben. »Dann vom Kartenspieltisch mit leeren Taschen hinaus in die Nacht. Mit dem Gedanken, mich endlich umbringen zu müssen, zur Brücke, die wieder nicht frei ist. Und in der Früh nach zufällig überstandenem Selbstmord in die Arbeit. Und immer spielen. Mit knurrendem Magen arbeiten und in den Pausen auf dem Fabriksgelände den Naturinteressierten spielen, um nicht, ohne etwas zu essen, unter den Kollegen im Aufenthaltsraum sitzen zu müssen, denn auf dem hinteren Fabriksgelände zu verhungern wäre mir leichter gefallen, als den Kollegen gestehen zu müssen, daß ich kein Geld habe.«

Dadurch, daß W. immer nur in kurzen Abschnitten erzählte und dabei so tat, als sei eigentlich nichts mit ihm geschehen, wurde seine Existenz für mich immer bedrohlicher und gefährdete, was ich mehr als ein Jahr lang über Arbeiter gedacht und geschrieben hatte. Ich wollte von ihm nicht hören, daß Kollegen unter der Belegschaft gewesen waren, die er in Wirtshäusern oft freigehalten hatte. Die hätten auch gewußt, sagte W., warum er in den Pausen zum hinteren Fabriksgelände zurückgegangen sei. »Hunderte Male hätten sie mich mit einem einzigen Wurstbrot in die Knie zwingen können.« Es hätte nur einer hinausgehen müssen und es ihm hinhalten, und er, W., sagte er lächelnd, wäre ihm das ganze Leben lang zu Dank verpflichtet gewesen. Aber in all den Wochen und Jahren, die er auf dem hinteren Fabriksgelände verbracht habe, sei keiner der Kollegen gekommen.

»Sussak, mein Stiefbruder, ist eine ausgekochte Aufsteigerbestie.« Es sei schwer, sich an die Tatsache zu gewöhnen, daß manche Arbeiter zu den brutalsten, rücksichtslosesten Ausbeutern würden. Ein Gastwirt, der so viel besitze, daß er und seine Frau mit dem Besitz nichts mehr anzufangen wußten, zähle ihm ganze Abende lang auf, was im Kommunismus alles besser sei. Aber die jungen Leute, die der Gastwirt im Kommunismus bestärkt wissen wolle, hielten nicht nach Verbesserungen ihres Lebens Ausschau, sondern spähten nur nach Möglichkeiten, wo sich ein Unternehmen aufziehen ließe.

Die kommunistische Zeitung werde nun schon in verschiedenen Haushalten gelesen. In dem Gasthof, in dem er jetzt arbeite, liege die kommunistische Zeitung oft schon einen halben Tag, in einer oder mehreren Zechstuben, bis die Wirtin dann wieder hinzukomme und sie wegwerfe.

Es sei mit ihm immer wieder hinuntergegangen.

Er sei immer gegangen, immer auf der Suche nach einem Ausweg. Zurück sei er nie gegangen, sondern nur hinunter. Zurück habe er nicht können, nach rückwärts könne sich auch niemand befreien.

VI.

Was frembd ist, muss allweg besser seyn.

Quod procul affertur, hoc dulcius esse refertur.

Gnadenlos

Der Hof lag rund und leer unter den Sternen. Die Tür im Haus öffnete sich und ein Mann taumelte über die Stiegen herunter. Der Himmel war schon fahl, die Holzschuppen, die den Hof umgaben, standen schwarz in der Runde da. Zauberisch und kalt leuchteten die Sterne vom Himmel, als dürftige Glühbirnen. Ja, der Himmel war rund, wenn man ihn genauer anschaute, ein Gewölbe, eine Kuppel, ein Zirkuszelt.

Der Mann hatte sich mit dem Oberkörper über das glitschige Brett vorgebeugt, auf dem für gewöhnlich Kannen und Kübeln zum Volleiern abgestellt wurden. Mit dem seitwärts abgestreckten Arm ergriff er den Pumpenschwengel: Kaltes Wasser pritschelte aus dem Eisenrohr, lief über Schultern und Leib des Mannes, der jetzt keuchte, rann ihm oben in den Hosenbund.

Der Mann zog das nasse Hemd über den Kopf, warf es auf den von Hirtentäschel und kleinen Kamillen bewachsenen Schotterboden des Hofes. Seine nackte, behaarte Brust, die Schultern und Arme – alles sah grünlich aus in dem ersten Morgenlicht, weiß und grünstichig.

Der Mann legte seinen Kopf in den Nacken und begann zu lachen. Dieses Lachen klang fürchterlich. Ein paar Fenster im Haus gingen auf, Licht, das in der Morgenfrüh unernst und schwächlich aussah, fiel aus den Fenstern in den Hof. Der Mann hatte den Kopf jetzt gesenkt, vielleicht, weil oben die Fenster aufgegangen waren, und er schlug seine großen, breiten Hände vors Gesicht.

Unsere Geschichte hier spielt nach dem Krieg in Wien. Der Mann wohnte nicht in der Innenstadt, auch nicht jenseits der Ringstraße in den bürgerlichen Vorstädten, sondern außerhalb des Gürtels, wo die Arbeiter und die kleinen Handwerker wohnen. Da steigen bereits, unter Häuserlasten und Straßenzeilen begraben, die Hügel an, die sich zuletzt panoramatisch zur bewaldeten Bergkette des Wienerwaldes zusammenschließen: In der Bucht oder Muschel, die vom Wienerwald gebildet wird, liegt ein Gutteil der Stadt, während im Osten, in der Ebene, die Donau vorbeifließt.

Der Mann war in das Haus und in seine Wohnung zurückgekehrt. Rudolf Hartner, dieser Name stand an der Tür. Die Tür war uneben und wie verbeult unter den vielen Lackschichten, die sie bedeckten, dem Türschloß sah man an, daß es öfter schon aufgebrochen worden war. Hartner saß in der Küche, die nackten Füße auf dem Linoleumboden. Er saß auf einer Kiste, in der Holz und Kohlen für den Herd lagen. Auf dem Tisch stand eine Schale Kaffee, in der er mit dem Löffel umrührte.

Als die Stille des Hauses vom Türenschlagen, dem Brausen der Klospülungen und schließlich vom Fußgetrappel auf den Treppen unterbrochen wurde, stand Hartner auf, um sich zu rasieren. Das war gar nicht so einfach: Zu dem Zweck mußte er eine Waschschüssel auf einen Schemel, der neben dem Herd stand, stellen und heißes Wasser aus dem Wasserschaff im Herd in die Schüssel schöpfen. Aus einem Kübel, der neben dem Herd stand, goß er kaltes Wasser nach.

Der Körper Hartners war kompakt, sehnig, offensichtlich durch körperliche Arbeit gestählt. Als er sich nach der Waschschüssel hinunterbeugte, schoß ihm das Blut in den Kopf; Schultern, Brustkasten und Oberarme sahen im Lampenlicht fahl aus.

Als Hartner sich in den kleinen, an der Türfüllung befestigten Spiegel schaute und mit der Linken die Backe straffzog, damit das Messer sauber darüber hinfahren konnte, fiel sein Blick für einen Moment auf die Abspiegelung einer kleinen Tätowierung, die da aus dem weißen Fleisch seines rechten Innenarms herschimmerte.

Rauchend, die Zigarette zwischen die Lippen geklemmt, stand Hartner im Zimmer vor seinem geöffneten Kasten. Das Zimmer war offensichtlich das einzige der Wohnung, es war durch eine halb heruntergelassene Jalousie verdunkelt, von der Straße her, die durch einen Sonnenlichtzwickel, der auf den Boden fiel, auch gegenwärtig war, drang das Klingeln und Rumpeln einer Straßenbahn. Das große Bett im Zimmer war ungemacht, die Laken hingen unordentlich zu den Dielen herunter.

Im Kasten hingen Anzüge dicht an dicht auf der Stange: Anzüge aus gutem Tuch, Sommer- wie auch Winteranzüge, Straßen- und Abendanzüge. Hartner, den Oberkörper nackt, den Daumen der rechten Hand an die Lippen gelegt, überlegte, was er anziehen sollte.

Wenig später sehen wir Hartner zielstrebig die Straße hinunter und zur Straßenbahnhaltestelle gehen. Sein Gesicht, wie er da so ging, sah braun aus, er hatte gelbgrüne Augen, er war nicht mehr der jüngste, es war nicht zu verheimlichen, aber er sah in seinem dunklen Anzug, der ihm nicht schlecht, aber auch nicht perfekt paßte, mit den Schnürschuhen und dem Ausschlaghemd nicht übel aus. An einem Kiosk kaufte Hartner eine Zeitung, deren Nachrichtenteil er zusammenfaltete und einsteckte. Dann setzte er sich auf eine Bank in einer Grünanlage und, vom Lärm der Straße, den Vogelstimmen aus den Baumkronen, dem Rufen vorüberlaufender Kinder umspielt, begann er, die Anzeigen zu lesen.

Zur gleichen Zeit wurde in einem anderen Stadtviertel ein großer Strauß roter Rosen, über deren Köpfe blitzende Wassertropfen liefen, am eisernen schwarzlackierten Eingangstor einer Villa abgegeben. Das Haus selber stand ein wenig ins Grundstück zurückgesetzt und wurde von mächtigen Bäumen flankiert, deren kahle, glänzende Äste der Morgenwind bewegte.

Das Mädchen war ans Tor gelaufen und unterhielt sich mit dem Boten. »Sie schläft wohl noch?!« sagte der Bote und deutete lächelnd zu den Fenstern im ersten Stockwerk der Villa hinauf, an denen die Rolläden heruntergelassen waren. Er hatte seine Botenmütze schief und ein wenig verwegen aufgesetzt.

»Wie üblich!« antwortete das Mädchen und zog, als fröstelte es sie, das gehäkelte, weiße Umhangtuch fester vor der Brust zusammen.

Das Mädchen war blond, hatte ein breites Gesicht; das aber nicht derb wirkte, weil die blonden Locken es freundlich umrahmten, zwei Grübchen in den Wangen verrieten, daß sie gern lachte – und dann die großen, graublauen Augen, die auch jetzt, wo sie den Boten, der sie anlächelte, kühl musterten, feine Schuppen oder Partikel im Blick enthielten, die aus einem anderen, aus einem warmen, dampfenden Fluß aufgestiegen schienen.

»Es ist wieder sehr spät geworden – gestern«, sagte sie noch zu dem jungen Mann, mehr zu sich selber als an ihn gerichtet allerdings, ehe sie, eigensinnig ihren Kopf nach vorn stoßend, sich abwandte, die Tür ins Schloß warf und über den geschwungenen Kiesweg ins Haus zurückkehrte.

Der Bote stieg auf sein Motorrad, sah dem Mädchen noch nach und brauste dann unter den Alleebäumen der stillen Villenstraße davon.

Im Haus, in einem der nach dem Garten hin orientierten großen Schlafzimmer lag unter leichten, aber wärmenden Daunendecken, die stark nach süßem Parfum rochen, Jilka, die Herrin und Besitzerin des Hauses. Nach den Falten und der Zeichnung, die ihr Körper auf den drübergelegten Decken erzeugte, zu schließen und dem Fuß mit den rot lackierten Nägeln, der reglos und roh als einziges Glied von ihr sichtbar war, mußte es sich um eine große und starke Frau handeln. Eine Aufsatzuhr in Form einer Pyramide aus dunklem Holz, die seitlich auf einer Kommode stand, tickte leise und melodiös, und zwischen den Vorhängen durch fiel ein Streifen des kühlen, grauen Lichtes in den Raum herein.

Gegen elf, als das Mädchen an die Tür klopfte und mit dem Frühstückstablett ins Schlafzimmer hereintrat, war die Chefin, wie sie die Jilka nannte, längst auf: Sie saß auf einem lederbezogenen Hocker vor dem Spiegel, hatte sich nach vorn gebeugt, die rechte Backe mit der aufgestützten Hand zurückgeschoben, und starrte gedankenlos und wie betäubt in das Abbild ihres dunklen, von dicken Lidern beschwerten Auges.

»Stell's daher«, befahl sie dem Mädchen ohne aufzuschauen; dann, als hätte sie sich besonnen: »Schmeiß die Blumen weg!«

»Aber –«

»Weg damit!« – Die Jilka hatte sich jetzt aufgerichtet, und man sah unter dem leichten, beinah durchsichtigen Seidenmantel, dessen Muster aus orangeroten Blüten und schilfartigen Blättern die breiten Schultern wie Tätowierungen überwuchs, die großen, schweren Brüste, die gerundeten, etwas schwammigen Hüften; vorn die Falte zum Hals herauf, den Kopf, der sich schwerfällig auf dem Hals drehte: Die rotblonden, strähnigen Haare waren vom Schlafen verwirrt, die Haut ihres Gesichtes war weiß und schlaff, der Mund groß, voll, und neben seinen Winkeln standen zwei kleine, scharfe Falten.

Die Jilka verspeiste mit Appetit ihr ausführliches Frühstück, sie tat sich insbesondere an einer Eierspeise mit gebratenen Speckstücken gütlich und stach mit der Gabel in eine Gurke, die auf einem Extrateller lag. Neben dem Korb mit den frischen Semmeln stand die weiße, geschwungene Kaffeekanne.

Im Garten draußen, der hinter dem Haus ein Stückchen am sanft ansteigenden Hang hinaufführte, waren an einer Stelle, in der Nähe eines breiten, silbergrauen Rotbuchenstammes, kleine Krokusse aus dem Boden gekommen, deren purpurne und neapelgelbe Trichter bunt aus der im übrigen noch wie farblosen und bröseligen Erde lugten. Frau Jilka stand auf, wobei sie den Morgenrock vor der Brust zusammenhielt, um die Krokusblüten besser sehen zu können.

Eine Anekdote, die mit unserer Geschichte nur mittelbar zu tun hat, wollen wir jetzt erzählen: Ein betrunkener russischer Armeeoffizier, so einer mit Goldzähnen im Mund, den feisten Rücken unterm Uniformtuch und der erbsgrünen, rotgeranderten Tellerkappe, prahlte, wobei er seinem Gegenüber die

Hand schwerfällig auf die Schulter legte: »Ich komme aus Workuta. Das ist Ihnen wahrscheinlich kein Begriff, es sei denn als Straflager. Sie verbinden damit wahrscheinlich nichts. Sie stellen sich nichts vor – außer Stacheldraht?! Wie sagen Sie? – Lager? Konzentrationslager? Mit dem riesigen Stalin-Stern. Aber Workuta, das ist eine herrliche sibirische Stadt, mit Birkenwäldern in der Tundra, und Schmelzwassertümpeln im grünen Land, über denen, über den dunklen Tümpeln, die Mücken tanzen wie Sterne in der mondlosen Nacht. – Trink!«

Die Geschichte der Jilka geht so: Über ihre ursprüngliche Herkunft wissen wir wenig. Wahrscheinlich stammt sie vom flachen Land her, aus irgendeinem Dorf oder einer trübseligen Kleinstadt. Wir sehen sie da, mit einem Hut, den sie einmal in der Kreisstadt gekauft hat, die einzige ordentliche Straße mit Geschäften sonntags hinuntergehen; oder sie spaziert mit Freundinnen zum Dorfanger, wo die Burschen dann in ihren Sonntagsröcken vorbeikommen. – Wenn sie besonders gut gelaunt war, unterhielt sie sich mit der Köchin in einem Dialekt, der mit tschechischen Ausdrücken untermischt war, aber es war nicht herauszufinden, ob sie das nun aus Übermut und Neckerei tat, denn die Köchin kam tatsächlich aus Böhmen, oder ob es ihr angestammter Dialekt war. Jedenfalls hatte sie die Gewohnheit, vor dem Essen, war sie allein, ein paar Worte, die nach Gebet klangen, zu murmeln; fuhr sie zur Stadt und hatte sie, zwischen Besuchen bei Schneiderinnen, in Boutiquen, wie man jetzt sagen würde, oder Treffen mit allerhand Leuten Zeit genug, so trat sie öfter in eine der Kirchen und stand dann, mit hängenden, vor dem Leib ineinandergelegten Armen unter dem Bogen der Orgelempore und schaute mit stillem Wohlgefallen durch das dämmrigkühle Schiff zu den in Goldrahmen dunkelnden Bildern der Altäre hin, den Kerzenflämmchen, den geöffneten, von Asparaguswolken umfangenen, helles Licht ziehenden Kelchen von Rosen und Calla.

Der Krieg hat unter die ferne Frühzeit ihres Lebens einen festen Schlußstrich gezogen: Als Arbeitsmaid wird die Jilka mächtig im Reich und seinen Gauen herumkommandiert, und zuletzt nach Berlin.

Da beginnt dann ihr Aufstieg, zaghaft und wie unkonzentriert zuerst: Die Jilka serviert in einem Offizierskasino, sie hat eine nagelneue Uniform und Schuhe mit höheren Absätzen. Die erste Dauerwellenfrisur rentiert – es hagelt nur so von Einladungen. Die Einladungen sind natürlich nicht immer so selbstlos, wie sie vorgetragen werden, aber die Jilka weiß sich zu behaupten. – Zuletzt schenkt sie einem aussichtsreichen Oberleutnant ihr Herz und schließlich das Ja-Wort, aber nur zu dem Ende – der Oberleutnant fällt nach ein paar Monaten an der Ardennenfront –, um bei Kriegsschluß als frischgebackene Witwe dazustehen.

Was macht die Jilka jetzt? – Sie beißt die Zähne zusammen und schminkt sich ein lebhaftes Rot auf die durchsichtigen Wangen. Sie tut sich mit einem Zahnarzt zusammen, den sie schon vom Kasino her kannte – da war er noch glanzvoll, weil in Uniform. Jetzt repariert er im Wedding den Proleten die Zähne.

Die Jilka arbeitet als Sprechstundenhilfe, muß aber auch ihren Hintern hinhalten. Sie legt Markschein auf Markschein und sagt sich: Abwarten!

Anfang 47 ist sie zurück in Wien und eröffnet in der Innenstadt eine kleine Bar: eine Tagesbar, und man darf sich nicht allzu viel unter dem Wort Bar vorstellen: ein enger, finsterer Raum, aber immerhin von der Straße her zu betreten. Die Jilka beschafft Schnaps und sonstige Getränke – und einen ausrangierten Musiker, der auf einem Pianino, durch einen ständig vollen Cognacschwenker auf dem Kopfteil des Instrumentes in Stimmung gebracht, Schnulzen und ein Repertoire aus gefühlvollen Klassikeradaptionen spielt. Gegen Mittag füllt sich die Bar, meist sind es Schieber, die sich wegen eines in die Binsen gegangenen Geschäfts bei der Jilka ausweinen oder ihr was anbieten: eine Gelegenheit! Zigaretten, Strümpfe, Morphium. Der frühe Nachmittag – das ist die Zeit der Offiziere, der englischen, französischen, der amerikanischen, und manchmal der russischen, die sich auf diese Art, bei einer Runde Sekt und einem primitiven Spiel um Geld, die Zeit vertreiben, das Heimweh übertäuben und den Dienst ein wenig erleichtern.

Jetzt kommt die für Jilka interessanteste und angenehmste Stunde des Tages: So gegen fünf, sechs schlüpfen für gewöhnlich die gerade aktuellen Verehrer ein, wobei natürlich jeder darauf bedacht ist, sie, die Jilka, allein anzutreffen. Träge und oberflächlich entspannt sitzt Jilka mit dem Mann in einer der noch dunklen Nischen und hört ihm mit einem Lächeln, das man als engelsgleich bezeichnen muß, zu. Der Mann redet und redet, und die Jilka hört zu. Sie will so gern glauben. Ihr Herz fliegt so gern auf – weg von den Geschäften, die sie doch mit Umsicht betreibt.

Abends begann der Pianist mit seinem Geklimper. Riesig öde kam der Jilka um diese Stunde der Laden vor. Ein paar Nachtschwärmer, die erst für nach der Oper oder dem Theater verabredet waren, standen trübsinnig an der Bar. Die zwei Damen, die Jilka beschäftigte und die um diese Zeit eintrudelten, machten sich vor dem Spiegel, der die Rückwand des Lokals einnahm, auf. Der eine oder andere Zuträger kam vorbei und gab einen Tip ab. – Alles war mundfaul, unscharf gestellt, in Erwartung der wirklichen Ereignisse, die da noch kommen sollten. Jilka trank einen Cognac, strich abwesend über den Samt der Logensitze, hauchte ihre Tabattiere an und polierte sie oder putzte an ihrem Kleid einen Fleck aus, den sie sich im Lauf des Tages gemacht hatte.

Dann war mit einem Mal – und wie für immer – der Bann gebrochen, der Pianist spielte inspiriert, mit einer Macht über die Herzen, die einem Nüchternen freilich lächerlich vorgekommen wäre, die Glasbehänge des in dem schmalen Raum aufgehängten Kronlusters sprühten wie Diamanten, die Wangen der Damen erglühten, Sekt fuhr flaschenweise und in einer Tour auf: Lebenslust und etwas wie Panik ergriff die Gäste, öfter kam es vor, daß ein Herr oder eine Dame den Mann am Klavier gesanglich begleitete, meist mit ineinander verwundenen Händen oder mit verhaltenen Tränen, die die Stimme samtig werden ließen, in den Logen verkrallten sich die Liebespaare ineinander, und die beiden Damen, die die Jilka beschäftigte, saßen, umgeben von einem Flor von zur Höchstform aufgelaufenen Herren, wie Königinnen da.

Die Laune der Jilka wurde um diese Zeit meist verdrießlich. Aber sie hielt sich im Zaum und tat ihre Pflicht. Hellwach, wie sie war, hatte sie jetzt auf alles ein Auge und lenkte das Boot, zu dem die Bar nun geworden war, sicher gegen die pechschwarze Klippe aus Trunkenheit und Nacht.

Mitte der fünfziger Jahre stieg Jilka so halb aus dem Geschäft aus, das heißt, sie stellte eine ihrer Damen als Geschäftsführerin an und kam nur noch dann i n die Stadt, wenn ihr danach war.

Wir kommen nicht umhin, unseren Schauplatz, die schöne Stadt Wien, ausführlicher ins Bild zu rücken: Beginnen wir mit der Straße, durch die Hartner gerade geht. Da ist der kräftige, breite, irgendwie unwissende Rücken von Rudolf. Er dümpelt im Gehen zwischen den Rücken und Gestalten der anderen Passanten auf und ab. Es ist ein breiter, muskulöser Rücken unter ordentlichem Homespun, grün und rot gemakelt. Hier, im 2. Bezirk, sind die Straßen eben und gerade, von hohen, grauen, glatten Häusern flankiert, in die Fenster, Simse und etwaiger Zierrat nur flüchtig hineingezeichnet erscheinen. Zu den schwankenden Drähten der Straßenbahnoberleitungen fliegen Zeitungspapierfetzen aus dem Rinnstein hinauf.

Rudolf kommt an einen Marktplatz und überlegt angesichts der mit Waren gepflasterten Verkaufstische, ob er sich einen Apfel kaufen soll. Hunde streunen zwischen den Marktständen, deren rohes Mauerwerk auch jetzt, in der kühlen Frühlingsluft, ein feines, durchdringendes Arom von Pisse ausatmet. Unter dem Wasserstrahl an einem Hydranten wäscht sich ein Marktfierant, ein kleiner, dunkelhäutiger Bursche, eben den Nacken.

Hinten, wo die Fluchtlinien der Straße zusammenlaufen, steht ein mächtiger, roter Schlot, aus Ziegelsteinen aufgeführt. Er sieht aus, als wäre er das Wahrzeichen der Gegend.

Hartner erkundigt sich an einem Imbißstand nach einer bestimmten Adresse, er fragt nach dem Weg. Weil sich die Sonne so warm an den Imbißstand legt, beschließt er, Hartner, sich ein Bier zu genehmigen – und weil er schon da ist, läßt er sich eine Burenwurst mit Senf und Brot geben.

Später wird er das dann bereuen: Er hat jetzt den verbauten Teil der Straße hinter sich und geht zwischen verwitterten Plankenzäunen entlang, über die Hollundersträucher ihre Köpfe recken und hinter denen, aus der Tiefe der Grundparzellen, Pappelsäulen grün und grau aufragen. – Auf dem Lagerplatz, wo Hartner sich nach der freien Stelle eines Platzarbeiters erkundigt, stellt sich heraus, daß die Stelle schon besetzt ist – eben vor einer halben Stunde vergeben.

Die Stimmung von Hartner fügt sich nun genauestens ein in jene der Gegend, die, eine ehemalige Schotterbank mitten im Strom, mit ihren Mietskasernen, Industrien und Gärten den Grundton übernommen hat, wie er ihr wiederum von den lehmigen, undurchsichtig vorübertreibenden Wassern der Donau angegeben wird.

Hartner beschließt, zwecks weiteren Studiums der Zeitungsanzeigen, mit der Straßenbahn an den Nußdorfer Spitz hinaufzufahren, wo er eine grüne, im öffentlichen Eigentum befindliche Wiese weiß, die breit und hie und da angenehm von Erlen und Schwarzpappeln durchstanden zum Strom hinunterwallt.

Die Villa der Jilka liegt von da übrigens nicht zu weit entfernt, auf einem Ausläufer des vom Wienerwald herzeigenden Nußberges; wenn es da oben, was den Stil angeht, auch ein ganz und gar anderes Leben ist.

Die Wiener Stadthäuser stammen in der Regel aus der Gründerzeit, sind also vor dem Ersten Weltkrieg errichtet. Ein breites, meist mit schmiedeeisernen Ranken oder Blüten verziertes Glastor schwingt auf, und man tritt über eine Stufe in die mit Marmor ausgekleidete Halle. Putten aus weißem Gips, am Treppenansatz stehend, tragen eine große Laterne, oder es sind Appliken, pflanzlichen Gebilden nachempfunden, die an den Wänden entlang die Lampen halten.

An einer der schwarzen, massiven Türen, deren Umrähmung oben in einem schlanken, schwarzen Giebel gipfelte, der dem Eingang da die Weihe eines Tempels verleihen sollte, stand auf einem hochpolierten Messingschild der Name Rebl. Da stand: Dr. Otto Rebl, Rechtsanwalt. Schräg gegenüber der Tür war der reich verzierte Käfig des Fahrstuhls mit dem blanken Griff der Fahrstuhltür, und trat man an das vierteilige Gangfenster, so konnte man oberhalb des mattierten Teils der Scheibe, der sich in Girlanden und florale Details auflöste, in eine enge, dunkle Stadtstraße hinunterschauen, durch die Passanten über die Trottoirs hasteten.

Doktor Rebl war ein kleiner, drahtiger Mann, ein Männchen eigentlich, dessen vorn über der Stirn sich bauschender Haarschopf schon weiß geworden war. Er hielt sich sehr aufrecht, und da seine Kleidung immer ganz schwarz war, konnte man ihm eine gewisse Würde nicht absprechen. Sein Kopf war annähernd viereckig, und sein Gesicht, eher klein und die Augen von runden Brillengläsern verdeckt, war gleichsam in vier Quadranten geteilt: die breite Stirn durch Falten in zwei Teile und der untere Part durch die schlanke, dünne Nase wieder in zwei. Der Mund war schmal und meist, bei fest aufeinandergepreßten Lippen, geschlossen.

Vielleicht sollten wir aber noch einen Moment bei den räumlichen Gegebenheiten des Büros verweilen, ehe wir fortfahren: Stand man vor der Tür auf dem Flur draußen, stellte man sich sogleich für dahinter einen weitläufigen Vorraum mit einer Vorzimmerdame, mit Parketten und einer Polstermöbelgruppe zum Warten vor, mit Türen, ähnlich der Eingangstür, die in Büros oder Sitzungszimmer abzweigen; – und mit dieser Vorstellung hätte man sich nicht geirrt. Die Kanzlei des Doktor Rebl war, wie es sich für eine Stadtkanzlei gehört, genauso großzügig und labyrinthisch angelegt, daß, im Zusammenspiel mit der Gediegenheit in jedem Detail, etwa der Türschnallen, der Tapeten oder der Vorhangstangen, beim Kunden die klare Empfindung entstand, daß er in Hinsicht auf die Angelegenheiten oder Probleme, die ihn hierhergeführt hatten, nun nichts mehr zu besorgen hätte. Der Ruf Rebls, bei der Kollegenschaft und den Gerichten, war dabei, nebenher gesagt, nicht einmal der beste: Er galt als kleinlich, ein wenig beschränkt und eitel.

Jetzt klopfte es laut an der Tür von Rebls Allerheiligstem: Der Doktor, der gerade am Fenster vorn gestanden war, die Hände auf dem Rücken verschränkt, und auf die Straße mit ihrem Treiben hinuntergeschaut hatte, wandte sich unwillig sich reckend um und rief mit einer Stimme, die vom Schweigen heiser geworden war: »Herein!«

»Ah-ja, wunderbar!« sagte er wenig später zu seinem Konzipienten, der, jung, rosig und glattrasiert, sich neben ihm über den Schreibtisch beugte, wo der Entwurf zu einem Vertrag lag, dessentwegen der junge Mann hereingekommen war. Wie zur Bestätigung klopfte Rebl mit seinem Handrücken noch einmal auf das Papier, und dann bückte er sich rasch zu dem Aktenfach an seinem Schreibtisch herunter und zog eine große Bonbonniere hervor: »Wollen Sie?«

Der Konzipient, ein dunkel- und kraushaariger, etwas steifer und von der beruflichen Bedeutsamkeit, die er im Begriff stand, sich zu erobern, bereits überstrahlter Mann, zögerte einen Moment, ehe er lächelnd zugriff. Dann aber beeilte er sich zu beteuern, daß er die Demel-Sachen nicht möge und Süßigkeiten von Hagmeier vorzöge. Hagmeier – das war Rebls Schokoladenlieferant, und sein Geschäft lag am Graben.

Am Donauufer, auf der Wiese am Nußdorfer Spitz, war es viel freundlicher als in den sonnenlosen Straßen der Innenstadt. Schon waren die Löwenzahnblüten aufgebrochen, die eiergelben Stachelsterne schwammen in der Wiese. Hartner lag, den Rücken an einen Baum gelehnt, ausgestreckt da und studierte die Zeitung, in der hin und dann ein warmer, duftender Frühlingswindstoß knisterte.

Um's kurz zu machen: Er stieß auf die Annonce: »Gärtner oder Gartengehilfe für Villenhaushalt gesucht« – und er dachte sich, da schau ich hin.

Wir nehmen uns jetzt einen Abend mit Doktor Rebl und Jilka vor. Ja, die beiden kennen einander – aus der Bar von Jilka oder von sonstwo. Doktor Rebl, sagt man, ist nachmittags öfter einmal zwischen zwei Gerichtsterminen zur Jilka hinübergehuscht und hat sich bei einem Gespräch und ein paar Sektschalen gestärkt. So soll es über Jahre gegangen sein, und ihre Bekanntschaft reicht weit in die Vergangenheit zurück.

Resi, das Hausmädchen hat, genau nach den Anweisungen der Jilka, den Tisch gedeckt, die Kerzen in silbernen Leuchtern aufgestellt, die Servietten zusammengedreht, die Griffe des Silberbestecks parallel ausgerichtet.

Das Speisezimmer, das richtige Speisezimmer, ist ein saalartiger Raum, er liegt im ersten Stock zur Straße hinaus. Aber mit dem Doktor Rebl soupiert die Jilka nicht in diesem Saal, sondern in einem kleinen, intimen Kabinett, das gleich an ihr Schlafzimmer anschließt. Der runde Tisch steht in der Mitte, von einem lang herunterhängenden Tischtuch bedeckt. Die Resi stellt gerade die Kristallgläser auf: ein becherförmiges für das Bier, ein blütenhaft geschwungenes für den Wein, trichterförmige Kelche für den Champagner – und winzige, an langgezogene Fingerhüte erinnernde Gläschen für die Schnäpse. – Die Speisenfolge ist mit der Köchin abgesprochen: Es gibt Forellenfilet kalt, eine leichte Markknödelsuppe, dann ein scharf gewürztes Fleischgericht mit viel Kapern und Salzgurken darin, etwas Polnisches, wie die Köchin betont, und dann folgen – aber da ist es Schlag acht, und der Doktor Rebl erscheint!

Der Rebl kommt nie ohne Blumen zur Jilka, wie er es auch nie verabsäumt, ihr am folgenden Morgen mit einem großen Blumenstrauß aufzuwarten, aufwarten zu lassen.

Die Tür schwingt auf, und über den Kies, vom Licht der Ampeln angestrahlt, geht die Jilka, im Abendkleid, dem Rebl entgegen. Der lächelt verlegen, seine Brillen funkeln, ist es nur das Licht oder sind die Brillen von innen her beschlagen? Der Rebl weiß nicht, wohin mit den Blumen, aber die Jilka nimmt sie ihm ab und reicht sie an das Mädchen weiter, die gleichfalls aus dem Haus gekommen ist.

Dann umarmt die Jilka den Rebl, und sie küßt ihn ab, ganz wie man einen alten Freund abküßt, auf den und auf das Wiedersehn mit dem man sich schon gefreut hat.

Der Rebl legt seinen Mantel ab, er zieht die Manschetten unter den Rockärmeln hervor, er starrt auf seine Schuhspitzen, in der Halle, betreten und geniert, er macht ein paar zappelige Schritte wie ein Tanzschüler.

In dem Moment, wo Rebl den Stuhl heranzieht und im Begriff ist, sich zu Tisch zu setzen, finden seine Augen die Augen der Jilka. Es mag das Kerzenlicht sein, das sich warm mit dem gedämpften Licht des Lusters vermischt: Aber der Blick des Rebl, dieses sonst so würdevollen, reservierten, ja verschlossenen Herrn, ist in dem Augenblick der eines durstigen Tieres, das erwartet und hofft, die Quelle gefunden zu haben. Es ist dieser Moment, wo der Verirrte, durstig, abgemattet und zerrissen, ein fernes und leises Rieseln oder Klingeln für das Rauschen und Rieseln einer Quelle zu deuten geneigt ist.

Reines, kräftiges und süßes Wasser, wie es irgendwo bei Petrarca heißt.

Die Jilka erwidert den Blick des Rebl dann jedesmal mit einem Lächeln, das man im Zusammenspiel mit dem Ausdruck ihrer Augen nur als geheimnisvoll beschreiben kann: Denn dieses Lächeln ist auf milde Weise spöttisch, zu frisch und herzhaft, um herablassend zu wirken; während der Blick der Augen abschweifend, starr und leer auf ein Bild, auf eine Illusion in der Ferne gerichtet ist. – Die Jilka versteht es dann jedesmal, indem sie etwa, nun schon sitzend, mit einem Löffel ans Glas schlägt oder, auflachend, eine Klatschgeschichte oder ein amüsantes Tagesvorkommnis erzählt, die weihevoll-ernste Stimmung zwischen ihnen zu zerstören. Die beiden reden dann, während Jilka kräftig, der Doktor zaghaft, wie ein Nervöser, zugreift, über Operettenaufführungen, über Konzertabende, zu denen der Rebl die Jilka gerne zu überreden sucht, übers Theater, über gesellschaftliche Ereignisse wie Bälle, insbesondere Bälle, aber auch Wohltätigkeitsveranstaltungen oder Verleihungszeremonien, bei denen, neben dem jeweils Ausgezeichneten, politische Größen glanzvoll im Mittelpunkt stehen. Der Rebl interessiert sich für Politik, und wenn er sich allzusehr ereifert, droht ihm die Jilka zum Scherz mit dem Finger.

»Wollen Sie denn heute Abend menschenfressen?!«

Meist ereifert sich der Rebl aber gar nicht, sondern sucht im Gegenteil, durch allerhand Tricks, die Jilka wieder in die Anfangsstimmung zurückzuversetzen: Etwa, indem er, wie durch einen jähen Einfall verstimmt, auf seinen Teller starrt – und er gleicht dann einem artigen, vom Alter zerfurchten Knaben –, und, kaum daß er ihren Blick auf sich ruhen fühlt, den Blick schnell hebt; indem er ihr von seinem Metier erzählt, meist rührende und melodramatische Geschichten, die er geschickt mit rhetorischen Pausen gliedert; indem er aufsteht und, puppenhaft starr, wie es seine Art war, neben ihren Sessel trat, die weißen Hände rang, und sie mit schief gelegtem Kopf ein wenig scheu und bittend anlächelte.

Bei Gericht war der Rebl weniger scheu. – »Herr Kollege«, rief er laut und harsch, »wo bleiben Sie denn?!« – Der Konzipient, der junge Mann, den wir schon aus dem Büro des Rebl kennen, hastete, ein dickes Aktenbündel unter dem Arm, die breiten Treppen im Justizpalast herauf, über die sich von oben her, durch das weitgespannte Glasdach und am Lockenkopf der steinernen *Gerechtigkeit* vorbei – das Schwert liegt blank auf ihren Knien – das Taglicht in schneeig-unwirklichen Partikeln verstreute.

Im Verhandlungssaal, der mit seinem schwarzen Mobiliar und dem großen, vom Alter geschwärzten Kruzifix an der Wand selber schon wie ein muffiger und die Bedürfnisse der Menschen verachtender Kerker wirkte, drehte sich der Streit dann um eine typische Heimkehrerangelegenheit, wie sie in jener Zeit nach dem Krieg häufig vorkam: Der Mann, aus langer Gefangenschaft zurückgekommen, fand seine Frau mit einem anderen liiert. Und sie wollte ihm auch sein Besitztum nicht herausgeben.

»Stellen Sie, meine Damen und Herren auf der Schöffenbank, stellen Sie sich die Nächte im Rollen des Kanonendonners vor;

eingehüllt in nasse Lumpen harrt unser Mann hier in seinem Erdloch aus, von Schlamm überschmiert, vor Kälte starr«, führt der Rebl, den Kopf erhoben und sich mit dem Oberkörper, bei aufgestützten Händen, ganz leicht über die Barriere lehnend, in Richtung des Gerichtes aus: »Und aus welchem Grund sollte er das getan haben als dem, weil er glaubte, daß es seine Pflicht war?! – Was aber hat seine Frau getan?!«

Der Rebl verstand sich auf solche Fälle sehr gut, und meist gelang es ihm, seinem Mandanten zu seinem Recht zu verhelfen.

Nach der Verhandlung geht der Rebl mit seinem jungen Assistenten gelöst die Treppen herunter. Er streicht sich sein Haar glatt und steckt die Brillen ein. Sein Gesichtsausdruck ist zerstreut, abwesend, ja feindselig – was aber dem, der den Rebl dann mit seinem Assistenten im eleganten Lokal »Zur Stadt Paris« sieht, als bloße Verstellung vorkommen muß, zu dem Zweck angenommen, sich Glückwünsche oder Fragen oder sonst irgendeinen Anknüpfungsversuch von jeder Seite vom Hals zu halten. – Denn in der Stadt Paris, wie Rebl selber das Lokal ein wenig genießerisch nennt, in der mit hechtgrauem Samt gepolsterten Loge, ist er, fröhlich lächelnd und von einer jugendlichen Beweglichkeit, die seiner sonstigen Steifheit Hohn spricht, zu seinem Begleiter so zuvorkommend und nett, daß man die Beweggründe für seine Handlungsweise kaum in dienstlichen oder beruflichen Zusammenhängen zu vermuten bereit ist.

»Ich darf Ihnen doch noch nachschenken?« fragt der Rebl, hat aber die Bouteille bereits am Hals aus dem Kühler gezogen.

Sein Begleiter protestiert nur unentschieden, indem er die Öffnung seines Glases mit den Fingern zur Hälfte verdeckt. Er hat auch schon mehr als genug getrunken.

»Wir feiern unseren Sieg«, betont der Doktor, obzwar er allen, sein Begleiter aber so gut wie keinen Anteil am Ausgang der Gerichtssitzung gehabt hat.

Die Nische im Paris, das Lokal noch kürzer zu benennen, ist oberhalb der Sitze mit dunklem Holz getäfelt, das kleine Karree des Raumes wird vom Weiß der gestärkten Tischdecke bestimmt, über die wir das Geschirr, die Messer und Gabeln, die Gläser, den von einem Korb aus nachgedunkelten Weidenruten umsponnenen Weinkühler schön verteilt stehen sehen.

»Aber – was habe ich schon groß getan?« will der junge Mann an Rebls Seite gerade protestieren; er hat den Kopf mit dem dunklen Haar zurückgelegt, das Licht läßt seine schwarzen Locken flüchtig erglänzen, auch seine glattrasierten Wangen glänzen, die Lippen sind rot und feucht, und die Augen schwimmen bereits in jener Seligkeit, die, ganz konkret, die freundliche Schwester der Tränen ist, hervorgerufen in dem Fall durch die Festlichkeit der Umgebung, die eher unerwartet große Aufmerksamkeit von Seiten des Vorgesetzten, einer gewissen Schwäche, die aus eben dieser Unerwartetheit resultiert – und den Plänen vom Glück, die sich ein ehrgeiziges Herz nur allzu schnell auf einer solchen Konstellation baut.

Die Kleider der Jilka, wenn sie den Rebl empfängt, sehen so aus: Sie hat ein langes, oben entweder hochgeschlossenes oder nur wenig dekolletiertes Kleid an. Ist es dekolletiert, so schmückt den Ausschnitt, meist seitlich, eine Blüte aus Stoff, eine phantasievoll gebundene Schleife, ein Gesteck aus Steinen und Straß, über die dann, und über die vom Schnitt des Kleides betonte Brust, eine Kette aus dicken, dumpf schimmernden Perlen herabhängt.

Der untere Teil des Kleides ist immer plissiert, in kleine Falten gelegt, sodaß das Kleid bei jedem Schritt rauscht.

Und der Stoff ist fast immer dunkel, wenn es auch manchmal ein dunkles Grün oder Rot sein kann: Die Farben kontrastieren gut zum blassen, gepuderten Teint der Jilka, zu ihrem roten, griffigen, etwas steifen Haar; – und die ganze Erscheinung der Frau fügt sich wunderbar und fast herrschaftlich in die Umgebung, die Abfolge der Räume, die der Doktor bei seinen Besuchen durchschreitet.

Von der Halle kommt man, geht man geradeaus, in den Garten. Der Doktor und die Jilka halten sich aber rechts und steigen über eine schön gewundene Treppe in das erste Stockwerk hinauf. Dort empfängt sie ein zentraler, teppichbelegter Flur – und die zweite Türe links, sie steht dann offen, das ist jenes Kabinett, in dem sie speisen werden.

Das Hausmädchen, die Resi, nimmt, wie schon gesagt, dem Doktor in der Halle den Mantel ab, und den unvermeidlichen Blumenstrauß. Ihre Aufgabe ist es auch, bei Tisch zu bedienen, und sie muß sich auch, bis tief in die Nacht hinein, zur Verfügung halten, wenn die Jilka nach einer Flasche Champagner oder sonst etwas läutet.

Aber heute ist freier Tag, die Resi hat frei, und wir wollen den Tag dazu benützen, nebenher noch ein wenig von der schönen Stadt Wien zu erzählen. Die Resi macht an diesem Tag einen Ausflug, in Begleitung des neuen Gärtners aus dem Villenhaushalt in Heiligenstadt – Rudolf, sein Name.

Ja, der Hartner hat die freie Gärtnerstelle bei der Jilka bekommen, und vom ersten Tag an hat er nicht nur diese Stelle, sondern auch die zweite: die eines Liebhabers der Resi angetreten. Er hat ihr nur einmal in die Augen geschaut, so auf seine spähende Art, dann war es entschieden. Den Blumenboten mit seinem Motorrad, und an anderen Bewerbern hat es auch nicht gemangelt, sie alle hat er mit einem Schlag ausgestochen.

Wir erzählen es genauer: Der Hartner schaut mit seinem kurzgeschorenen Haar, der straffen, braunen Haut über den Gesichtsknochen, dem sehnigen Körper ein bißchen wie ein entlassener Sträfling, wie ein Verbrecher aus dem Bilderbuch aus. Das Haar ist dort und da schon weiß. Und in dem Blick seiner Augen ist meist etwas Stures, Unerbittliches, das aber jäh weich werden kann, und dann ist dies Weiche doppelt weich und schmiegsam und wie eine seltsam zu Herzen gehende Musik.

Die Resi und er spazieren an dem schönen Frühsommertag, der ist, ein kleines, grünes Tälchen entlang, von dessen Grund rechts und links Rebhänge aufsteigen. In der Tiefe des Tälchens steht mitten in den Gärten ein weißer Pavillon mit Säulen und einem weißen, griechischen Giebel. Trotz hellen Sonnenscheins sieht alles ein wenig diesig und wie unter Wasser aus, daß man den Eindruck hat, daß man sich nirgends anstoßen kann. Die Hänge steigen dann steiler an, unter wolkenhaften, zartgrünen Laubbäumen, aus denen hin und wieder die dunklen, struppigen Spitzen von Fichten hervorschauen, zum Gipfel des Kahlenberges hinauf.

Schon von einer Anhöhe unterhalb, da stehen Pappeln und am steinernen Wegkreuz führen die Spazierwege in verschiedene Richtungen, haben die beiden Wanderer einen herrlichen, den Sinn bald aufheiternden, bald besänftigenden, bald zu schwermütigen Träumereien verleitenden Ausblick: Biegt sich linker Hand der grau-silberne Donaustrom um den Fuß des Nußberges herum, die Ebene dahinter vom Gelb und Grau von Feldern getönt, von den kleinen Ortschaften mit ihren roten Dächern durchsetzt, ist es rechter Hand das ohne sichtbares Ende sich ausbreitende Gewirr und Muster der Stadt, das, von Türmen, Kuppeln oder besonders groß aufragenden Bauten an Stellen in seinem Forttreiben unterbrochen, sich da und dort kurz staut, um sich in grauen Wirbeln weiterzudrehen. Während über Strom und Hügel der blaue Schimmer eines kühlen, träumerischen Dunstes sich breitet, liegt über den Straßen, den Mauern und Dächern eine gläserne, heiß und spröde wirkende Luft. Man kann sich vorstellen, daß man plötzlich einen Zacken dieser Luft, zersplittert und scharfrandig, in der Hand hält.

Die Resi lehnt sich an ihren Begleiter und sagt: »Wie schön!«

Die Resi war immer ein hübsches Mädchen, aber jetzt hat sie ihre Verliebtheit, das Vertrauen noch schöner gemacht. Sie hält dem Hartner ihr weiches, helles, blondes Gesicht entgegen; und er küßt sie. Sein Kuß kommt schnell, ist tief und gierig. Er hat die Augen geschlossen, zugekniffen. Er hält den Kopf der Resi mit beiden Händen, und in seinen Handflächen könnte er ihre Ohren glühen fühlen, als wäre da eine Warnung, ein bittend und leise vorgetragenes Bedenken.

Sie wandern über den Nußberg hinunter, setzen sich, im Schatten eines Fliederbusches, auf die Holzbänke eines Heurigen und trinken Wein. Sie prosten einander zu. Die Lichter gehen an. Die Menschen zwischen den Tischen erscheinen als verläßliche Mitbrüder und -schwestern. Der ganze Tag kommt ihnen, der Resi und dem Hartner, wie eine einzige, eine gelungene Komposition vor, als würden rosa Putten mit Füllhörnern die muschelförmig gewundenen Treppen des Abendlüftchens hinaufflattern: Da kippen sie das Glück herunter.

Mit der Straßenbahn fahren sie nach Ottakring heim, in Hartners Wohnung. Die Resi hängt ihr dunkelblaues Kleid mit dem Spitzenbesatz über den einzigen Sessel in der Küche; Hartner steigt hinter der angelehnten Zimmertür aus seinen Anzughosen. – Der Hartner arbeitet sich zwischen die Schenkel der Resi wie ein Pferd. Sie ist verführt, sein Röcheln und das bewußtlose Greifen seiner Hände für ein Zeichen seiner Liebe zu nehmen.

Mit dem Hartner hat es folgendes auf sich: Vor dem Krieg hat der Hartner mit seiner Frau und den Kindern, ein Bub und ein Mädchen waren es, unweit von seiner heutigen Wohnung in Ottakring gewohnt. Der Hartner hat in einem Hartwarengroßhandel gearbeitet, als Ladengehilfe. Sie haben dort Geschirr verkauft, Steingutsachen, aber auch Eßbestecke, Stacheldraht und Schaufelblätter, Krampen, Sensen und Nachttöpfe; schlechtweg alles. Der Hartner hat in dem Laden, bei fünfzig und zeitweise noch mehr Angestellten, keinen herausragenden Posten bekleidet, im Gegenteil, er ist nur ein kleines Rädchen im Firmengetriebe gewesen und hat im zentralen Großlager die aus den Fabriken neu hereinkommenden Waren in den Regalen verstaut. Umso größer, und unverhältnismäßig groß ist aber seine Rolle nach dem Einmarsch der Deutschen und nach der Kristallnacht geworden: Der Firmenchef, ein Jud, hat nämlich zwar seine vielköpfige Familie umgehend in England und schließlich in Amerika in Sicherheit gebracht; er selber ist aber, in großartiger Verkennung der Verhältnisse, im Land geblieben, um seinen Besitz zu schützen. – Geendet hat es damit, daß er, der Chef, im Keller des ehemaligen Großlagers in Simmering, hinter einer mit Stellagen zugebauten Tür, versteckt war. Und als der Ort auch noch zu gefährlich wurde, die Firma und also auch das Lager waren mittlerweile arisiert, ist der Chef beim Hartner in der Wohnung gelandet, in einem Kleiderkasten im Schlafzimmer.

Eines Tages sind beide, der ehemalige Chef und der Hartner, von der Gestapo aus der Wohnung in Ottakring fortgeführt worden. Vom Lastwagenplateau hat der Hartner zu den glänzenden Pflastersteinen hinuntergeschaut, weil er sich gefürchtet hat, den Blick zu den Augen seiner Frau zu heben. Seine Kinder hat er laut heulen gehört. – Weshalb er diesen Juden, seinen Chef, eigentlich versteckt gehabt hat? Auf dem Gestapo-Posten, beim Verhör, hat er nicht einmal recht sagen können, weshalb. Aus Mitleid. Aber das hat ihm keiner geglaubt.

Später, in der Erinnerung, verband sich ihm das sausende Geräusch der Gestapo-Gummiknüppel, die auf seinen nackten Körper herunterplatzten, mit dem Heulen seiner beiden Kinder und dem Sausen und Heulen der fallenden Bomben.

Der Hartner und sein Chef, beide kommen ins KZ. Der Chef – wie hat er eigentlich ausgesehen? Der Hartner erinnert sich an ein braunes, dunkelhäutiges Gesicht, einen verschwommenen, dunklen Fleck, die Haut, hat man genauer geschaut, fettig, bartstopplig die dicken, weinerlich-zittrigen Wangen, eine Hakennase, zwei scharfblickende Augen, die brennen vor Mißtrauen, Angst und Lebensgier, und wahrscheinlich auch deshalb, weil der Mann die meiste Zeit im Finstern verbringt. Die paar Stunden pro Tag, die er sich außerhalb des Verstecks und später seines Kastengrabes aufhält, sind der Toilette gewidmet, dem Essen, stets gierig, ein paar gymnastischen Übungen, damit die vom langen Sitzen ganz steifen Glieder nicht vollends einrosten – da ist für Gespräche keine Zeit. Manchmal ein »Wie geht's« und dann immer wieder dieses »Sie werden's nicht bereuen!« – das ist schon so ziemlich alles.

Der Chef kommt im KZ um. Er landet im Massengrab.

Der Hartner kommt frei und nach Rußland. Immer wieder einmal entdeckt er irgendwo den Stacheldraht, den sie früher in der Firma geführt haben. Briefe kommen von zu Hause, die Melder kriechen zwischen halb abgefaulten Pfosten, die an den

Drähten mehr hängen als daß sie sie stützen, in die Gräben vor. Hartner ist immer ganz nah am Feind.

Und zuletzt kommt er heim, nach Ottakring. Wo das Haus stand, ist jetzt ein Riesenloch, von Haufen aus zerbrochenen Ziegelsteinen umgeben. Auf dem Bezirkskommissariat erfährt Hartner, daß Frau und Kinder umgekommen sind; längst begraben. So bleibt ihm nach dem Krieg nichts übrig als das Leben, ein halbwegs funktionierender Körper und die Tätowierung, die achtstellige Nummer, die sie ihm im KZ in den rechten Innenarm tätowiert haben.

Schon seit Jahren kennen die Köchin und Resi die Sonderlichkeiten der Jilka. Sie hat Zeiten, in denen sie kaum etwas redet, am liebsten nur still dasitzt und vor sich hinschaut. Die ganze Person wirkt dann kleiner, hinfällig fast, und die Falten, die sich rechts und links des Mundes durch die Wangen ziehen, werden hoffnungslos tief. Ein Umhängtuch über den Schultern, sie friert dann den ganzen Tag, hockt die Jilka, unfrisiert und ungewaschen, am Fenster und schaut in den Garten hinaus. Obwohl sie nichts in dem Garten eigentlich anschaut, beteuert sie doch: »Der Garten ist meine einzige Freude!« Der Satz klingt wenig überzeugend. Die Lider ihrer Augen sind verschwollen, und die Köchin und Resi haben den Verdacht, daß sie, die Jilka, nachts weint.

Jilka geht gern ins Dampfbad, in eine Badeanstalt in der Vorstadt. Dort kennt sie niemand, und niemand kennt sie. Wenn sie sich auch vormacht und es etwa auch dem Rebl gegenüber beteuert, sie besuche das Bad der schlanken Linie wegen, um abzunehmen, so wird doch der sogenannte unvoreingenommene Beobachter bald zu einer anderen Beurteilung kommen: Die Jilka sitzt nämlich in der dämmrig-dunklen Dampfkammer da, reglos, ein wabbeliger, götzenhafter Koloß, und starrt in den Dampf, der von den Stimmen anderer, unsichtbarer Badegäste flüstert und, nach einem kaum vorhersehbaren und erkennbaren Gesetz, Figuren und Schemen erzeugt.

Es ist wohl müßig, zu erzählen, daß die Jilka zu diesen Zeiten auch viel ißt, einen beinah unmäßigen Appetit entwickelt und in den Konditoreien der Stadt eine geschätzte, aber auch vom Personal belächelte Kundin wird.

Wir nehmen jetzt unsere Notizen, den weiteren Verlauf der Erzählung betreffend, zur Hand und extemporieren aus den Eintragungen: Da ist zum Beispiel von der Nachttischlampe in Hartners Ottakringer Wohnung die Rede: Sie wird doch noch irgendeine auserwählte Rolle spielen?

Die Lampe steht mit breitem, quadratischen Metallfuß auf der von Gläserringen verzierten Nachttischglasplatte. Der sich nach oben hin verjüngende Schaft der Lampe, etwa auf halber Höhe läuft eine Rosette um, bildet einen handlichen Knauf, trägt einen Schirm aus Draht und Pergament. Leuchtet die Lampe, entstehen auf dem Pergamentschirm infolge der verschiedenen Dicke des Stoffes Flecken von unterschiedlicher Helligkeit. Das sieht geheimnisvoll aus. Unten, auf der Glasplatte, zeichnen sich die Gläserringe matt und als, von der Seite her gesehen zumindest, Ellipsen ab; ein Aschenbecher steht auch da, meistens voll.

Von dem Kippendurcheinander im Aschenbecher drehen sich unsere Einbildungen und Vorstellungen koboldhaft fort – witziger Rauch, der in dem neuen Bild, das uns da gleich begrüßt, vorerst einmal die Gestalt einer märchenentsprungenen Baumwurzel annimmt, die sich mit offenen und geschlossenen Äuglein grau, silbergau und schlangenhaft zu uns herdreht: Wir sind im Wienerwald, gehen zwischen den Stämmen, unter den luftigen, vogeldurchflogenen, hellen Kronen von Rotbuchen einen Waldweg entlang: Der Weg schlängelt sich. Von da sehen wir gerade eine Kurve; – von dort sehen wir den neuen und weiteren Bogen, wie er zwischen halbwegs schon wieder verbleichendem Bärlauch, den Blättern, dem vorjährigen Laub in Säumen, die sich schon wieder der Erde zuwenden, Erde werden, wie er, der Weg, da tanzt und tänzelt und sich in den letztendlich doch dunklen, einsamen und finsteren Wald fortwindet.

»Das Treiben in Jilkas Bar, nachts«, steht da in unseren Notizen; dann das Wort: »Brio!« – Und das erfinden wir uns jetzt: Besoffene Rücken, wenn man so sagen kann, taumelnde Särge, die Herren, bei vorgereckter Brust, vorgeneigten Köpfen, Gläser in der Hand, die Damen, beim Eintritt sich drehend, sich der Pelzmäntel, der Mäntel mit den Pelzkrägen zu entledigen, helle, glatte, flatternde Kleider darunter sichtbar zu machen, kleine Füße in winzigen Schuhen; – und das halkyonische Muhen der schwermütig Besoffenen, um den Klavierspieler herum postiert, und über alles weg das leuchtend auffliegende, elektrisierende Lachen der Jilka, lebensvoll bis zum Wahnwitz, so hoch und leicht über jedem Grund, schwebend, frei, ganz tief –

Auf der Straße, der trüben Stadtstraße, sieht man die dunklen Rücken sich entfernen, auf und ab dümpelnd, dunkle Batzen, weder gut noch böse – und man fragt sich: Leben die überhaupt noch?

Kontrapunktisch erfinden wir uns den Tanz der Maikäfer um eine Straßenlampe herum in einer lauen Frühsommernacht: Die Käfer, vom herzlosen Licht angezogen, pumpern laut gegen den gerundeten Zylinder der Lampe; und zwei Passanten, beschwipste Heurigenheimkehrer, die Arme umeinandergelegt, die Köpfe nach hinten geneigt, belustigen sich am Geräusch, das die an dem Zylinder anprallenden Käfer machen.

Eines schönen Tages tritt die Jilka im Garten an den neuen Gärtner heran, er ist gerade beim Umstechen, und fragt ihn: »Was machen Sie denn da?«

Die Jilka hat gerade eine schlechte Phase hinter sich. Ihr Gesicht ist schlaff, die Wangen hängen grau herunter. Ihr Gesicht hing von der Stirne herunter, die Nase bloß eine Andeutung, der Mund ein welker, runzliger Strich. Ihr Haar, rötlich, war ungeordnet, aufgeplustert wie bei einem kranken Vogel, der unter einem Strauch vor dem Wetter Zuflucht sucht.

Die Jilka schien gar nicht bemerkt zu haben, was für ein schöner, daseinszugewandter, freudiger Frühsommertag da war, mit

Duftschwaden, die aus der aufgebrochenen Erde stiegen, mit Zweigen voller Laub, die weich mit dem Wind gingen, mit Schmetterlingen, die sich bebend auf Rosenknospen setzten. Sie fragte nur mürrisch, und im Grunde genommen zänkisch: »Was machen Sie da?«

Ihre Hand, an der wie bei einer alten Frau eine Ader hervortritt, die Hand hält den Saum ihres Rockes, der unter dem langen, mit aufgestickten Pfauen und Papageien verzierten blauen Samtschlafrock hervorschaut, und die Hand zittert.

»Das sehen Sie doch selber!« entgegnet Hartner und dreht sich einfach um.

Da beginnt die Jilka zu lachen: laut und wild.

Je mehr Jilka zu lachen hat, desto weniger die Resi. Wir entlassen die Resi einfach aus unserer Geschichte, weil sie auch von der Jilka entlassen wird. Die Jilka hat hundert und einen Grund gefunden, es zu tun; den wirklichen und wahren Grund hat sie natürlich nicht genannt.

Wir schauen der Resi nach, wie sie aus dem Haus geht: Sie hat ein Kopftuch übergebunden, und wir sehen den Zipfel des Kopftuches, der über ihre Schultern hängt, und an dem Zittern dieser Schultern erkennen wird, daß sie schluchzt und flennt. – Da geht sie.

Der Hartner? – Er hat sich erst mächtig geziert. Er hat so getan, als würde er nicht merken, daß die Jilka ihm nachstellt. »Sie ist doch hinter dir her!« hat die Resi gerufen, rote Flecken auf den Wangen.

Die Jilka bittet ihn zu sich hinauf. Es ist etwas zu reparieren – an einer Blumenetagere angeblich.

Fürsorglich hat die Jilka eine Flasche Sekt bereitgestellt. Für nachher.

Das Gesicht der Jilka, betrachtet sie den Hartner oder schaut sie ihm bei einer Tätigkeit zu, ist schutzlos in seiner Aufmerksamkeit, die, und der Übergang wird oft durch ein Wort oder ein kurz ausgetauschtes Lächeln bewirkt, bald Ergriffenheit wird. Es scheint, als würde sich die Jilka beim Anblick dieses Mannes an etwas erinnern; als riefe sie da etwas aus ferner Zeit und Gegend; als müßte sie ganz genau horchen und hören, um die Botschaft zu erlauschen.

Der Hartner findet, unter uns gesagt, die Jilka eher abstoßend; mit ihren Falten, der vom Trinken und dem Nachtleben großporig gewordenen Haut, das Puder macht die Oberfläche nur mit Mühe glatt. Aus dem Mund der Jilka, in dem falsche Zähne sitzen, meint er, kommt er in die Nähe, einen Verwesungsgeruch zu riechen, der ihn, aber das ist Vermutung, vielleicht an sein eigenes Alter und seine Geschichte erinnert.

Doch andererseits: Hat er genug getrunken, und die Jilka sieht immer zu, daß er genügend zu trinken bekommt, dann liebt er dieses Fleisch, das geprügelt ist, weichgeknetet vom Leben, das schon diese Losigkeit und dann wiederum Schwerfälligkeit hat, die der Tod ist; das Sterben jedenfalls mit seiner ins Dunkle abfallenden Treppe.

Er liebt auch ihre Augen und den Hundeblick, den sie annimmt, wenn sie ihn anschaut. Er haßt sie ja eigentlich und möchte sie töten: So ist es ihm angenehm, wenn sie sich ohne Wenn und Aber, auf Gedeih und Verderb, auf Leben und Tod gibt.

Er streichelt gern ihr sprödes Haar, das im Darüberstreicheln leicht ausfällt, und manchmal, wenn er sie küßt, auf Stirn oder Wange, sind sie Bruder und Schwester, die einander – ganz unerwarteterweise – getroffen und gefunden haben.

Der Rebl profitiert von dem neuen Stil, der in der Villa in Heiligenstadt eingerissen ist. Öfter kommt er schon am Nachmittag mit dem Taxi heraus. Die neue Hausangestellte, eine liederliche, etwas schlampige Person mit schriller Stimme empfängt ihn an der Haustür mit einem Blick des Einverständnisses und deutet in der Halle mit dem Kopf nach oben: Er darf gleich hinaufgehen.

Die Jilka macht zwar jeden Tag drei- oder viermal Toilette, aber sie geht so gut wie nie mehr aus. Am Treppenabsatz empfängt sie den Rebl mit einem Schmatz auf die Stirn und dem Weinglas in der Hand: »Hereinspaziert, lieber Herr Doktor! Wo ist das Geld?«

Der Rebl hat schon auf dem Treppenabsatz die Schuhe ausgezogen; auf Socken, die Schuhe in der Hand, wieselt er hinter der Jilka her.

Neuerdings pflegt sich der Doktor nach seinen Besuchen bei der Jilka im Haus noch gleich zu baden. Die neue Gehilfin läßt ihm die Wanne ein, legt ihm ein Frotteetuch zurecht, wirft zuletzt duftende Lindenblüten ins beinah kochende Wasser.

Einmal, der Rebl plätschert gerade in der Wanne, geht die Tür auf – und der Hartner kommt herein.

Hartner und Rebl, die beiden kennen einander längst, und sie wissen auch über ihre jeweiligen Rollen in etwa Bescheid. Sie sind einander weder sympathisch noch unsympathisch, wollen nichts von einander wissen – und der Hartner wollte überhaupt nur seine Hände waschen. So wäre es gar nicht nötig gewesen, daß der Rebl im dampfenden Wasser die Arme abwehrend nach oben reißt. Und er reißt sie auch gar nicht Hartners wegen nach oben, sondern weil er sich, in wohlige Träumerei verstrickt, wie er war, erschrocken hat.

»Was haben Sie denn da?« fragt Hartner, tritt, die Augen aufgerissen, mit einem Schritt an die Wanne heran, packt den Rebl am Handgelenk: Im weichen Fleisch des Innenarms ist da eine Tätowierung; aber sie besteht nicht wie bei dem Hartner aus einer mehrstelligen Zahlenkombination, sondern bloß aus zwei Buchstaben: einem S und einem S.

II

Wir erzählen von Rebls Kindheit: Das blaue Sofa steht vor ihm. Es steht da in der Ecke des Salons, und er kennt es, er weiß, daß sich Tanten und Onkeln daraufsetzen, daß die Mutter manchmal kurz darauf ruht. Das Sofa hat vier Beine aus Holz, sie sind geschweift, ein wenig ausgestellt, das Sofa steht auf dem Parkettboden; das Sofa hat eine geschwungene Rückenlehne, es ist mit blauem Samt bezogen.

Der Knabe kniet unweit des Sofas auf dem Boden. Er hat, auf einem Teppich mit reichem persischem Muster, mit einem Spielzeug, einem kleinen Karren mit Pferd, gespielt. Jetzt schaut er auf: Sein Blick fällt auf das Sofa.

Die blaue Tiefe da ist kühl, nicht eigentlich freundlich; sie zieht einen nichtsdestotrotz an: Man hört ein freundliches Murmeln, lustiges Erzählen – als liefe da ein Bächlein direkt in den Sommer hinein.

Aber da ist doch nichts; nichts weiter, als das blaue Sofa. – Schon hat den Knaben eine heilige Furcht gepackt. – Wenn man im Sommer im Wasser des Sees untertaucht, verstummen alle Geräusche: die Vogelstimmen; die fernen Stimmen der Badenden; das Surren des Windrades, oben an der Stange mit der Fahne.

Das Wasser ist weich, und taucht man darin, schwimmt, streichelt es einen.

»Gut, daß dich dein Vater nicht sieht: Du träumst ja schon wieder!« – Die Mutter ist herangetreten, Rebl, der Knabe, sieht vom Boden aus nur die einerseits harte, raschelnde, andererseits geschmeidige, schwingende Glocke ihres Rockes, die an der Hüfte herunterhängende Hand, die meist mit einem zerknüllten, kleinen Taschentuch nervös spielt. Oder die Hand ist weiter oben, vor der Brust, und nestelt an den Perlen einer Perlenkette herum. Die Hand ist schlank, die Haut daran glatt und weiß, die Fingernägel glänzen wie das Innere von Muscheln; und doch wirkt die Hand, durch die halb angefangenen, immer wieder abgebrochenen Bewegungen, kränklich, ratlos.

Der Vater des Rebl, ein Arzt, war eines Tages verschwunden: einfach weg. Er hat keine Schulden hinterlassen, und auch keine Patienten, die ihn hätten belangen können, wegen irgendwelcher Kunstfehler. Der Doktor Rebl ist eines Tages von seiner Ordination nicht mehr zurückgekommen und stattdessen, das war alles, was die Polizei eruieren konnte, nach Arad, in

Rumänien, gefahren. Die Zeitungen haben dann von einer Frau, von einer adligen Dame geschrieben, die ihn begleitet hätte; aber derlei Berichte haben sich nie bestätigt.

Der Knabe geht mit seiner Mutter zu Tisch. Obschon er es bereits alleine könnte, zieht die Mutter den Sessel zurück, damit der Sohn hinaufklettern kann. Dann schiebt sie ihn vor den Tisch.

Blumen, ein schöner Strauß, stehen in der Mitte des Tisches. Vor dem dämmrigen Schwarz des Anrichtenspiegels nehmen sie sich besonders bunt und färbig aus: Da sind Mohnblumen, Kornblumen, einige Gartenblumen darunter, weiße und rosa Dolden, die sich, vorn ein bißchen zugespitzt, gegen den tief hängenden Luster schlängeln.

»Nimm nur Suppe! Iß! – Und laß dich nie demütigen! Laß dich nie unterkriegen!« – Die Mutter faßt mit dem silbernen Schöpfer zum zweiten Mal in die Terrine aus weißem Porzellan, und der Knabe ißt.

Wir deuten die Möbel in dem Eßzimmer kurz an: eine runde Tafel, eine Eichenanrichte mit Spiegel, ein dunkler, schwarzbrauner Gläserkasten mit feingezeichneter Schnitzerei um die Glasscheiben herum; gemalte Porträts irgendwelcher Vorfahren in Goldrahmen, weiße, duftige Vorhänge, mit Weißnäherei verziert.

Die Jilka kennt den Rebl vom Nachrichtendienst: Nach dem Krieg hat sich der Rebl den Amerikanern – oder waren es die Engländer – angedient: Abteilung Osten. In der kleinen Bar der Jilka hat Rebl gleich einen idealen Treffpunkt und Austauschplatz erkannt. So würdig, wie später dann, hat der Rebl damals nicht ausgesehen. Eher ein bißchen wie ein Stehaufmännchen, unterernährt und dürr, klein und beweglich. Da halfen auch die Anzüge aus bestem Stoff nichts, die immer blank gewienerten Schuhe, die stets fast ein wenig zu stramm angezogene, meist in gedeckten Farben gehaltene Krawatte. – Die Jilka hat keinen Respekt und fährt dem Doktor langsam über seine zart nach Schönheitswässerchen duftenden Wangen.

Der kleine Doktor, wie sie ihn nennt, ist unglaublich sauber und gepflegt. Aber so ganz erfährt sie das erst später, als der Doktor, die Hände verschämt vor das Geschlecht gelegt, vor ihr aus den Unterhosen steigt.

Die Jilka steckt ihrem Barpianisten einen größeren Dollarschein zu. – »Heute bleiben Sie, bis zum Schluß – nein, solang, bis ich's Ihnen sage!«

Der Pianist spielt. Er spielt, wie er jeden Abend spielt: Die Melodien, süßlich und unscharf, drehen sich mit dem Zigarettenrauch wolkig zu der mit rotem Brokat ausgeschlagenen Decke empor. Der Kronluster mit seiner goldenen Quaste hängt wie ein Krake in den Raum herunter: unten die Gäste, an der Bar, Damen, Herren, auf die Logen verteilt: Wenn eine Frau ihren Hut erst einmal ablegt, hat's eingeschlagen, sagt man.

Die Jilka sitzt mit dem Rebl ganz hinten, in der letzten Loge, sie tuscheln miteinander, der Rebl läßt die Jilka einen Text, eine kodierte Botschaft, wiederholen und auswendiglernen. Die Jilka kapiert schnell.

Sie läßt Sekt auffahren. Jetzt, während sie anstoßen, dreht sich das Gespräch mit einem Mal um Geld. Und während der Mund der Jilka, ihre feuchten, weichen Lippen und die eilige Zunge, sich über die zu geringe Belohnung oder Entschädigung beschwert, sinkt ihr Blick, wie ein Sonnenstrahl, in die zusammengekniffenen, blitzenden, aber diesmal für einen einzigen Augenblick unachtsamen Augen von Rebl.

Beim dritten Glas Sekt schiebt er ihr von selber die Hand hin und läßt sich streicheln. Die Musik, die jetzt erklingt, scheint ihm aus den Schultern, dem Busen der Jilka zu kommen, und später, als er nackt vor ihr kniet, der Pianist ist längst heimgegangen, zwischen umgeworfenen Sektkübeln und Zigarettenkippen, hat sie den Hut auf.

Im Krieg hat der Rebl in Birkenau Dienst getan. Das liegt in Polen; und deshalb liebt er bis heute polnische Speisen. Er trug die schwarze Uniform mit den Totenköpfen und geht die lange Zeile zwischen den Baracken hinunter. Im Hintergrund des vertrauten Panoramas stehen tatsächlich die Schöpfe von Birkenwäldchen, und dunkle, flache Wolkenschwaden darüber. Ein Wagen, von Menschen gezogen, kommt die Lagerstraße herunter, der Rebl muß ausweichen, er achtet darauf, daß seine Stiefel nicht vom Dreck bespritzt werden.

Das Wienervolk jubiliert: Endlich gibt's jemand, an dem man sich die Füße abwischen kann! – Über die Auslagscheiben rinnt dick die schwarze Farbe, Glas zerbricht, und die Trottoirs riechen nach Lauge.

Vorn ist die Badebaracke. Der Rebl hat heute Dienst und begrüßt lachend, mit Handschlag, seinen Vorgänger, den er ablöst. Unter den Kameraden ist Rebl gut gelitten, auch wenn er manchen ein bißchen zu fein, gebildet, überkandidelt und außerdem streberhaft ist. – Der Rebl hat in seiner Dienstschicht nicht viel zu tun: Bloß zwei Arbeitszüge kommen zum Duschen, und er muß sie dabei beaufsichtigen: daß beim Aus- und Anziehen keine Heimlichkeiten ausgetauscht werden, daß jeder wieder die Kleider anzieht, die er ausgezogen hat, daß keiner sich vorm Baden drückt, aus Scham oder weil er vielleicht ein bißchen erkältet ist.

Durch ein kleines Fensterchen beobachtet der Rebl angestrengt die rosigen Körper der Häftlinge unter den Duschen, wie sie sich da im Dampf winden, einander abrubbeln und lachen.

In seinem Zimmer im Mannschaftsbau zurück, sitzt der Rebl am Schreibtisch und schaut in die Augen des Führers, der, als schwarzgerahmtes Bild, vor ihm an der Wand hängt: Ich habe nichts Schlechtes getan, sagt er immer wieder zu dem Bild, und insbesondere zu den Augen, und weiß doch im Innersten genau, daß es nicht stimmt.

Ein paar Wochen nachdem der Hartner den Rebl im Bad erwischt hat, wird die Leiche Rebls bei Albern, in der Nähe des Ölhafens an der Donau angespült: Seine starren Finger halten ein paar Blätter und Gräser umkrampft; – wahrscheinlich beim letzten Kampf auf der Uferböschung abgerissen. Die Haut an

Brust und Beinen, überall, bleich und im Licht der Polizeischeinwerfer von einem grünlichen Schimmer überzogen. Der Leib insgesamt gedunsen, kaum noch menschenähnlich, wie ein zerfetzter, halb mit Luft aufgeblasener Sack.

Der Tote soll im homosexuellen Milieu verkehrt haben, kommt heraus. Die Gerichtsmediziner finden zahlreiche, kaum verheilte Striemen und Peitschenspuren. Der junge Konzipient Rebls, der aus seiner Kanzlei, der alerte, der mit den quellenden Lippen, gerät kurzzeitig unter Verdacht, aber dann stellt sich heraus, daß er es doch nicht gewesen sein kann, wie sie anhand seiner Haare und der chemischen Zusammensetzung seiner Fingernägel feststellen.

Wie es Jilka und Hartner ergeht? – Die beiden sind jetzt fest aneinandergeschmiedet. Ihre Liebe hat ihren Höhepunkt erreicht. Der Hartner ist natürlich fix zur Jilka in die Villa übersiedelt. Das einzige, was er aus seiner Wohnung in Ottakring mitnimmt, ist diese Nachttischlampe mit dem quadratischen Fuß und der fleckigen Bespannung, die mit der Rosette als Griff: Da steht die Lampe jetzt – neben dem breiten französischen Bett der Jilka – und wie sie leuchtet, die Lampe!

»Ich hab den Rebl immer gern gepiesackt«, sagt die Jilka und wälzt sich vom Rücken auf den Bauch, damit sie den Hartner besser sehen kann: »Weil es ein Nazi war.«

»Ehrlich?!« – Hartner lacht.

»Und deine Anzüge, die hat dir wirklich dein Chef vererbt?«

Nackt und faul, wie er daliegt, ist Hartner aber an solchen Geschichten im Moment wenig interessiert, er zieht die seidene Überwurfdecke ein Stückchen über die hageren Beine herauf und streichelt mit der anderen Hand den großen, fetten Hintern der Jilka.

»Gehaßt hab ich ihn nicht.«

Später, als er sie wieder einmal fickt, zischt er ihr, bei den letzten, mit aller Kraft ausgeführten Stößen, fast haßerfüllt ins Ohr: »Ich liebe dich! Ob du's glaubst oder nicht: Ich liebe dich!« – Und er liebt sie wirklich, die große, kaputte, die verzweifelte

Frau. Ihre Verzweiflung stillt seinen Hunger. Hätte Hartner einen Freund, jemand, dem er sich anvertrauen könnte, er würde ihm sagen: »Weißt du, sie ist sehr traurig – unkurierbar traurig; sie hat ihr Leben verpfuscht!«

Die beiden gehen selten aus. Einmal, im Herbst, wandern sie doch in den Wienerwald hinauf: Vorn die Jilka und, einige Schritte hinter ihr, kommt Hartner, aber die Bäume, Buchen und breitkronige Eichen, stehen an der Stelle so, daß selbst die paar Schritte Abstand genügen, und die beiden verlieren einander für einen Moment aus den Augen.

»Hartner«, ruft die Jilka, voller Angst.

Der Hartner kommt lachend herbeigelaufen und nimmt sie fest in die Arme und küßt sie.

Er liebt sie wirklich. In der Umarmung erfährt er den Glanz und die Glorie ihres Geschlechts. Man könnte sagen: Er ist ihr hörig. Aber das hilft ihm. Meistens ist er angeheitert oder besoffen. Sie sitzen an dem Tischchen im Schlafzimmer, vor dem Gartenfenster, und besaufen sich. Das Mädchen bringt von unten neue Flaschen herauf.

»Komisch«, sagt der Hartner, »wie sie mich damals ins Lager weggebracht haben, du weißt schon: Das letzte, was ich gesehen habe, war nicht das Gesicht meiner Frau: Und ich bin doch an ihr gehangen. Auch meine Kinder waren's nicht. Es war ein Blatt von einem Kohlkopf, runzlig und dunkelgrün, das irgendwer weggeworfen hat und das da im Rinnstein gelegen ist.«

Die Jilka zieht sich womöglich noch öfter am Tag um, macht sich großartig auf, um den Hartner zu reizen. Mit Pfauenboa und lackierten Lippen. Teure Stoffe geilen Hartner auf. Auf einem dieser Kleider, einem Samtkleid, finden sich Flecken: Wachs? Sperma? Wein? – Die Materialität von Samt ist schwer zu beschreiben: weich, aber doch den andrückenden Fingerkuppen Widerstand leistend; dunkel und hell zugleich, widerhakig und glatt.

»Was ist das?« fragt der Hartner.

»Jedenfalls kein Blut.«

Der Hartner beschließt, eine Schnapsidee, zu guter Letzt Tanzstunden bei einem Privatlehrer zu nehmen, damit er, der Hartner, besser zur Jilka paßt und ein feiner Herr wird. Seit neuestem tanzen sie nämlich zu Schallplattenmusik, die Jilka erzählt dem Hartner von ihrer glücklichen Jugend, wie sie als Mädel in einer frischen Bluse durchs Dorf gegangen ist, lachend, unter Kirschbäumen, und sie drehen sich fort zu Walzerklängen.

ROBERT WALSER

Der Bursche

Ein Bursche, der einem Bäckermeister als Laufbursche diente, stahl demselben Mehl weg, um es, gleichsam als Zeichen von zärtlicher Aufmerksamkeit, der Frau zu überreichen, die er verehrte. Reizende Liebe, bestrickendes Verbrechen, sinnreicher Diebstahl. Der Bursche wurde endlich bei seinem ritterlichen Bemühen ertappt und kam ins Gefängnis. Die gestrengen Herren Richter hatten Mitleid mit ihm und erteilten ihm eine obgleich immerhin angemessene, so doch verhältnismäßig nur gelinde Strafe. Armer dummer Bursche. Ich kann nicht verhehlen, daß ich Sympathie für ihn empfinde. Wie glücklich mögen seine Augen geglänzt haben in den prickelnden Augenblicken, wo er das Mehl stibitzte, und wie süß muß ihm der Kuß gemundet haben, den er geben und empfangen durfte von der, in deren Interesse er Spitzbubenstreiche verübte. Wenn je, so duftet hier, der schwelgerischen Rose ähnlich, Romantik, und wenn je, so ist hier, wo Mehl gestohlen worden ist, süße Liebe. Simpel ist die kleine mehlene Geschichte. Mich hat sie gerührt, als ich sie las, und ich wage sie dem freundlichen, huldreichen Leser aufzutischen, in der Hoffnung, daß sie auch ihn ein wenig rühren wird. Wie mancher, der fein gekleidet geht und sich auf die feinste Differenz versteht und der sich einbildet, daß er verliebt sei, ist nicht imstande und bringt nicht den Mut auf, gleich dem armen dummen Bäckerburschen Mehl für die Person zu stehlen, die er vergöttert. Was ist Geliebtsein und Beliebtsein gegen dieses blühende holdselige Wunder: selber lieben! Und was ist alle Bildung, alle Belesenheit, Weisheit und Feinheit, gehalten gegen die duftende Blume: Aufrichtigkeit? Dieser Bursche, der mit einem gestohlenen Paket Mehl dahersprang, um seiner Geliebten eine Freude zu machen, war, als er das tat, im höchsten Grad sympathisch, denn er war tapfer, war, als er das tat, höchst liebenswürdig, denn er tat es aus echter Zärtlichkeit und Liebe. Schenke, lieber Leser, dem armen Burschen ein kleines gütiges Andenken, ich bitte dich darum. Nicht wahr, du tust es?

Der fremde Geselle

Das sind große Unterlassungssünden. Ich bin ein bedeutender Schurke gegen mich selber. An mir sehe ich, wie die Menschen durch Trägheit sündigen. Ich warte immer auf etwas, das mir entgegenzutreten habe. Wie nun, wenn alle Menschen das tun; wenn jeder so wartet auf das, was da kommen soll? Es kommt nie etwas. Es kommt demnach für niemand das betreffende Etwas. Was einer so erwartet und erwartet, kommt nie. Was also alle erwarten, erscheint allen nie. Hier ist die große Sünde. Anstatt daß ich gehe und jemand entgegengehe, warte ich, bis jemand mir gefällig entgegentritt, das ist die rechte Trägheit, der rechte ungerechtfertigte Stolz. Gestern abend schaute ein sonderbarer wildfremder Geselle, der irgend etwas zu suchen schien, zu mir hinauf. Ich stand am offenen Fenster. Ich schaute ihn an, der zu mir hinaufschaute, so, als sei er eines kleinen Zeichens gewärtig. Ich hätte nur zu nicken brauchen mit dem Kopf, und eine seltsame, ungewöhnliche Menschenverbindung wäre vielleicht schon angebahnt gewesen. Vielleicht auch nicht. Wer vermag es zu wissen. Etwas Ungewisses vermag man nicht zu wissen, aber gleichviel. Ich hätte der dunklen, ungewissen, vom zauberischen Abendlicht umflossenen Menschengestalt ein

Zeichen geben sollen. Es sah aus, als sei der fremde Mensch einsam, arm und einsam. Doch sah es zur selben Zeit aus, als wisse er viel und vermöge manches, das wert sei, vernommen zu werden, zu erzählen, als sei alles das, was er zu sagen habe, angetan, zu Herzen genommen zu werden. Und warum bin ich ihm nun gar nicht entgegengekommen? Ich begreife mein Benehmen kaum; auf solche Art und Weise kommen sich Menschen in die Nähe und gehen, ohne Spuren zu hinterlassen, wieder voneinander weg. Das ist nicht gut. Das ist eigentlich recht schlecht. Es ist eine rechte Sünde. Nun will ich natürlich eine Ausrede suchen und mir vorsagen, daß an dem Fremdling möglicherweise nichts gelegen sei. Möglicherweise? Da bin ich schon gefangen; denn ich gebe ja zu, daß auf der andern Seite, das heißt bei anderem Licht besehen, irgend etwas ist an ihm. Ich bin demnach also keineswegs zu entschuldigen. Kalt habe ich den Gesellen, der mir vielleicht ein Freund hätte werden und dem auch ich ein Freund hätte werden können, abziehen lassen. Seltsam, seltsam. Ich bin erstaunt, nein, ich bin mehr als erstaunt, ich bin ergriffen, und Trauer schleicht sich mir in das Herz.

Ich komme mir ganz unverantwortlich vor, und ich könnte sagen, daß ich unglücklich sei. Doch ich liebe die Worte Glück und Unglück nicht; sie sagen nicht das Rechte. Ich habe bereits dem unbekannten Menschen, der zu mir hinaufgeschaut hat, einen Namen gegeben. Ich nenne ihn, wenn ich an ihn denke, Tobold. Mir ist dieser Name zwischen Schlafen und Wachen eingefallen. Wo ist er jetzt, und an was denkt er? Ob es mir wohl möglich sein wird, seine Gedanken zu denken, zu erraten, was er denkt, und das gleiche, wie er, zu denken? Meine Gedanken sind bei ihm, der mich suchte. Offenbar hat er mich gesucht, und ich habe ihn nicht eingeladen, zu mir zu kommen, und er ist dann wieder gegangen. An der Ecke des Hauses hat er sich nochmals umgedreht, dann verschwand er. Ist er nun für immer verschwunden?

GERNOT WOLFGRUBER

Die Mehrzahl

Ich habe Trauben gewaschen, blaue italienische Trauben, und ohne daß es mir gleich auffiel, ging es los in meinem Kopf: *Wo auf und auf die goldne Traube hängt und schwellend reift in Gottes Sonnenglanze, ein dunkler Wald voll Jagdlust krönt das Ganze,* lief es, ganz automatisch haspelte mein Kopf den Text ab, *und Gottes lauer Hauch schwebt drüber hin und wärmt und reift und macht die Pulse schlagen, wie nie ein Puls auf kalten Steppen schlägt*: Lob Österreichs aus dem »Ottokar« von Grillparzer. Ich konnte das noch immer, das saß fest. *Drum ist der Österreicher froh und frank, trägt seinen Fehl, trägt offen seine Freuden, beneidet nicht, läßt lieber sich beneiden. Und was er tut, ist frohen Muts getan.* Ich war ein wenig stolz auf mein gutes Gedächtnis, immerhin mußte es an die zwanzig Jahre her sein, seit ich das hatte auswendig lernen, seit die ganze Klasse das hatte auswendig lernen müssen. Vielleicht können das alle noch, dachte ich. Alle aus unserer Klasse. Alle aus unserer Schule. Und wer weiß, an wievielen Schulen das auswendig gelernt werden mußte. Und ein jeder hat es noch, ohne es zu merken, in seinem Kopf. Wie ging das weiter? *Und was er tut, ist also frohen Muts getan. 's ist möglich, daß in Sachsen …* Plötzlich stockte ich: Und was er tut, ist frohen Muts getan? Wer: er? Der Österreicher. Ich. Und der Bundespräsident. Und der Polizeipräsident und der Eggenlehner, den ich erst, nachdem ich schon zwei Jahre in seiner Fabrik für ihn gearbeitet hatte, zu Gesicht bekam. *Wir*. Wann, dachte ich, habe ich denn, ohne daß das gleich ein Betrug war, *wir* sagen können? Der Stolz auf mein gutes Gedächtnis ist sofort weg gewesen. Ich habe mich geärgert, daß ich so etwas noch immer, und noch dazu ohne es zu wissen, mit mir herumschleppte. Und *frohen Muts*! Wenn ich nur daran dachte, wie das war: aufstehen zu einer Zeit, zu der ich immer meinte, es sei mitten in der Nacht, und in etwas hineinmüssen, wohin ich nicht wollte, in Werkstätten und Fabriken hineinmüssen, den Meistern, Vorarbeitern, Chefs unter die Augen, und Handgriffe erledigen müssen, die mich nichts angingen, die ich bestenfalls, wenn mir alles schon *selbstverständlich* geworden war, gar nicht mehr merkte. *Frohen Muts* hatte ich das getan. Deshalb hatte ich dabei auch immer den Abend herbeigesehnt und das Wochenende. Hatte ich mir etwas ganz anderes gewünscht. Hatten *wir* uns, meine Freunde, die genauso dran waren wie ich, immer versichert, daß wir jetzt bald drauf scheißen werden und auf und davon gehen. Ich hätte jetzt gerne gewußt, was ich mir damals gedacht hätte, wenn mir diese Verse in den Sinn gekommen wären. Und auch noch die weiteren: *'s ist möglich, daß in Sachsen und am Rhein es Leute gab, die mehr in Büchern lasen; allein was not tut und was Gott gefällt, der klare Blick, der offne richtge Sinn, da tritt der Österreicher hin vor jeden, denkt sich sein Teil und läßt die andern reden.* Hätte ich damals darüber noch lachen können? Immerhin habe ich mir zu der Zeit meistens nur meinen Teil gedacht und die anderen, die zufällig auch Österreicher waren, haben geredet.

Zum Nationalfeiertag, der sich damals noch »Tag der Fahne« nannte, mußten wir diese Strophen auswendig lernen, irgendwer, ich war es nicht, mußte das dann auch in der Klasse vortragen, die mit Fähnchen, die wir im Handarbeitsunterricht hergestellt hatten, geschmückt war: Mein Fähnchen war damals nicht dabei gewesen, weil ich schlecht in diesem Fach war und mir die beiden roten Streifen ganz scheckig geworden waren, so wenig tadellos rot wie die Fahne, die an diesem Tag am Nachbarhaus hing. Diese Fahne hatten die Nachbarn derart hergestellt, daß sie aus einer nicht mehr zu gebrauchenden das Hakenkreuz samt weißem Feld herausgetrennt, das Tuch dann auseinandergeschnitten und einen Leintuchstreifen eingesetzt hatten. Wo das Hakenkreuz aufgenäht gewesen war, war der rote Fahnenstoff nicht ausgebleicht, und man konnte zu beiden Seiten des weißen Leintuchstreifens deutlich sehen, daß da einmal etwas dran gewesen war. Doch das hat niemanden gestört. Es gab mehrere solche Fahnen im Ort.

In diesem Jahr habe ich auch zum ersten Mal gehört, daß *wir* nun *frei* seien. Die Besatzung zog aus dem Land ab. (Später habe ich oft gehört, daß wir sie noch immer da hätten, wenn der österreichische Außenminister nicht so trinkfest gewesen wäre: Nächtelang habe er bei den Verhandlungen mit den Russen mitgesoffen, sei einfach nicht unter den Tisch zu saufen gewesen, so daß die Russen schließlich eingesehen hätten, bei diesen Österreichern ist nichts zu machen, also sollen sie, von uns aus, frei sein.) Ich habe nicht gewußt, was ich von dieser Freiheit erwarten sollte. Außerdem war da schon wieder von einem *Wir* die Rede, das ich mir nicht vorstellen konnte. Wenn ich Wir sagte, dann meinte ich mich und meine jeweiligen Freunde, oder es meinte *unsere* Familie: die Mutter, den Bruder, die Großmutter, den Großvater und mich. Manchmal rechnete ich auch die Verwandtschaft dazu. Oder unsere Schulklasse. Weiter ist das Wir nicht gegangen. Wahrscheinlich habe ich damals auch gar nicht erwartet, daß diese Freiheit *uns* betreffen könnte. Noch dazu, wo dieser Tag nicht schulfrei war, sondern nur der Unterricht zwecks Hymnensingen und Gedichtaufsagen in der Klasse ausfiel. Ich habe ja nicht einmal verstanden, was frei *sein* bedeutete. Ich kannte nur: frei *haben*. Wenn man nicht in die Schule mußte. Wenn die Erwachsenen nicht zur Arbeit mußten. (Wobei das Frei-Haben der Erwachsenen selten etwas Gutes bedeutete: Heute kann ich nicht, bekam man dann zu hören, wenn man einen Freund abholen wollte, mein Vater ist daheim, er hat frei.) Genau wußte ich nur, was es bedeutete, daß die Russen abzogen: kein sicheres Fischen im etwas außerhalb des Ortes liegenden Karpfenteich mehr. Natürlich war dort Fischen verboten, aber das kümmerte die Russen nicht, und sie hatten auch nichts dagegen, daß wir fischten, wenn sie fischten. (Kinderfreundlich seien sie ja gewesen, heißt es jetzt noch von den russischen Besatzern, kinderfreundlich schon.) Da saßen wir dann auf dem Teichdamm, jeweils einer von uns zwischen ihnen, den Soldaten, hatten die Angeln im Wasser, lächelten, ließen uns russisch anreden, verstanden nichts, lächelten, die meisten Soldaten konnten kein Wort Deutsch, und wir ließen uns zunicken und lächelten, und hinter uns lief oft der Millauer auf und ab, kochte vor Wut, warf Blicke, drohte, wenn man sich umdrehte, mit der Faust, aber er wagte nichts zu sagen. Seine ohnmächtige Wut, seine Angst vor den Soldaten hat mir sehr gefallen. Oft haben wir uns später noch versichert, daß uns das gefallen hat. Es war ein aufregendes Gefühl zu wissen, am liebsten würde uns der Millauer seine arbeitsharten, knotigen Hände um die Ohren schlagen; ersäufen würde er uns am liebsten, stellten wir uns vor; aber er kann nicht. Er traut sich nicht. Er kann sich nicht trauen. Eine großartige Entschädigung dafür, daß wir sonst vor ihm Reißaus nehmen mußten, war das. Und später ein ergiebiges Gesprächsthema: Die Besatzung beschützte uns vor den eigenen Landsleuten. Warum unser Angeln den Millauer so aufregte, warum er sich überhaupt bemüßigt fühlte, den Aufpasser zu spielen, verstanden wir ja nicht. Schließlich gehörte der Teich nicht ihm, sondern zum Gut der »Herrschaft«. Der Millauer hatte nur seine Wiesen daneben. Aber wenn er uns auf dem Teichdamm sah, kam er schon gerannt, schrie er schon von weitem, Rotzbuben, dreckige, Rotzbuben, so daß wir immer rechtzeitig die Flucht ergreifen konnten. Und in sicherer Entfernung schrien, schimpften wir zurück, obwohl wir wußten, daß das ganze sinnlos war. Der Millauer war stocktaub. Oft haben wir uns gefragt, warum der Millauer das macht. Was hatte er denn davon, die Karpfen der Herrschaft zu behüten? Was brachte ihn denn gar so auf? Als sei unser Fischen nicht eine Art Abenteuer für uns, sondern ein Anschlag aufs Eigentum. Den er als Angriff aufs Eigentum überhaupt und damit auch als einen Angriff auf seine eigenen räudigen, sauren Wiesen mißverstehen konnte.

Die Karpfen, die wir fingen und die meistens so groß waren, daß die Soldaten sie ans Land ziehen mußten, haben wir ihnen auch überlassen. Wir hatten sowieso keine Verwendung dafür. Selten nur haben wir einen überm Lagerfeuer gebraten, der dann außen schwarz und innen noch roh war. Nach Hause durften wir sie ja nicht bringen, weil die Eltern nicht geglaubt hätten, wir hätten sie geschenkt bekommen. Und etwas anderes als Geschenktes oder Gefundenes durfte nicht nach Hause gebracht werden. In der Siedlung, in der ich wohnte, gab es nur anständige Leute. Die sich ihrer Anständigkeit dauernd gegenseitig versicherten, als könne sie eine Entschädigung dafür sein, daß sie sonst nichts hatten. Einer der Soldaten zog dann, ziemlich verschämt und hinter einem Busch, seine lange, blaue Unterhose aus, knotete die Unterhosenbeine zusammen und füllte die erbeuteten Fische in den so entstandenen Beutel, und dann marschierte der Trupp wieder ab. Dieser blaue Unterhosenfischbeutel ist vielen Menschen im Ort noch lange als der allereindeutigste Beweis für die barbarische Rückständigkeit der Russen und die eigene Überlegenheit erschienen, und wenn einer der wenigen Kommunisten, die es nach dem Abzug der Besatzung im Ort noch gab, auf das kapitalistische Ausbeutungssystem zu schimpfen angefangen und Wörter wie Sowjetunion und Kommunismus eingeflochten hat, dann ist ihm immer sofort der Fischtransport in dunkelblauen Trikotunterhosen entgegengehalten worden, und die ungeheuren Fortschritte der Sowjetunion in der Weltraumfahrt, die die Kommunisten dann immer gleich ins Treffen führten, wurden als eine Show abgetan, als eine Kulisse, hinter der die Menschen noch immer ihre Fische in Unterhosen nach Hause tragen müßten. Ich selber habe dieses Argument oft angeführt, lange noch, und erst als ich unter *Wir* schon etwas anderes verstand: meine Arbeitskollegen und mich, erst als der Hacker, der Betriebsratsobmann war und seit seiner Wahl so tat, als sei er vom Alten und nicht von uns gewählt worden, als er zusammen mit dem Waschka, einem Vorarbeiter, dasselbe Argument verwendete, um die Behauptung des Gutmann, der mich in der Fabrik »angelernt« hatte, zu widerlegen, die russischen Werktätigen könnten von ihren Kommunisten nicht ärger beschissen werden als hierzulande die Arbeiter von ihren Sozialdemokraten und Gewerkschaftskaisern, erst als ich merkte, daß ich plötzlich einer Meinung mit dem Farbverkehrer Hacker und dem Feldwebel Waschka hätte sein müssen, habe ich mir vorgenommen, künftig die russischen Unterhosen nicht mehr zu verwenden.

Damals habe ich mir meinen Teil fast immer nur gedacht, habe ich die anderen reden lassen: red nur, habe ich gedacht, red was du willst, irgendwann hörst du schon wieder auf; habe ich sie reden lassen müssen, weil es im Ort und der Umgebung nicht so viele Arbeitsmöglichkeiten gab, als daß ich mich dauernd um meinen Arbeitsplatz und aus den Fabriken hinaus hätte reden können. *Wir* haben uns damals nur unterhalten, aber die Vorarbeiter und Abteilungsleiter und Schichtleiter und Werkmeister und Kontrollore haben geredet, haben etwas zu reden gehabt. Die noch Höheren haben ja nur selten mit uns geredet. Die haben uns nur etwas kundgemacht. Damals etwa, als *wir* alle im Auslieferungslager versammelt waren und *sie* uns gegenüber standen: die *anderen*; der Alte und die beiden Juniorchefs und der Betriebsleiter, einen Monat vor Weihnachten, und der Alte redete, über die Konjunktur, über die Auftragslage und die Rohstoffpreise und den Export und die Konkurrenz, redete des langen und breiten über Dinge, die uns nicht interessierten, weil wir sowieso darüber nichts mitzureden hatten und wir genau wußten, der redet nur so lange, um uns zu etwas zu überreden, zu einer sogenannten Einsicht zu überreden, schon wieder einmal sollten die Zeiten schlecht sein, dabei waren sie ohnedies noch nicht gut geworden, jeder von uns wußte, was kommen würde, die lange Rede des Alten war schon im vorhinein der beste Beweis, weil sie es sonst nie notwendig hatten, lange herumzureden, sondern einfach etwas anschafften, und in seiner Rede kam auch dauernd das Wort Wir vor: wir können den Schwierigkeiten nur gemeinsam begegnen, wir müssen uns eben etwas beschränken; obwohl man den Betrug ganz deutlich sehen konnte: Schließlich standen sie uns ja *gegenüber*, ein paar Meter Abstand war zwischen uns im Arbeitszeug voller Holzstaub und ihnen in den Anzügen und weißen Mänteln, auch der Hacker stand drüben, neben dem Alten, in einer ganz sauberen, fleckenlosen Blauen, die nur eine Tarnung war, eine Vorspiegelung falscher Tatsachen, weil er ja nicht mehr wie wir arbeitete, sondern freigestellter Betriebsrat war, er aber nichts für uns tat, als am Morgen Milch an die Abonnenten auszugeben. Sonst machte er der Betriebsleitung den Laufburschen, indem er uns, von einem zum anderen durch die Hallen gehend, die neuesten Erlässe zu Gehör brachte oder Kündigungsbriefe vom Personalbüro zu den Betroffenen transportierte. *Insgeheim* fragte ich mich, als ich ihn dort stehen sah, was macht der da drüben, warum steht er nicht bei uns, und warum nickt er dauernd zu den Sätzen des Alten? Wir alle dachten uns das vielleicht, aber wir dachten es nur, und keiner fragte, was der da drüben auf der anderen Seite zu suchen habe, keiner sagte laut, jetzt schau aber schnell, daß du zu uns herüber kommst und dieses Nicken einstellst. Wir dachten uns nur unseren Teil, wer redete, das war allein der Alte, und der Hakker nickte bekräftigend, und die Bemerkungen, die in den letzten Reihen gemacht wurden, weit weg vom Alten, der sie nicht mehr hören konnte, waren auch nur witzige Bemerkungen, als sei das alles wirklich nur zum Lachen, Galgenhumor die einzig mögliche Antwort auf die Sätze des Alten, in denen endlich der wahre Inhalt zutage kam: Die Prämie vor Weihnachten, die schon im Vorjahr auf die Hälfte reduziert worden war, war nun ganz gestrichen. Aber niemand fragte, warum der Alte das erst jetzt sage, warum er das nicht schon im Sommer gesagt habe, als es auch eine Versammlung gegeben hatte, bei der uns die Notwendigkeit mitgeteilt worden war, daß alle Überstunden machten, weil sonst die Aufträge nicht bewältigt werden könnten, und die Folgeaufträge dann in Frage ständen, an die Konkurrenz gegeben werden würden. Jeden Tag haben wir daraufhin zwei Stunden länger gearbeitet, und auch am Samstag sind wir in die Fabrik, haben wir uns am Freitagabend die Arbeitswoche nicht ganz gründlich aus dem Kopf gesoffen, sondern sind zeitig heimgegangen, schlafengegangen, damit wir aus den

Betten kamen und um vier in der Früh startbereit an unseren Plätzen stehen konnten. Es ist ja nicht umsonst, hatte es geheißen, und jeder von uns hatte an die Prämie vor Weihnachten gedacht, mit der uns schon die letzten beiden Jahre das Überstundenherunterklopfen schmackhaft gemacht worden war, und der Hacker hatte jedem versichert, er werde schon schauen, daß wir nicht zu kurz kämen. Fest eingeplant ist die Prämie gewesen, Weihnachtsgeschenke, Ratenzahlungen, Bausparverträge, Kreditrückzahlungen, und dann stellte sich der Alte einfach vor uns hin, stellte den Hacker neben sich und sagte: Wir können heuer nicht. Und dieses *Wir* war dann ganz plötzlich ein anderes, bezog uns nicht mehr mit ein, sondern bezeichnete nur mehr den Alten und die beiden Junioren und den Teilhaber, der zwar im Firmennamen stand, den aber noch niemand von uns gesehen hatte. Und wir dachten uns unseren Teil, und als die Versammlung vorbei war, als sie schon vorbei war, redeten wir auch, sagten wir, solche Hunde, so eine dreckige Bagage, und nächstes Jahr können sie uns, und der Hacker? na der, wozu ist denn der überhaupt da, na blöd müßten wir sein, so ein Arschloch noch einmal zu wählen. Aber da nützte das Reden nichts mehr. Immer ist nur im nachhinein geredet worden, wenn niemand von denen es hören, wenn unsere Wut nur mehr uns selber wehtun konnte.

Aber die Weihnachtsfeier würde es trotz der schwierigen Lage auch heuer wieder geben, hatte der Alte versprochen. Selbstverständlich. Die Unternehmerweihnachtsfeierrede ließ er sich nicht nehmen. Und wir hörten sie uns an, weil wir vier Kupons dafür bekamen, die in zwei Flaschen Bier, ein Viertel Wein und ein Paar Würstel umgetauscht werden konnten. Diese Weihnachtsfeier fand immer im Saal des Wirtshauses Simlik statt, das gleich neben der Fabrik war, und beim letzten Mal, wo ich sie miterlebte (bei der Feier wußte ich noch nicht, daß es vorläufig mein letztes Arbeiterjahr sein würde), saß ich am selben Tisch wie der Kattinger, und ich wunderte mich, daß er gekommen war, daß überhaupt alle gekommen waren, die eine Woche davor die Kündigung bekommen hatten, und ich habe erwartet, die ganze Zeit habe ich darauf gewartet, daß irgend etwas passiert, daß einer von denen irgend etwas macht, daß einer dem Alten ins Wort fällt, der dauernd Wir sagte und von der großen Familie redete, die wir doch seien, von der Gemeinschaft, aber keiner ließ den Christbaum in Flammen aufgehen, sie ließen den Alten reden, von früheren Zeiten, als er noch selber Betriebsausflüge organisiert habe, unter den Leuten auf der offenen Plattform eines Lastautos mitgefahren sei, was sich die meisten, die es nicht miterlebt hatten, bei ihm sowieso nicht vorstellen konnten, alle ließen ihn reden und wünschten sich nur, daß er bald aufhörte, und der Kattinger trank wie die anderen Gekündigten stumm sein Bier, und erst als der Alte längst weg war, als er durch den Hacker die Weihnachtswünsche der Belegschaft entgegengenommen und zweimal an seinem Weinglas genippt und dann mit seinen Unteroffizieren den Saal verlassen hatte, als das übliche Besäufnis richtig losging, erst da gingen Gläser zu Bruch, fing der Kattinger zu randalieren an, erst als er schon betrunken war, und alle über ihn nur mehr lachen konnten, ihn einfach auslachten, und den Hacker auslachten, der ihn beruhigen wollte. Der Kattinger griff sich alle erreichbaren Gläser und Teller und zerschlug sie, eine Hetz muß sein, schrie er, einmal muß eine Hetz sein, war eh nie eine Hetz, und der Wirt kam gerannt und wollte ihn beruhigen und wollte ihn abführen, als er sich nicht beruhigen ließ, sondern nur schrie, er solle sich über die Häuser schmeißen, das gehe ihn nämlich gar nichts an, das ist die Firmenweihnachtsfeier, schrie er, und da bleibe er, noch gehöre er nämlich zur Firma, und der Alte müsse schon selber kommen, um ihn hinauszuschmeißen, um ihn noch einmal hinauszuschmeißen. Er holt die Gendarmerie, wenn er nicht vernünftig wird, drohte der Wirt, aber der Kattinger lachte nur. Ich hatte schon zu viel getrunken und mußte schnell hinaus aufs Klo, und als ich zurückkam, hatte ich den Kattinger schon vergessen, er saß nicht mehr an meinem Tisch und schrie sich auch keine Aufmerksamkeit mehr zusammen, und er ging mir auch nicht ab, weil er nicht mehr schrie, auch später, in der Fabrik ist er mir nicht abgegangen, weil ja dauernd einer ging, und ich habe weiter Kirsch-Rum getrunken, und es ist sehr lustig gewesen, Gelächter und Geschrei, und als ich später durch den Saal taumelte, habe ich den Kattinger wieder gesehen, ganz allein, am Ende eines langen Tisches saß er, und plötzlich habe ich gemeint, ihn trösten zu können, so trostlos kam er mir vor, wie er da allein saß und vor sich hinstarrte, als gehöre er wirklich schon nicht mehr zu *uns*. Der Alte, so ein Hund, süß reden, das kann er, aber sonst, sagte ich, und das ist doch eine Sauerei, vor Weihnachten kündigen, aber mach dir nichts draus, und der Kattinger sah mich an, schleich dich, sagte er, mit einem ganz drohenden Ton, schleichts euch, und ich stand da, wahrscheinlich mit offenem Mund, so etwas hatte ich nicht erwartet, alle kommen sie jetzt daher, sagte der Kattinger, aber ihr gehts mich alle an, wurde er plötzlich laut, einem jeden tu ich plötzlich leid, aber ich scheiß euch drauf, schrie er, ich bin doch froh, daß ich von euch weg komm. Er starrte mich an, und ich habe mich schnell weggedreht, habe noch gehört, wie er hinter mir sagte, lauter Arschlöcher, eine Arschlochbude ist das, und ich habe mich wieder unter die anderen gesetzt, habe noch ein paarmal zum Kattinger hinübergeschaut und habe mir gesagt, das hast du wieder notwendig gehabt, das hat man davon, aber ich habe trotzdem ganz kurz ein schlechtes Gewissen gehabt. Es nützte ihm ja wirklich nichts, wenn ich ihn bedauerte. Wenn jeder *einzelne* von uns ihn bedauerte, nützte ihm das gar nichts. Der Wirbel und das Gelächter am Tisch und in der Umgebung hat mich aber sowieso ganz schnell wieder auf andere Gedanken gebracht: Da war ja nur von etwas ganz anderem die Rede.

Wenn ich heute hin und wieder meine früheren Arbeitskollegen treffe und bei ihnen sitze, dann muß ich, wenn ich wie früher *wir* sagen will, von der Vergangenheit reden. *Damals*, muß ich sagen, und: Könnts euch erinnern? Anders können sie mir nicht glauben, wenn ich Wir sage. Geh du, sagen sie und lachen, du bist doch jetzt draußen.

Ja.

Ich habe auch jetzt Kollegen. Zumindest nenne ich sie so,

weil ich nicht weiß, wie ich sonst sagen sollte. Jeder an seinem Schreibtisch, irgendwo, weit weg, weit weg von meinem. Und ohne daß ich *Wir* sagen könnte. Vielleicht liegt es daran, daß sie sich von denen, unter denen ich Wir gesagt habe, und von denen ich zu reden versuche, auch nur ihren Teil denken. Und von etwas anderem reden.

Zu den Autoren

ILSE AICHINGER, geboren 1921 in Wien, lebt dort. Veröffentlichungen u. a.: *Die größere Hoffnung*, 1948; *Der Gefesselte*, 1953; *Die Spiegelgeschichte*, 1954; *Eliza Eliza*, 1965; *Schlechte Wörter*, 1976; *Kleist, Moos, Fasane*, 1979.
»Das große Spiel« aus: *Die größere Hoffnung*, Fischer: Frankfurt/M. 1995.

GERHARD AMANSHAUSER, geboren in Salzburg, lebt dort; Studium der Germanistik und Anglistik, seit 1953 freier Schriftsteller. Veröffentlichungen u. a.: *List der Illusionen*, 1985; *Gedichte*, 1986; *Fahrt zur verbotenen Stadt*, 1987; *Der Ohne-Namen-See*, 1988; *Moloch Horridus*, 1989; *Das Erschlagen von Stechmücken*, 1993.
»Befremdendes«: Erstveröffentlichung

NEDA BEI, geboren 1952 in Wien, lebt dort; Studium der Rechtswissenschaften, Angestellte der Wiener Arbeiterkammer; schreibt theoretische, essayistische und experimentelle Texte. Veröffentlichungen u. a.: *Das ewige Klischee*, 1981; *vernunft und institution?*, 1986; *ich nagte grad am M., anagrammgedichte*, 1992; *Zwei Stimmen, zwei: eins*, 1993.
»Ein sonderbares Dreieck« aus: S. Treudl, Hg., *Drama Dreieck*, Wiener Frauenverlag: Wien 1990.
»Das Fremdeste überhaupt«: Erstveröffentlichung

ALBERT CAMUS, geboren 1913 in Mondovi, gestorben 1960. Veröffentlichungen u. a.: *Kleine Prosa; Der Fall; Verteidigung der Freiheit; Tagebücher 1935–51; Fragen der Zeit; Der glückliche Tod; Reisetagebücher; Der Fremde; Die Pest; Tagebuch März 1951–Dezember 1959.*
»Ironie«, »Zwischen Ja und Nein« aus: *Kleine Prosa*, Rowohlt: Reinbek 1965.

CASPAR EINEM, geboren 1948 in Salzburg, lebt in Wien; Studium der Rechtswissenschaften, Bewährungshelfer, Konsumentenschützer in der Arbeiterkammer Wien, Leiter der Kommunalpolitischen Abteilung der AK Wien, Manager in der ÖMV (alle diese Tätigkeiten für jeweils etwa fünf Jahre), Staatssekretär im Bundeskanzleramt, Innenminister seit April 1995. Veröffentlichungen zu allen Bereichen des bisherigen beruflichen Lebens.
»Einige Gedanken zur Fremdheit«: Erstveröffentlichung

HELMUT EISENDLE, geboren 1939 in Graz, lebt in Wien; Studium der Psychologie und Philosophie. Veröffentlichungen u. a.: *Oh Hannah*, 1987; *Beiläufige Gedanken über etwas*, 1989; *Block oder Die Melancholie*, 1991; *Das magische Quadrat*, 1991; *Die vorletzte Fassung der Wunderwelt*, 1993, *Entzauberungen*, 1994; *Der Egoist*, 1996.

FRANZ INNERHOFER, geboren in Krimml, Salzburg, lebt in Graz. Veröffentlichungen u. a.: *Schöne Tage*, 1974; *Schattenseite*, 1975; *Innenansicht eines*

beginnenden Arbeitstages, 1976; *Die großen Wörter*, 1977; *Der Emporkömmling*, 1982; *Um die Wette leben*, 1993; *Scheibtruhe*, 1996.
»W.« aus: J. Jung, Hg., *Glückliches Österreich*, Residenz: Salzburg 1978.

WALTER KAPPACHER, geboren 1938 in Salzburg, lebt dort. Veröffentlichungen u. a.: *Nur Fliegen ist schöner*, 1973; *Touristomania*, 1974; *Morgen*, 1975; *Die Werkstatt*, 1975; *Rosina*, 1978; *Die irdische Liebe*, 1979; *Die Jahre vergehen*, 1981; *Der lange Brief*, 1982; *Gipskopf*, 1984; *Cerreto*, 1988; *Ein Amateur*, 1993; *Wer zuerst lacht*, 1997.
»Tage und Nächte im Valdarno«: Erstveröffentlichung

RADEK KNAPP, geboren 1964 in Warschau, lebt dort und in Wien. Veröffentlichungen u. a.: *Franjo und andere Erzählungen*, 1994.
»Ente à l'orange«: Erstveröffentlichung

MAX PEINTNER, geboren 1937 in Hall in Tirol, lebt in Wien; bildender Künstler, Ausstellungen: Baden-Baden, 1972, documenta 6, 1977, Biennale Venedig, 1986. Veröffentlichungen u. a.: *Bilderschrift*, 1984; *Krieg nach dem Sieg*, 1995.
»Der Sturm« aus: *Krieg nach dem Sieg*, Residenz: Salzburg 1995.

LISL PONGER, geboren 1947 in Nürnberg, lebt in Wien; Fotoklasse an der Graphischen Lehr- und Versuchsanstalt in Wien; Aufenthalte in den USA und Mexiko 1974–78; Filme seit 1979; Ausstellungen in Wien, Berlin, Graz, Brixen. Veröffentlichungen u. a.: *Doppleranarchie – Wien 1967–72*, 1991; *Fremdes Wien*, 1993; *Xenographische Ansichten*, 1995.
»Photoerzählung«: Erstveröffentlichung

ELISABETH REICHART, geboren 1953 in Steyregg, OÖ, lebt in Wien. Veröffentlichungen u. a.: *Februarschatten*, 1984; *Komm über den See*, 1988; *Fotze*, 1993.
»Elvira Jakobi«: Erstveröffentlichung

PETER ROSEI, geboren 1946 in Wen, lebt dort. Veröffentlichungen u. a.: *Landstriche*, 1972; *Der Fluß der Gedanken durch den Kopf*, 1976; *Wer war Edgar Allan?*, 1977, *Mann & Frau*, 1984; *15000 Seelen*, 1985; *Unser Landschaftsbericht*, 1988; *Rebus*, 1990; *Fliegende Pfeile*, 1993.
»Gnadenlos«: Erstveröffentlichung

ROBERT WALSER, geboren 1878 in Biel, gestorben 1956 in Herisau. Veröffentlichungen u. a.: *Geschwister Tanner*, 1908; *Der Gehülfe*, 1908; *Jakob von Gunten*, 1909; *Kleine Prosa*, 1917; *Die Rose*, 1925; *Der Räuber*, 1926.
»Der Bursche«, »Der fremde Geselle« aus: *Prosastücke 1*, Volk und Welt: Berlin 1978.

RICHARD WEINER, geboren 1884 in Písek, gestorben 1937. Veröffentlichungen u. a.: *Die Furie*, 1916; *Der gleichgültige Zuschauer*, 1917; *Der Scheideweg*, 1917; *Die Fratze*, 1919; *Fransen historischer Tage*, 1919; *Viele Nächte*, 1928; *Stilleben mit Kauz*, 1929; *Mesopotamien*, 1930; *Spiel im Ernst*, 1931.
»Die behexte Stadt« aus: *Der gleichgültige Zuschauer*, Reclam: Leipzig 1992.

GERNOT WOLFGRUBER, geboren 1944 in Wien, lebt dort. Veröffentlichungen u. a.: *Auf freiem Fuß*, 1975; *Herrenjahre*, 1976; *Niemandsland*, 1978; *Verlauf eines Sommers*, 1981; *Die Nähe des Sommers*, 1985.
»Die Mehrzahl« aus: J. Jung, Hg., *Glückliches Österreich*, Residenz: Salzburg 1978.